竹下貴浩 著

司法書士
直前チェック
必修論点総まとめ

① 第2版

民法Ⅰ
（総則・債権）

早稲田経営出版
TAC PUBLISHING Group

はしがき

　本書は，司法書士試験の受験対策用のサブテキストとして，これまで多くの受験生にご利用いただいてきた『直前チェック　必修論点総まとめシリーズ』の民法編の１冊です。本書「民法Ⅰ」では民法の総則及び債権を扱い，「民法Ⅱ」で物権を，「民法Ⅲ」で親族及び相続を扱います。

　本シリーズは，「直前チェック」というタイトルではありますが，個々の知識をチェックすることに終始するだけでなく，基本書的な性質も併せ持っています。したがって，必ずしも直前期の受験生だけでなく，初学者にも有益な情報を収録しています。

　本書では，民法の総則及び債権について，重要だと思われるテーマを総則では５個に，債権では９個に分類し，各テーマごとに「チェックポイント」「参考過去問」を収録しています。

　「チェックポイント」では，そのテーマにおいてどうしても知っておかなければならない事項，各テーマにおける代表的な判例・学説及びその背景となるものの考え方等を問いの形で掲げました。これらは本来基本書等で修得すべき事項なのですが，よほど高度な注意力をもって読んでいかなければ，問題点が明らかにならないとの考慮から，単純な知識の確認以外の制度趣旨等も含めて，問い及びその解答の形式で構成しました。このような形式でそれぞれのテーマについての問題点を確認することが，受験生の問題意識を高めることになり，知識の定着にも非常に有効な手段であると考えたからです。

　「参考過去問」は，そのテーマに関連する過去問の中から代表的なものを多く収録しました。そのテーマのチェックポイントで確認した制度や知識を本試験の過去の出題例を通して，より実践的に理解していただくことが目的です。実際の過去問を解いた後に再びチェックポイントを確認したり，基本書等で知識を整理することは非常に有効な知識定着の方法となるはずです。

民法の総則及び債権に関しては，本書で扱ったテーマからそのほとんどが出題されるはずです。本書に掲げられた事項につき，記憶すべきところは正確に記憶し，考えるべきところは自分の頭で納得のいく結論を導くという作業を繰り返していってください。必ず合格に必要な得点ができるようになるはずです。

2018年9月

竹　下　貴　浩

第2版の発刊にあたって

　今般の改訂は，各チェックポイントのチェック欄の下に掲げてある過去問の出題実績に，平成30年度から令和2年度までのものを加えるとともに，これらの問題の中から今後の試験においても，出題される可能性のある事項を該当するチェックポイントに加入し，または新たなチェックポイントを追加するものです。

2020年12月

竹　下　貴　浩

本書の使用方法

　本書で提供している情報は，司法書士試験合格のために必要不可欠なものであるといえます。すべてのチェックポイント，参考過去問について知識を確実なものにしておいてください。

　本書は，民法の総則及び債権をそれぞれ第1部，第2部として収録しています。物権をこれらと別冊にしたのは，司法書士試験における出題の傾向との関係からです。司法書士試験においては，総則及び債権からの出題の合計数と物権からの出題数がほぼ同等であり，また，物権は不動産登記法との関連も強い分野ですので，別冊にしました。

　本書には，いくつかの工夫があります。次の使用方法を通して合格に必要な情報を効率よく確実に自分のものとしてください。

(1) 各テーマ配列等について

　第1部は5個，第2部は9個のテーマから構成されています。その配列は，司法書士試験の受験用の基本書として，多くの受験生にご利用いただいている『新版　デュープロセス民法・不動産登記法 I』（竹下貴浩著　早稲田経営出版）の配列におおむね従っています。ですから，まず，基本書であるデュープロセスを読んで基本事項を確認した上で，本書を併せて利用すると，より効率的に学習をすることができます。

(2) チェックポイントの利用について

　「チェックポイント」が問題形式になっていることから，基本的かつ合格に不可欠な知識の確認とともに試験で要求される思考パターンの習得ができます。各チェックポイントの下に解答が掲げられていますので，その部分を隠し，その問いに対する答えを考えてください。

　また，各チェックポイントの横にチェック欄（□□□）を設けました。この欄には，そのチェックポイントを確認するごとに何らかの印を付けていくこ

とができます。単に鉛筆でチェックするのもよいでしょうし，例えば，本試験までは確認する必要のないものは青，注意すべきものについては黄色，本試験までに必ずもう一度は確認すべきものについては赤というように，マーカーで色分けしてチェックするのもひとつの方法でしょう。

なお，チェック欄の下の数字は，平成18～令和2年度の本試験の出題実績です。例えば，2-4-オというのは，令和2年度の第4問肢オで出題されたことを示しています。**解答に直接つながらないものもありますが，関連する事項が問われているものについては載せています。**

(3) 参考過去問

参考過去問を解いた後に再びチェックポイントを確認することも有効な手段であるといえます。チェックポイントには過去問を踏まえて，今後出題の予想される部分も掲げられているからです。

(4) 記憶の定着度の確認

各テーマの見出しの部分には，□□□の空欄が付いていますが，これは，本書の情報がどこまで自分のものになっているか，客観的に判断できるように，そのテーマをチェックした日付を記入するために設けたものです。この日付の記入によってそのテーマをいつチェックしたかを確認し，記憶の定着度を測ることができます。

本書の余白に，模試や答練などから得た関連事項を書き込むなど，この1冊に情報を集約して，本試験に向けた知識の整理に役立ててください。

過去に出題された論点，今後出題が予想される論点を問いの形式で掲げました。（答）の部分を隠して考えてみましょう。

そのテーマをチェックした日付を記入して，記憶の定着度を確認しましょう。

✓マークを付けたり，色分けしたりして，自由に使用してください。
チェック欄の下に過去問の出題実績を載せています。

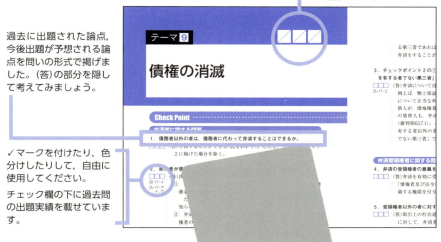

各テーマに関連する実際の出題例です。

平成15年度第4問で出題されたことを表します。

過去問を解いた後に，再びチェックポイントを確認してみましょう。

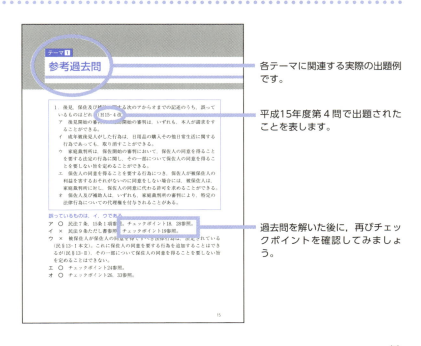

(7)

凡　例

(1) 条文の表記について

　本文中に根拠となる条文を掲げるときは，かっこを付して，次の基準に従って表記した。

　ア．条文の前には§を付した。

　イ．ローマ数字のⅠⅡⅢ等は，条文の項と対応する。

　ウ．①②③等は，条文の号と対応する。

　例えば，（民§13-Ⅰ①）は，民法第13条第1項第1号を示している。

(2) 参考過去問の表記について

　参考過去問として掲げた問題文の末尾に，かっこ書で（H 19-10-1）のように表記してあるのは，その過去問の出題年度，問題の番号及び当該問題における選択肢の番号である。例えば，（H 19-10-1）は，平成19年度の第10問の選択肢の1番目を示している。

目　次

民法 I

第 1 部　総　則

テーマ **1**	権利の主体	2
テーマ **2**	法律行為の意義，有効要件，無効及び取消し	22
テーマ **3**	代　理	56
テーマ **4**	条件，期限	90
テーマ **5**	時　効	100

第 2 部　債　権

テーマ **1**	契約総論	132
テーマ **2**	売　買	156
テーマ **3**	消費貸借，使用貸借，賃貸借	170
テーマ **4**	その他の契約	196
テーマ **5**	事務管理，不当利得，不法行為	214
テーマ **6**	債権の目的，効力	232
テーマ **7**	多数当事者の債権及び債務	270
テーマ **8**	債権の譲渡及び債務の引受け	296
テーマ **9**	債権の消滅	312

参考過去問索引 ……………………………………………………………… 335

第 1 部

総　則

テーマ 1

権利の主体

Check Point

権利能力，意思能力，行為能力

1. **権利能力の意義をいえ。**
   (答)私法上の権利義務の主体となることのできる地位または資格のこと。私権の享有は，出生に始まるので(民§3-Ⅰ)，人は生きて生まれれば当然に権利能力を取得する。生まれたばかりの子であっても，強度の精神障害のある者でも，権利能力を有する。

2. **誰に対して権利能力は認められるか。**
   (答)自然人及び法人。自然人とは，人間のことである。法人とは，法律の規定によって法的な人格が認められた人の集まり，または財産の集まりのことである。

3. **胎児には，権利能力は認められるか。**
   (答)私権の享有は出生に始まるので(民§3-Ⅰ)，生まれる前の胎児には権利能力は認められない。ただし，次の場合は，例外的に胎児にも権利能力が認められる。
   ① 不法行為に基づく損害賠償請求権(民§721)
   ② 相続(民§886)
   ③ 遺贈(民§965)

テーマ1　権利の主体

4. 例外的に，胎児が生まれたものとみなすとされる場合の法律構成に関する2つの説をあげよ。

（答）停止条件説と解除条件説。前者は，「胎児の間は，権利能力は認められず，したがって，胎児の条件付権利を保全すべき代理人はいない。胎児が生きて生まれると，そこで取得した権利能力が相続開始や不法行為の時にさかのぼって存在したものとされるにすぎない」と解する。後者は，「胎児の間でも，生まれたものとみなされる範囲内では，その事実の生じた時から制限的な権利能力がある。このため，胎児も出生している人と同様に取り扱い，法律関係を処理する」と解する。

判例は，停止条件説に立ち，胎児を代理してされた和解契約の効力を否定している（大判昭7.10.6）。なお，登記の先例は，胎児名義でする相続登記を認めるが，これは解除条件説の立場に立ったものといえる。この場合，胎児の母が法定代理人的地位で登記手続に関与する。

5. 権利能力の終期はいつか。

（答）死亡のときに限られる。なお，失踪宣告の効力は，被宣告者を「死亡したものとみなす」ものであるが（民§31），被宣告者が他所において生存している限り，その者は権利能力を失わない。

6. 意思能力の意義をいえ。

（答）自己の行為の結果を判断することのできる精神能力。正常な認識力と予期力とを含む。なお，意思能力の有無については，客観的な判断基準はない。

7. 意思能力を有しない者がした法律行為の効果はどうなるか。

（答）無効とされる（民§3の2）。

3

8．意思能力を有しない者は，権利能力を有するか。

□□□ (答)有する。自然人は出生すれば当然に権利能力を取得するので，意思能力がなくても，権利義務の主体となることができる。すなわち，権利能力を有する。

9．行為能力，制限行為能力者の意義をいえ。

□□□ (答)行為能力とは，権利義務を持つための行為を単独で完全にできる能力のこと。制限行為能力者とは，行為能力が制限された者のこと。

10．民法が規定する制限行為能力者をあげよ。また，制限行為能力者が単独でした法律行為の効果をいえ。

□□□ (答)未成年者，成年被後見人，被保佐人，民法17条1項の審判を受けた被補助人（民§13-Ⅰ⑩かっこ書参照）。制限行為能力者が単独でした行為は，取り消すことができる（民§5-Ⅱ，9本文，13-Ⅳ，17-Ⅳ）。

制限行為能力者①－未成年者

11．未成年者は，どのようにして有効に法律行為をすることができるか。

□□□ (答)その法定代理人（親権者または未成年後見人）の同意を得て法律行為をする（民§5-Ⅰ本文）。未成年者が法定代理人の同意を得ることなしに単独でした法律行為は，原則として取り消すことができる（民§5-Ⅱ）。

12．未成年者が単独で有効にすることができる法律行為をあげよ。

□□□
31-4-ア
(答)①単に権利を得または義務を免れる法律行為（民§5-Ⅰただし書），②法定代理人によって処分を許された財産の処分（民§5-Ⅲ），③法定代理人に許された営業に関する行為（民§6-Ⅰ）。

13．未成年者は，債務を免除する旨の債権者からの申込みに対する承諾を単独ですることができるか。

	(答)できる。単に義務を免れる法律行為だからである(民§5-Iただ
27-4-オ	し書)。負担のない贈与を受けることや，借金の利子を下げてもらうことなども，未成年者の利益を害しないので，未成年者は単独ですることができる。

14. 未成年者は，単独で有効に債務の弁済を受けることはできるか。

(答)できない。これにより，既存の債権を失うからである。

15. 未成年者の法定代理人が営業を許可するについて，営業の種類を特定する必要はあるか。

(答)特定する必要がある(民§6-I参照)。なお，1個の営業をさらに制限して許可することはできない。

16. 営業の許可は明示に行われる必要はあるか。

(答)明示に限らず，黙示に行われてもよい(大判明34.3.22)。例えば，法定代理人が，未成年者が営業していることを当然熟知しているにもかかわらず，何ら異議を述べていない場合は，黙示の許可があるものとして取り消すことができないと解される。

17. 未成年者の法律行為に対する法定代理人の同意は，相手方に対してすることができるか。

(答)できる。同意は，未成年者または未成年者がする当該行為の相手方いずれに対してしてもよいとされている。

制限行為能力者②－成年被後見人

18. 後見開始の要件をいえ。

	(答)精神上の障害により事理を弁識する能力を欠く常況にある者が，
25-4-ウ 前段	本人，配偶者，4親等内の親族，未成年後見人，未成年後見監督人，保佐人，保佐監督人，補助人，補助監督人または検察官の請求によって，家庭裁判所の審判を受けること(民§7)。

19. 成年被後見人の法律行為は（　①　）。ただし，（　②　）については，この限りでない。

□□□
2 -21-ア
25- 4 -ア
前段

(答)①取り消すことができる，②日用品の購入その他日常生活に関する行為（民§9）。

20. 成年被後見人が成年後見人の同意を得てした法律行為は，有効となるか。

□□□
27-21-ア
19- 6 -エ

(答)有効とはならず，取り消すことができる法律行為となる。成年被後見人は，法定代理人である成年後見人に代理してもらわなければ，原則として有効に法律行為をすることができない。未成年者は意思能力がある限り，法定代理人の同意を得て有効に法律行為をすることができることと比較すること。

制限行為能力者③－被保佐人

21. 保佐開始の要件をいえ。

□□□

(答)精神上の障害により事理を弁識する能力が著しく不十分な者が，本人，配偶者，4親等内の親族，後見人（未成年後見人及び成年後見人），後見監督人（未成年後見監督人及び成年後見監督人），補助人，補助監督人または検察官の請求によって，家庭裁判所の審判を受けること（民§11）。

22. 被保佐人が（　①　）に掲げる行為をするには，その（　②　）を得なければならない。ただし，（　③　）については，この限りでない。

□□□
25- 4 -ア
後段
エ前段

(答)①民法13条1項各号，②保佐人の同意，③日用品の購入その他日常生活に関する行為（民§13-Ⅰ）。

6

テーマ1　権利の主体

23. 被保佐人が保佐人の同意を得てすべき法律行為は，民法13条1項各号に掲げられた行為に限られるか。
　　（答）保佐開始の審判の請求権者，保佐人，保佐監督人の請求によって，家庭裁判所が民法13条1項各号に掲げられていない行為についても，保佐人の同意を要する旨の審判をすることができ（民§13-Ⅱ本文），当該審判がされた場合は，被保佐人が当該審判に係る行為をするには，保佐人の同意を要する。

24. 保佐人の同意を得なければならない行為について，保佐人が被保佐人の利益を害するおそれがないにもかかわらず同意をしないときは，（　　　）。
　　（答）家庭裁判所は，被保佐人の請求により，保佐人の同意に代わる許可を与えることができる（民§13-Ⅲ）。

25. 被保佐人の行為のうち取り消すことができる行為はどのようなものか。
30-22-オ　（答）保佐人の同意を得なければならない行為であって，その同意または同意に代わる許可を得ないでした行為（民§13-Ⅳ）。

26. 保佐人の権限をいえ。
29-4-オ　（答）保佐人は，当然に，被保佐人のする一定の範囲の財産行為について同意をする権利（同意権）を有し，また，被保佐人が単独でした同意を要する行為について，取消権または追認権を有する（民§120-Ⅰ，122）。ただし，代理権は当然に有するものではなく，一定の者の請求によって，被保佐人のために特定の法律行為について，保佐人に代理権を付与する旨の審判がされたときに，当該特定の法律行為について，被保佐人を代理する権限が認められる（民§876の4-Ⅰ）。

制限行為能力者④－被補助人

27. 補助はどのような者をその保護の対象とするか。

□□□
25-4-ウ
後段

(答)精神上の障害(認知症・知的障害・精神障害)により事理を弁識する能力が不十分な者のうち，後見・保佐の程度に至らない者(民§15-Ⅰ)。

28. 補助開始の審判をするについて，本人の同意は必要とされるか。

□□□
25-4-オ

(答)本人以外の請求によって審判をするときは，本人の同意が必要となる(民§15-Ⅱ)。後見開始または保佐開始の審判をするときは，本人の同意は常に不要であることと比較すること(民§7，11参照)。

29. 補助開始の審判は，どのような審判とともにする必要があるか。

□□□

(答)民法17条1項の審判(被補助人が特定の法律行為をするには，その補助人の同意を得なければならない旨の審判)，または同法876条の9第1項の審判(被補助人のために特定の法律行為について補助人に代理権を付与する旨の審判)とともにしなければならない(民§15-Ⅲ)。したがって，補助開始の審判においては，これと同時に，下記のいずれかの審判をすべきである。

① 被補助人が特定の法律行為をするにはその補助人の同意を得なければならない旨の審判(民§17-Ⅰ)

② 被補助人のために特定の法律行為について補助人に代理権を付与する旨の審判(民§876の9-Ⅰ)

③ ①及び②の双方の審判

30. 補助開始の審判とともに，チェックポイント29の①の審判がされた場合の効果をいえ。

□□□
25-4-エ
後段

(答)被補助人が，家庭裁判所の審判によって定められた「特定の法律行為」(民§17-Ⅰ)をする場合には，補助人の同意または同意に代わる許可を要する。同意を要することとする特定の法律行為は，民法13条1項に規定する行為の一部に限られる(民§17-Ⅰただし書)。なお，同意に代わる許可とは，補助人が被補助人の利益を害するお

テーマ1　権利の主体

それがないにもかかわらず同意をしない場合に，家庭裁判所が，被補助人の請求により与えるものである（民§17-Ⅲ）。

31. 補助開始の審判とともに，チェックポイント29の②の審判だけがされた場合，被補助人は，当該代理権が付与された特定の法律行為を単独で有効にすることはできるか。

□□□（答）できる。補助人に代理権を付与する審判だけがされた場合，補助人は，当該代理権が付与された特定の法律行為について，被補助人を代理することができることは当然であるが，そのことによって，代理権が付与された特定の法律行為について，被補助人自身の行為能力が制限されるわけではない。被補助人の行為能力が制限されるのは，チェックポイント29の①の審判がされた場合における当該同意権の対象とされた「特定の法律行為」についてだけである。すなわち，チェックポイント29の②の審判だけがされた場合における被補助人は，制限行為能力者ではない（民§13-Ⅰ⑩かっこ書参照）。

32. 被補助人がした法律行為が取消しの対象となるのは，どのような場合か。

□□□（答）補助開始の審判とともに，チェックポイント29の①の審判がされた場合において，被補助人が補助人の同意または同意に代わる許可を得ないで，補助人の同意を要するとされた法律行為をした場合（民§17-Ⅳ）。

33. 補助人の権限をいえ。

□□□（答）補助開始の審判とともに，チェックポイント29の①の審判がされた場合は，被補助人がする同意を要する特定の法律行為について，同意権を有し，また，被補助人が単独でした同意を要する行為について，取消権または追認権を有する（民§120-Ⅰ，122）。

補助開始の審判とともに，チェックポイント29の②の審判がされた場合は，代理権を付与する旨の審判がされた特定の法律行為について，被補助人を代理する権限がある。

9

34. 補助人に代理権付与の審判をするときは，本人の同意は必要か。

□□□ (答)代理権付与の審判が本人の請求によるものでないときは，本人の同意が必要とされる（民§876の9-Ⅱ，876の4-Ⅱ）。なお，本人以外の請求に基づいて保佐人に代理権付与の審判をするときも，本人の同意が必要とされることに注意すること（民§876の4-Ⅱ）。

制限行為能力者の身分行為

35. 制限行為能力者は，婚姻をするについて，法定代理人または保佐人もしくは補助人の同意を得ることを要するか。

□□□ (答)いずれも不要である。制限行為能力者の行為能力が制限されるのは，財産的な法律行為についてであり，婚姻，離婚，養子縁組，離縁等の身分行為については，単独で有効にすることができる（民§738，764，799，812）。なお，民法737条は未成年者の婚姻について父母の同意を要求しているが，これは婚姻の成立要件ではない。

制限行為能力者の相手方の保護

36. 制限行為能力者が行為能力者となった場合における制限行為能力者と取引をした相手方の催告権について述べよ。

□□□ (答)行為能力者となったもと制限行為能力者であった者に対し，1か月以上の期間を定めて，その期間内にその取り消すことができる行為を追認するかどうかを確答すべき旨の催告をすることができる。この場合において，その者がその期間内に確答を発しないときは，その行為を追認したものとみなす（民§20-Ⅰ）。

テーマ1　権利の主体

37. 制限行為能力者の能力の制限が継続中である場合における制限行為能力者（未成年者または成年被後見人であるものとする）と取引をした相手方の催告権について述べよ。

29-4-ア
23-4-オ

（答）未成年者または成年被後見人の法定代理人に対し，1か月以上の期間を定めて，その期間内にその取り消すことができる行為を追認するかどうかを確答すべき旨の催告をすることができる。この場合において，法定代理人が定められた期間内に確答を発しないときは，その行為を追認したものとみなす（民§20-Ⅱ）。

38. チェックポイント37の場合において，相手方が未成年者または成年被後見人に直接催告をした場合の効果はどうか。

29-4-イ

（答）未成年者または成年被後見人は，意思表示の受領能力がないので（民§98の2本文），未成年者または成年被後見人に対して直接催告をしても何ら効果は生じない。

39. 制限行為能力者の能力の制限が継続中である場合における制限行為能力者（被保佐人または被補助人であるものとする）と取引をした相手方の催告権について述べよ。

29-4-ア.
イ

（答）次のいずれかの催告をすることができる。

① 保佐人または補助人に対し，その権限内の行為について，1か月以上の期間を定めて，その期間内にその取り消すことができる行為を追認するかどうかを確答すべき旨の催告をすることができる。この場合において，保佐人または補助人が定められた期間内に確答を発しないときは，その行為を追認したものとみなす（民§20-Ⅱ）。

② 被保佐人または被補助人に対し，1か月以上の期間内にその保佐人または補助人の追認を得るべき旨の催告をすることができる。この場合において，その被保佐人または被補助人がその期間内にその追認を得た旨の通知を発しないときは，その行為を取り消したものとみなす（民§20-Ⅳ）。

40. 民法21条の詐術について述べよ。

29-4-ウ
27-4-ウ
23-4-ア

（答）制限行為能力者が，自己が行為能力者であることを相手方に信じさせるため詐術を用いたときは，取消権が排除される。また，自己が行為能力者であることを信じさせた場合だけでなく，保護者（法定代理人・保佐人・補助人）の同意があったと誤信させようとした場合も取消権は排除される。なお，制限行為能力者が単に制限行為能力者であることを告げなかっただけでは詐術とはならず（大判大5.12.6，最判昭44.2.13参照），取消権は否定されない。

41. 未成年者と取引をした相手方が第三者の詐欺により成年者と誤信して未成年者と法律行為をしたときは，未成年者の取消権は排除されるか。

（答）排除されない。詐術は，制限行為能力者自身によってされるか，制限行為能力者が他人に詐術させることを要する。

42. 制限行為能力者が詐術を用いた場合において，相手方がその行為能力の制限を知っているときは，民法21条は適用されるか。

19-6-オ

（答）適用されない（最判昭44.2.13）。

不在者及びその財産管理人

43. どのような者を不在者というか。

（答）住所または居所を去って容易に帰ってくる見込みのない者。生死不明であるか否かは問わない。

44. 不在者の財産管理人の選任を請求することができる者をあげよ。

（答）利害関係人または検察官（民§25-Ⅰ）。利害関係人とは，不在者の債権者や相続人等をいう。

テーマ1　権利の主体

45.　不在者が財産管理人を置いた場合，家庭裁判所は，管理人を改任することはできるか。

28-4-1
22-4-エ

（答）不在者の生死が明らかでないときに限って，利害関係人または検察官の請求によって，家庭裁判所は，管理人を改任することができる（民§26）。

46.　不在者の財産管理人の地位をいえ。

（答）不在者の財産管理人は，対外的には，不在者の法定代理人としての地位を有する。不在者と財産管理人との関係は，委任の規定に従うものとされる（家審手続法§146-Ⅵ，民§644，646，647，650）。

47.　不在者の財産管理人の権限をいえ。

2-4-エ
28-4-4
22-4-イ

（答）不在者の財産管理人の権限の範囲が明白でない場合は，財産管理人は，不在者の財産について，民法103条に規定された範囲内における権限を有するが，これを超える行為を必要とするときは，家庭裁判所の許可を得なければならない（民§28前段参照）。なお，家庭裁判所が選任した不在者の財産管理人は，家庭裁判所の許可を得なくても，不在者を被告とする建物収去土地明渡等の請求を認容する第1審判決に対し，控訴を提起し，その控訴を不適法として却下した第2審判決に対し上告を提起すること及び当該訴訟行為をさせるため訴訟代理人を選任することができる（最判昭47.9.1）。

失踪の宣告

48.　普通失踪及び特別失踪の期間をいえ。また，失踪宣告の請求をすることができる者をいえ。

2-4-ア

（答）普通失踪の期間は，不在者の生存が確かめられる最後の時から7年間。特別失踪の期間は，危難が去った後から1年間（民§30）。失踪宣告の請求をすることができるのは，利害関係人である（民§30-Ⅰ）。不在者の財産管理人の選任請求と異なり，検察官は請求することができないことに注意すること（チェックポイント44参照）。

49. 失踪の宣告を受けた者が死亡したとみなされる時期をいえ。

□□□
2-4-イ
(答)普通失踪の場合は，7年間の期間満了の時。特別失踪の場合は，危難が去った時(民§31)。

50. 失踪の宣告がされると，失踪者の権利能力は失われるか。

□□□
22-4-ウ
(答)失踪の宣告は，失踪者本人の権利能力を剥奪するものではない。したがって，失踪者が他所で活動する場合には，そこには失踪の宣告の効果は及ばない。また，失踪者が後に，失踪前の住所に帰来した場合にも，以前の法律関係は，宣告を取り消さない限り復活しないが，帰来後の新たな法律関係は，宣告を取り消さなくとも有効に成立する。

51. 失踪の宣告の取消しの要件をいえ。

□□□
(答)失踪者が現に生存すること，または，死亡したものとみなされた時と異なる時期に死亡していたことが証明されたこと，及び本人または利害関係人の請求があること(民§32-Ⅰ前段)。

52. 失踪の宣告の取消しの効果をいえ。

□□□
2-4-ウ
22-4-ア,オ
18-5
(答)失踪の宣告によって変動した財産上・身分上の関係が復活するのが原則であるが，次の例外がある。
　① 善意でした行為の効果は維持される(民§32-Ⅰ後段)。当事者が複数の場合は，全員の善意が要求される(大判昭13.2.7)。
　② 失踪の宣告を直接の原因として財産を得た者は，現存利益の範囲において，返還義務を負う(民§32-Ⅱ)。

テーマ **1**

参考過去問

1. 後見，保佐及び補助に関する次のアからオまでの記述のうち，誤っているものはどれか（H15-4改）。

ア 後見開始の審判及び補助開始の審判は，いずれも，本人が請求をすることができる。

イ 成年被後見人がした行為は，日用品の購入その他日常生活に関する行為であっても，取り消すことができる。

ウ 家庭裁判所は，保佐開始の審判において，保佐人の同意を得ることを要する法定の行為に関し，その一部について保佐人の同意を得ることを要しない旨を定めることができる。

エ 保佐人の同意を得ることを要する行為につき，保佐人が被保佐人の利益を害するおそれがないのに同意をしない場合には，被保佐人は，家庭裁判所に対し，保佐人の同意に代わる許可を求めることができる。

オ 保佐人及び補助人は，いずれも，家庭裁判所の審判により，特定の法律行為についての代理権を付与されることがある。

誤っているものは，イ，ウである。

ア ○ 民法7条，15条1項参照。チェックポイント18，28参照。

イ × 民法9条ただし書参照。チェックポイント19参照。

ウ × 被保佐人が保佐人の同意を得てすべき法律行為は，法定されている（民§13-Ⅰ本文）。これに保佐人の同意を要する行為を追加することはできるが（民§13-Ⅱ），その一部について保佐人の同意を得ることを要しない旨を定めることはできない。

エ ○ チェックポイント24参照。

オ ○ チェックポイント26，33参照。

2．Aが成年被後見人又は被保佐人である場合に関する次のアからオまで
　の記述のうち，Aが被保佐人である場合にのみ正しいこととなるものは，
　どれか。なお，Bは，Aが成年被後見人である場合の成年後見人又はA
　が被保佐人である場合の保佐人とする（H29-4改）。
　ア　AがBの同意を得ないで不動産を購入した場合において，その売主
　　がBに対し1か月以内にその売買契約を追認するかどうかを確答すべ
　　き旨の催告をしたにもかかわらず，Bがその期間内に確答を発しない
　　ときは，その売買契約を追認したものとみなされる。
　イ　AがBの同意を得ないで不動産を購入した場合において，その売主
　　がAに対し1か月以内にBの追認を得るべき旨の催告をしたにもかか
　　わらず，Aがその期間内にその追認を得た旨の通知を発しないときは，
　　その売買契約を取り消したものとみなされる。
　ウ　Aが行為能力者であることを信じさせるため詐術を用いて不動産を
　　購入したときは，その売買契約を取り消すことができない。
　エ　AがCの任意代理人として不動産を購入した場合において，Bの同
　　意を得ていないときは，Bの同意を得ていないことを理由として，そ
　　の売買契約を取り消すことができる。
　オ　BがAの法定代理人として不動産を購入するには，Bにその代理権
　　を付与する旨の家庭裁判所の審判がなければならない。

Aが被保佐人である場合にのみ正しいこととなるものは，イ，オである。

ア　**Aが成年被後見人である場合も被保佐人である場合も正しい。**　Aが成年
　被後見人である場合については，チェックポイント37参照。Aが被保佐人で
　ある場合については，チェックポイント39の①参照。

イ　**Aが被保佐人である場合にのみ正しい。**　Aが成年被後見人である場合に
　ついては，チェックポイント38参照。Aが被保佐人である場合については，
　チェックポイント39の②参照。

ウ　**Aが成年被後見人である場合も被保佐人である場合も正しい。**　チェック
　ポイント40参照。

エ　**Aが成年被後見人である場合も被保佐人である場合も誤り。**　テーマ3の
　チェックポイント18参照。

オ　**Aが被保佐人である場合にのみ正しい。**　成年後見人は，成年被後見人の

テーマ1 権利の主体

法定代理人なので，Aが成年被後見人である場合，BがAの法定代理人として不動産を購入するにつき，代理権付与の審判を受ける必要はない。

保佐人は，被保佐人がする一定の法律行為に同意を与える権限等を有するのであり，被保佐人を代理する権限は当然にはない。したがって，Aが被保佐人である場合，BがAの法定代理人として不動産を購入するには，民法876条の4第1項の規定により，Bにその代理権を付与する旨の家庭裁判所の審判を受ける必要がある（チェックポイント26参照）。

3．Aは，Bと婚姻をしていたが，ある日，Bが家を出たまま行方不明となった。この事例に関する次の1から5までの記述のうち，正しいものはどれか（H14-1）。

1　Bの生死が7年以上不明の場合，Aは，Bの失踪宣告を得ることができるので，婚姻を解消するためには，失踪宣告の申立てをする必要があり，裁判上の離婚手続によることはできない。

2　Bの失踪宣告がされた場合，Bが死亡したものとみなされる7年の期間満了の時より前に，Aが，Bが既に死亡したものと信じて行ったBの財産の売却処分は，有効とみなされる。

3　Bの失踪宣告がされた後，Bが家出した日に交通事故で死亡していたことが判明した場合，Bが死亡したとみなされる時期は，Bの失踪宣告が取り消されなくとも，現実の死亡時期にまでさかのぼる。

4　Bの失踪宣告がされた後，Bが生存していたことが判明した場合，Bの失踪宣告が取り消されない限り，Aは，相続により取得したBの遺産を返還する必要はない。

5　Bの失踪宣告がされた後，Aが死亡し，その後にBの失踪宣告が取り消された場合，Bは，Aの遺産を相続することはない。

正しいものは，4である。

1　×　Aとしては，本肢のとおり，Bの失踪の宣告を得て，婚姻を解消することができるほか，「配偶者の生死が3年以上明らかでないとき」に該当するものとして（民§770-Ⅰ③），裁判上の離婚手続をとることもできる。

2　×　本肢は普通失踪の例であり，Bが死亡したものとみなされるのは，失

17

踪の時から7年の期間が満了した時である（民§31）。その時点よりも前にAがしたBの財産の処分行為は，たとえBが既に死亡したものと信じて行ったとしても，無権限者のした財産の処分行為であり，無効である。

3　×　失踪の宣告によって死亡したものとみなされた時と異なる時に死亡したことを主張するためには，必ず失踪の宣告を取り消さなければならない。

4　○　Bの失踪の宣告によって，AはBの財産を相続することとなるが（民§890），Bの失踪の宣告が取り消されると，相続の効果も否定され，取得した財産を返還する義務が生ずる（民§32-Ⅱ参照）。相続した財産の返還は，失踪の宣告の取消しの効果であり，取消しがなければ，返還義務も生じない。

5　×　Bの失踪の宣告が取り消されたのであれば，失踪の宣告に基づく身分上・財産上の変動はなかったものとされる。Bは，Aの死亡時においても生存していたのであり，Aの遺産を相続することができるのは当然である。

4．Aが失踪宣告を受け，Aの妻Bが生命保険金を受け取るとともに，Aの土地を相続した。Bは，受け取った生命保険金を費消し，また，相続した土地をCに売却した。その後，Aが生存することが明らかになったため，失踪宣告は取り消された。この場合の法律関係に関する次のアからオまでの記述のうち，判例の趣旨に照らし正しいものはどれか（H18-5改）。

ア　Bが生命保険金を費消した際にAの生存について善意であったとしても，遊興費として生命保険金を費消した場合には，Bは，保険者に対し，費消した生命保険金の相当額を返還しなければならない。

イ　Bが生命保険金を費消した際にAの生存について善意であり，かつ，生活費として生命保険金を費消した場合には，Bは，保険者に対し，費消した生命保険金の相当額を返還する必要はない。

ウ　BがCに土地を売却した際にAの生存について悪意であったときは，Cが善意であっても，Aについての失踪宣告の取消しにより，Cは，当該土地の所有権を失う。

エ　BがCに土地を売却した際，BとCがともにAの生存について悪意であった場合において，CがDに土地を転売したときは，DがAの生存について善意であったとしても，Aについての失踪宣告の取消しに

テーマ1　権利の主体

　　　より，Dは，当該土地の所有権を失う。
　オ　BがCに土地を売却した際，BとCがともにAの生存について善意
　　であった場合において，CがAの生存について悪意であるDに土地を
　　転売したときは，Aについての失踪宣告の取消しにより，Dは，当該
　　土地の所有権を失う。

正しいものは，ウ，エである。

ア　×　失踪宣告が取り消されたときは，失踪宣告によって財産を得た者は，
　　たとえ善意であっても，現存利益の範囲で，その財産の返還義務を負う（民
　　§32-Ⅱ）。Bは，生命保険金を遊興費として費消したので，現存利益はなく，
　　結局何ら返還する必要はない。

イ　×　生活費として費消した場合，負担すべき支出を免れたことになるので，
　　利益は現存するため，費消した生命保険金の相当額を返還する義務がある。

ウ　○　チェックポイント52の①参照。本肢の場合，契約の一方の当事者であ
　　るBが悪意であるので，たとえCが善意であっても，契約の効力は失踪宣告
　　の取消しによって消滅する。

エ　○　B及びCがともに悪意であるので，BC間の土地の売買契約の効力は
　　失踪宣告の取消しにより失効することになり，結果的にDは，無権利者であ
　　るCから当該土地を買い受けたことになる。したがって，たとえDが善意で
　　あっても，失踪の宣告の取消しによって，CD間の売買契約の効力も失効す
　　ることになり，Dは土地の所有権を失う。

オ　×　B及びCの双方が善意であるので，BC間の土地の売買契約は有効に
　　効力を生じており，失踪宣告の取消しにかかわらず，Cの権利取得は確定的
　　なものとなる。その後，Cが悪意のDに当該土地を売却し，失踪宣告が取り
　　消されたとしても，CD間の契約は，失踪宣告の取消しの影響を受けること
　　はない。

　5．不在者に関する次のアからオまでの記述のうち，判例の趣旨に照らし
　　誤っているものはどれか（H22-4改）。
　　ア　不在者Aが家庭裁判所から失踪宣告を受け，その相続人BがAから
　　　相続した不動産をCに売却して引き渡したが，その後，生存していた

Aの請求により当該失踪宣告が取り消された場合には，当該売買の当時Aの生存につきBが善意であってもCが悪意であったのであれば，Aは，Cに対し，当該不動産の返還を請求することができる。

イ　家庭裁判所が不在者Aの財産管理人としてDを選任した場合において，DがA所有の財産の管理費用に充てるためにAの財産の一部である不動産を売却するときは，Dは，これについて裁判所の許可を得る必要はない。

ウ　不在者Aが家庭裁判所から失踪宣告を受けた後に，AがEに100万円を貸し渡した場合は，当該金銭消費貸借契約は，当該失踪宣告が取り消されなくても有効である。

エ　不在者Aが財産管理人Dを置いた場合において，DがA所有の財産の管理を著しく怠っているときは，家庭裁判所は，Aの生存が明らかであっても，利害関係人の請求により，管理人の任務に適しない事由があるとしてDを改任することができる。

オ　不在者Aが家庭裁判所から失踪宣告を受け，その相続人BがAから相続した銀行預金の大部分を引き出して費消した後，生存していたAの請求により当該失踪宣告が取り消された場合には，それまでAの生存につき善意であったBは，現に利益を受けている限度において返還すれば足りる。

誤っているものは，イ，エである。

ア　○　チェックポイント52の①参照。本肢では，当事者の一方であるCが悪意なので，BC間の売買契約の効力は失効し，AはCに対して不動産の返還を請求することができる。

イ　×　不在者の財産管理人が，不在者の財産について，民法103条に規定された範囲を超える行為をするときは，家庭裁判所の許可を得なければならない（チェックポイント47参照）。不在者の財産の一部である不動産を売却する行為は，民法103条に規定された範囲を超える処分行為なので，たとえその目的が不在者の財産の管理費用に充てるためであっても，家庭裁判所の許可は必要である。

ウ　○　チェックポイント50参照。失踪者が生存し，ある法律行為をしたのであれば，当該法律行為は，法律行為の一般的な有効要件を満たす限り，失踪

テーマ1　権利の主体

宣告を取り消さなくても有効である。

エ　×　不在者が財産管理人を置いている場合において，家庭裁判所が管理人を改任することができるのは，不在者の生死が明らかでないときに限る（民§26参照）。

オ　○　失踪宣告によって財産を得たBは，その取消しによって権利を失うが，「現に利益を受けている限度」で返還すれば足りる（チェックポイント52の②）。

テーマ 2

法律行為の意義，有効要件，無効及び取消し

Check Point

法律行為全般

1．法律行為の意義をいえ。
　（答）意思表示を中心的な要素とし，人が一定の法律効果を発生させようとする意思に基づいてする行為のこと。

2．法律行為にはどのようなものがあるか。
　（答）単独行為，契約（双方行為），合同行為がある。

3．法律行為の成立要件をいえ。
　（答）①当事者，②目的，③意思表示が存在すること。すなわち，ある当事者が，ある目的をもって意思表示をすることによって，法律行為は成立する。

4．法律行為の一般的な有効要件をいえ。
　（答）①当事者が能力を有すること，②目的が適法で，社会的妥当性を有すること，③意思表示につき，意思と表示とが一致し，かつ，意思の成立過程に瑕疵がないこと。

5．チェックポイント4の①の要件を満たさない法律行為の効果をいえ。
　（答）当事者が意思表示をした時に意思能力を有しなかったときは，そ

22

テーマ2　法律行為の意義，有効要件，無効及び取消し

の者がした法律行為は無効であり（民§3の2），当事者が制限行為
能力者であれば，その者がした法律行為は取り消すことができる法
律行為となる（民§5-Ⅱ，9本文，13-Ⅳ，17-Ⅳ）。

**6．チェックポイント4の②の要件を満たさない法律行為の意義及び効果をい
え。**

☐☐☐（答）チェックポイント4の②の要件を満たさない法律行為とは，当該
法律行為の目的が適法でないか，または社会的妥当性を有しないと
いうことである。目的が適法でない法律行為とは，強行規定に違反
する法律行為という意味であり，強行規定に違反する行為は無効で
ある（民§91の反対解釈）。目的が社会的妥当性を有しない法律行為
とは，当該法律行為が公序良俗に反するということであり，公序良
俗に反する法律行為は無効である（民§90）。

**7．チェックポイント4の③の要件に関し，意思表示につき，意思と表示とが
一致しない場合のことを，（　①　）といい，民法は，（　②　）の2つをその
類型として規定している。**

☐☐☐（答）①意思の不存在，②心裡留保（民§93），通謀虚偽表示（民§94）。

**8．チェックポイント4の③の要件に関し，意思表示につき，意思と表示とは
一致しているものの，その意思の成立過程に瑕疵がある意思表示のことを
（　①　）といい，民法は，（　②　）の3つをその類型として規定している。**

☐☐☐（答）①瑕疵ある意思表示，②錯誤（民§95），詐欺及び強迫（民§96）。
なお，錯誤のうち，「意思表示に対応する意思を欠く錯誤」（民§
95-Ⅰ①，いわゆる表示の錯誤）は，意思の不存在にあたるが，その
場合も含めて，錯誤による意思表示は瑕疵ある意思表示にあたるも
のとして扱う（民§120-Ⅱ参照）。

意思の不存在①－心裡留保

9．表意者が自ら表示行為と内心とが一致していないと知りながらした意思表示の効果をいえ。

□□□ （答）本例のように内心の意思と表示行為が不一致であり，その不一致を表意者自ら知っている意思表示を心裡留保という。心裡留保は，原則としてその意思表示の効果に影響を及ぼさないから，その意思表示は有効である（民§93-Ⅰ本文）。表意者が，内心と異なる意思表示だと知っているので，これを保護する必要がなく，むしろ取引の安全をはかって，相手方を保護する必要があるからである。

10．心裡留保による意思表示を受けた相手方が，その意思表示が表意者の真意ではないことを知っているときは，その効力はどうなるか。

□□□ （答）本例の場合のように，表意者の意思表示が真意ではないことを相手方が知っているか，または知ることができた場合には，その意思表示は無効である（民§93-Ⅰただし書）。この場合は，相手方を保護する必要がないからである。

11．心裡留保が民法93条1項ただし書の規定によって無効とされる場合，当該無効は善意の第三者に対抗することはできるか。

□□□ （答）対抗することはできない（民§93-Ⅱ）。

意思の不存在②－通謀虚偽表示

12．相手方と通謀し，内心の意思を秘匿して，それと一致しない効果意思を表示して外形上の意思表示をつくりだした場合，当該意思表示の効果はどうなるか。また，当該意思表示の効果を第三者に対抗することはできるか。

□□□ （答）無効である（民§94-Ⅰ）。本例のような意思表示のことを通謀虚偽表示という。通謀虚偽表示による意思表示の無効は，善意の第三者に対抗することができない（民§94-Ⅱ）。

テーマ2　法律行為の意義，有効要件，無効及び取消し

13. 民法94条2項にいう善意の第三者とはどのような者を指すか。

□□□（答）虚偽表示の当事者及びその包括承継人以外の者であって，虚偽表示によって生じた法律関係について，別の法律原因によって新たな利害関係を有するに至った者を指す（最判昭42.6.29）。

テーマ
2

14. 次に掲げる者が善意である場合，その者は，民法94条2項にいう「善意の第三者」といえるか。

① 不動産の仮装譲受人から，当該不動産を取得した者

② 1番抵当権が仮装で放棄され，順位が上昇したと誤信した2番抵当権者

③ 虚偽表示の目的物を差し押さえた仮装譲受人の債権者

④ 債権の仮装譲受人から取立てのために債権を譲り受けた者

⑤ 仮装による第三者のためにする契約の第三者

⑥ 仮装売買から生ずる買主の登記請求権を，それと直接関係のない債権に基づいて代位行使する債権者

⑦ 土地の仮装譲受人が，その土地上に建てた建物を賃借した賃借人

⑧ 仮装債権を善意で譲り受けた者

⑨ 土地の賃借人（地上建物の所有者）が，地上建物を他人に仮装譲渡した場合における土地の賃貸人

□□□（答）①　善意の第三者といえる。

30-4-オ
27-5-ウ,
　　オ
24-4-エ
19-7-ア,
　　エ,オ

②　善意の第三者といえない。権利関係の外形を信頼して新たな原因によって利害関係を有するに至った者ではないからである。

③　善意の第三者といえる（最判昭48.6.28）。

④　善意の第三者といえない（大決大9.10.18）。

⑤　善意の第三者といえない。

⑥　善意の第三者といえない（大判昭18.12.22）。

⑦　善意の第三者といえない（最判昭57.6.8）。

⑧　善意の第三者といえる（大判昭13.12.17）。

⑨　善意の第三者といえない（最判昭38.11.28）。

15. ＡＢ間で不動産の売買が仮装され，Ｂがその事実を知るＣに当該不動産を譲渡した後，ＣがＡＢ間の通謀の事実を知らないＤに当該不動産を譲渡した場合，Ａは，Ｄに対して不動産の所有権を対抗することはできるか。

□□□
27-5-イ
19-7-ウ

（答）本例における転得者Ｄは，民法94条2項にいう「第三者」に含まれ，善意であれば，同項によって保護される。したがって，Ａは，Ｄに対して不動産の所有権を対抗することはできない（最判昭45.7.24）。

16. ＡＢ間で不動産の売買が仮装され，Ｂがその事実を知らないＣに当該不動産を譲渡した後，ＣがＡＢ間の通謀の事実を知るＤに当該不動産を譲渡した場合，Ａは，Ｄに対して不動産の所有権を対抗することはできるか。

□□□

（答）対抗することはできない。判例は，善意の第三者Ｃが絶対的・確定的に権利を取得するので，その後の転得者はたとえ悪意であっても保護されると考える（大判昭6.10.24）。このような考え方を「絶対的構成」という。これに対して，処分行為の効力は当事者ごとに相対的・個別的に判断すべきであり，転得者が悪意であれば，保護されないとする見解（これを「相対的構成」という）もある。

17. チェックポイント16の事例において，相対的構成をとった場合の問題点を指摘せよ。

□□□
20-4-ア,
ウ,エ,オ

（答）① Ｄが悪意であると保護されないと解するので，Ｄは権利を取得しても，Ａから返還請求を受けてしまうため，そのことがわかって取引することは考えにくく，Ｃが目的物を処分することが著しく制限される。

② 悪意の転得者Ｄは，不動産を取得することができないことになるので，Ｃの履行不能を理由に契約を解除することができることとなるが（民§542-Ⅰ①），それでは善意者を保護しようとした民法94条2項の趣旨がそこなわれる。

③ 原権利者Ａは，善意のＣの出現によっていったん権利を喪失するが，悪意のＤの出現によって再び権利を回復する結果となる。

18. チェックポイント16の事例において，絶対的構成をとった場合の問題点を指摘せよ。

□□□ (答)善意のCを介在させることによって，悪意者Dが不当に保護される
20-4-イ　　という結果が生ずることになる。

瑕疵ある意思表示①－錯誤

19. 民法95条にいう錯誤による意思表示とは，どのようなものか。

□□□ (答)内心と表示のくい違いや意思決定をするに至る内心の認識違いなどに表意者自身が気づかずにする意思表示のことであって，法律行為の重要な部分についての表意者の真意と表意者がした意思表示が異なるもののこと。

20. 意思表示に，（　①　）錯誤がある場合，または（　②　）錯誤がある場合には，当該錯誤が法律行為の目的及び取引上の社会通念に照らして重要なものであるときは，（　③　）。なお，②の錯誤がある場合に，当該意思表示を取り消すことができるのは，（　④　）されていたときに限る。

□□□ (答)①意思表示に対応する意思を欠く，②表意者が法律行為の基礎と
23-5-ウ，　　した事情についてのその認識が真実に反する，③取り消すことがで
エ　　　　きる(民§95-Ⅰ)，④その事情が法律行為の基礎とされていることが表示(民§95-Ⅱ)。

21. 錯誤が表意者の重大な過失による場合における当該意思表示の取消しの可否について述べよ。

□□□ (答)錯誤が表意者の重大な過失によるものであった場合には，原則と
30-4-エ　　して取消しをすることができないが，次の場合には，取消しが認め
20-5-オ　　られる(民§95-Ⅲ)。
　　　①　相手方が表意者に錯誤があることを知り，または重大な過失によって知らなかったとき
　　　②　相手方が表意者と同一の錯誤(共通錯誤)に陥っていたとき

22. 錯誤による意思表示の取消しは，（　　　　）に対抗することができない。

□□□　（答）善意でかつ過失がない第三者（民§95-Ⅳ）。
23-5-オ

瑕疵ある意思表示②－詐欺及び強迫

23. 詐欺または強迫による意思表示は，（　　　　）。

□□□　（答）取り消すことができる（民§96-Ⅰ）。

24. ＡとＢとがＣが製造した商品の売買契約を締結するに当たり，ＢがＣから虚偽の説明を受け，Ｂがそれを真実だと誤信してＡに同様の説明し，ＡはＢの説明によって錯誤に陥り，Ｃの製造した商品を購入した場合，Ａは，詐欺を理由としてＢとの売買契約を取り消すことはできるか。

□□□　（答）表意者が錯誤に陥って意思表示をしたとしても，相手方に表意者
23-5-ア　を欺罔する故意（相手方を欺罔して錯誤に陥らせ，かつ，その錯誤によって意思を決定させ，表示させようとする意思）がなければ，詐欺による意思表示があったとはいえない。本例の場合，ＢにはＡを欺罔する故意がないので，Ａは，詐欺を理由として売買契約を取り消すことはできない。ただし，Ａは，自己の意思表示が錯誤によるものだとして，取り消す余地はある。

25. Ａは，Ｂとの間の契約を締結するに際して，Ｃに欺罔されてＢに対して契約を締結する旨の意思表示をした。この場合，Ａは，常に詐欺を理由としてＢとの間の契約を取り消すことができるか。

□□□　（答）本例のように，欺罔者が意思表示の当事者でない場合を「第三者
18-6-オ　による詐欺」というが，第三者による詐欺が行われた場合，意思表示の相手方（本例ではＢ）が詐欺のあったことを知り，または知ることができたときに限り，表意者（本例ではＡ）は，その意思表示を取り消すことができる（民§96-Ⅱ）。

テーマ2　法律行為の意義，有効要件，無効及び取消し

26. 詐欺による意思表示の取消しは，（　　　　）に対抗することができない。

□□□　(答)善意でかつ過失がない第三者(民§96-Ⅲ)。

23-5-オ
18-6-ア,
エ

27. 強迫により，完全に意思の自由を失った者がした意思表示の効果はどうなるか。

□□□　(答)当然に無効とされる。強迫とは，相手方にある意思表示をさせる
ため，不法に害意を通知し，相手方がこれによって畏怖し，その畏
怖によって意思を決定し，表示させようとする行為である(大判昭
11.11.21)。強迫行為の程度がこうじて，表意者が完全に意思の自由
を失ってした意思表示は，当然に無効であって(最判昭33.7.1)，取
消しをしなくても相手方に原状回復の請求ができる。なお，このよ
うな場合であっても，意思の不自由と喪失との区別は不明確なもの
であるから，表意者は強迫による取消しを主張しても差し支えない。

28. 詐欺を理由とする取消しと強迫を理由とする取消しの違いをいえ。

□□□　(答)①　第三者による詐欺の場合，相手方が詐欺の事実を知り，また
は知ることができたときに限って取消しができるのに対して，
第三者による強迫の場合は，そのような制限はない(民§96-
Ⅱ)。

30-4-ウ
18-6-ウ

　　　　　②　詐欺による取消しの効果は善意・無過失の第三者に対抗する
ことはできないが，強迫による取消しは善意・無過失の第三者
にも対抗することができる(民§96-Ⅲ)。

意思表示の到達と受領

29. 意思表示の効力の発生時期をいえ。

□□□　(答)相手方のない意思表示であれば，その成立と同時に効力を生ずる。
相手方のある意思表示については，その通知が相手方に到達した時
から効力を生ずる(民§97-Ⅰ，到達主義)。

24-4-ウ

30. 相手方が正当な理由なく意思表示の通知が到達することを妨げたときは，その通知は，（　　　）。

☐☐☐ （答）通常到達すべきであった時に到達したものとみなす（民§97-Ⅱ）。

31. 表意者が意思表示を発信した後に死亡し，意思能力を喪失し，または行為能力の制限を受けたときは，その意思表示の効力はどうなるか。

☐☐☐ （答）意思表示は効力を妨げられることはない（民§97-Ⅲ）。表意者が
24-4-オ 死亡したときは，意思表示の効果は相続人に承継され，表意者が意思能力を喪失し，または行為能力の制限を受けたときは，その保護者（法定代理人，保佐人，補助人）が，表意者の意思表示を補完する。ただし，契約については，例外がある（第2部テーマ1のチェックポイント4参照）。

32. 意思表示の受領能力の意義及び受領能力のない者について述べよ。

☐☐☐ （答）受領能力とは，意思表示の内容を理解することのできる能力のこ
31-4-イ と。受領能力がないのは，意思表示を受けた時に意思能力を有しな
24-4-イ かった者，未成年者及び成年被後見人（以下「受領無能力者」という）である（民§98の2本文）。被保佐人及び被補助人は受領能力を有することに注意すること。なお，受領無能力者に対して意思表示がされた場合でも，その法定代理人がその意思表示を知ったとき，または受領無能力者が意思能力を回復し，または行為能力者となった後に，その意思表示を知ったときは，その時から表意者は意思表示があったことを対抗することができる（民§98の2ただし書）。

無効な法律行為

33. 無効な法律行為にはどのようなものがあるか。

☐☐☐ （答）①意思能力を有しない者が単独でした法律行為（民§3の2），②公序良俗に違反する法律行為（民§90），③強行規定に違反する法律行為（民§91の反対解釈），④心裡留保による法律行為で，相手方が悪意または有過失である場合（民§93-Ⅰただし書），⑤通謀虚偽表

テーマ2　法律行為の意義，有効要件，無効及び取消し

示による法律行為（民§94-Ⅰ）。

34. 無効な法律行為の効果をいえ。

25-5-ア

（答）当事者が意図した法律効果は，初めから当然に発生しない。無効な行為を追認しても効力を生じないが，当事者が無効であることを知って追認した場合は，新たな行為をしたものとみなされる（民§119ただし書。非遡及的追認）。ただし，公序良俗に違反する法律行為，強行規定に違反する法律行為は，追認しても，その反社会性は変わらないので，民法119条ただし書の適用はない。

35. 無効を主張することができる者，無効を主張することができる相手方が限定される場合はあるか。

（答）法律行為の無効は，原則として，誰からでも，誰に対しても主張することができるので，無効を主張することができる者が限定される場合はない。ただし，心裡留保による意思表示が民法93条1項ただし書の規定によって無効となる場合の当該無効及び通謀虚偽表示による無効は，善意の第三者には主張することはできない（民§93-Ⅱ，94-Ⅱ）。

36. 無効を主張することができる期間に制限はあるか。

29-5-ア
20-5-イ
前段
19-6-イ
後段

（答）ない。いつでも無効を主張することができる。取り消すことができる法律行為の取消しには期間の制限があることと比較すること（チェックポイント52参照）。

37. 無効な行為に基づく債務の履行として給付を受けた者は，（　　　　）。

（答）相手方を原状に復させる義務を負う（民§121の2-Ⅰ）。

38. チェックポイント37の原状回復義務が現存利益に限定される場合をいえ。

☐☐☐ (答)① 当該無効な行為が無償行為による場合であって，給付受領者が給付を受けた当時，当該行為が無効であることを知らなかったとき（民§121の2-Ⅱ）

② 無効が意思能力を有しないことを理由とするとき（民§121の2-Ⅲ前段）

取り消すことができる法律行為

39. 取り消すことができる法律行為には，どのようなものがあるか。

☐☐☐ (答)①制限行為能力者が単独でした法律行為（民§5-Ⅱ，9，13-Ⅳ，17-Ⅳ）。②錯誤，詐欺または強迫による意思表示（民§95-Ⅰ，96-Ⅰ）。なお，後見監督人の付された後見人が後見監督人の同意を得ないでした法律行為も，被後見人または後見人が取り消すことができる（民§865-Ⅰ）。

40. チェックポイント39の①②の法律行為の取消権者をいえ。

☐☐☐ (答)①の法律行為の取消権者

25-5-ウ 制限行為能力者（他の制限行為能力者の法定代理人としてした行為にあっては，当該他の制限行為能力者を含む），またはその代理人，承継人もしくは同意をすることができる者（民§120-Ⅰ）。

②の法律行為の取消権者

瑕疵ある意思表示をした者，またはその代理人もしくは承継人（民§120-Ⅱ）。

41. 制限行為能力者は，自分でした法律行為を単独で取り消すことができるか。

☐☐☐ (答)意思能力がある限りできる。したがって，未成年者・成年被後見
30-4-ア 人も意思能力があれば，自分でした取り消すことができる法律行為
27-4-ア を単独で取り消すことができる。
23-4-イ

テーマ2 法律行為の意義，有効要件，無効及び取消し

42. 民法120条1項かっこ書の「他の制限行為能力者の法定代理人としてした行為にあっては，当該他の制限行為能力者を含む」の意義について述べよ。

□□□ (答)例えば，被保佐人Aが未成年者Bの単独親権者である場合のように，制限行為能力者が他の制限行為能力者の法定代理人となることはある。このように，制限行為能力者が他の制限行為能力者の法定代理人として，単独でした行為は，取り消すことができる(民§102ただし書参照)。具体的には，先の例で，Aが保佐人の同意を得ずにBを代理して，民法13条1項1号から9号に掲げる行為をしたときは，当該被保佐人の代理行為は取り消すことができる(民§13-Ⅰ⑩・Ⅳ)。この場合の取消権者は，「制限行為能力者」であるAと「同意をすることができる者」であるAの保佐人のほか，「当該他の制限行為能力者」である未成年者Bである。民法120条1項かっこ書は，本事例におけるBが取消権者に含まれることを明らかにするものである。

43. AがBの詐欺によってBから物を買う契約をした後，Bが売買代金債権をCに譲渡した場合において，Aが詐欺を理由として売買契約の取消しまたは追認をする場合，その意思表示の相手方は，BかCか。

□□□ (答)Bである。取消しまたは追認の意思表示は，相手方に対してする必要があるが(民§123)，相手方とは，取り消すことができる法律行為の相手方のことである。Aの契約の当事者は，BでありCではない。

33

44. 取り消すことができる行為の取消しの効果をいえ。

19-6-ウ

(答)その法律行為は初めから無効であったものとみなされることから（民§121），履行された部分については原状回復義務が生ずる（民§121の2-Ⅰ）。ただし，次の場合は，返還義務は現存利益に限られる。

① 当該取り消すことができる行為が無償行為による場合であって，給付受領者が給付を受けた当時，当該行為が取り消すことができるものであることを知らなかったとき（民§121の2-Ⅱかっこ書）

② 取消しが行為能力の制限を理由とするとき（民§121の2-Ⅲ後段）

45. 現存利益の意義をいえ。

29-19-ウ
19-6-ア

(答)現存利益とは，原物そのものまたはその価値変形物が現存する限りにおける利益である。したがって，原物が損傷あるいは変質しても同一性が認められる状態で現存していれば，それを返還すればよい。原物を他に譲渡した場合には，残存している対価を返還すればよく（例えば，取り消すことができる法律行為によって金銭を取得した者が，その金銭で宝石を買ったのであればその宝石を返還する），受益者の特別な手腕などによって増加した部分は返還しなくてもよい（株式投資や事業資金として用いて，増殖した部分は返還不要，預金利息は自然の経過による増加であるので返還すべき）。

46. 債務の弁済，遊興費，生活費はそれぞれ現存利益といえるか。

(答)債務の弁済，生活費は現存利益。遊興費は現存利益とはいえない。

47. 行為能力の制限を理由とする取消しは，善意の第三者に対抗することはできるか。

19-6-ウ

(答)対抗することができる。強迫を理由とする取消しについても善意の第三者に対抗することができる。錯誤及び詐欺による取消しは，善意・無過失の第三者に対抗することができないことと比較すること（民§95-Ⅳ，96-Ⅲ）。

テーマ2　法律行為の意義，有効要件，無効及び取消し

48.　取り消すことができる行為を追認したときの効果をいえ。

☐☐☐　(答)それまでも一応有効であった法律行為を取り消すことができなくなり(民§122)，その法律行為は確定的に有効となる。つまり，取り消すことができる法律行為の追認は，取消権の放棄を意味する。

49.　追認権者及び追認の原則的な要件をいえ。

☐☐☐　(答)追認権者は取消権者と同一である(民§122)。追認の要件は次の
25-5-エ　とおり(民§124-Ⅰ)。
23-4-ウ

①　取消しの原因となっていた状況が消滅した後であること

したがって，制限行為能力者が追認するのであれば，その者が行為能力者となった後，錯誤，詐欺または強迫によって意思表示をした者がその意思表示を追認するのであれば，錯誤に気づき，詐欺を発見し，または強迫を免れた後でなければ追認は有効とならない。

②　取消権を有することを知った後であること

50.　チェックポイント49の①の「取消しの原因となっていた状況が消滅した後」という追認の要件が不要とされる場合をあげよ。

☐☐☐　(答)①　法定代理人または制限行為能力者の保佐人もしくは補助人が
23-4-エ　　　　追認をするとき(民§124-Ⅱ①)

したがって，制限行為能力者の行為能力の制限が継続中であっても，制限行為能力者の保護者は有効に追認することができる。

②　制限行為能力者(成年被後見人を除く)が法定代理人，保佐人または補助人の同意を得て追認をするとき(民§124-Ⅱ②)

成年被後見人が，成年後見人の同意を得て追認しても，当該追認は有効とならないことに注意すること。

51. 法定追認事由をあげ，それぞれの行為が，追認権者によってされる場合に限られるか否かについて述べよ。

□□□
30-4-イ
25-5-オ
23-4-ウ

（答）① 全部または一部の履行

追認権者が債務者として履行する場合だけでなく，債権者として受領する場合も含む。

② 履行の請求

追認権者がする場合に限る。

③ 更改

追認権者が債権者であると債務者であるとを問わない。

④ 担保の供与

追認権者が担保を供与する場合だけでなく，追認権者が債権者として担保の供与を受けたときも含む。

⑤ 取り消すことができる行為によって取得した権利の全部または一部の譲渡

追認権者がした場合に限る。

⑥ 強制執行

追認権者が債権者として強制執行をした場合に限られる。債務者として強制執行を受けた場合は，法定追認事由に該当しないとするのが判例である（大判昭4.11.22）。

52. 取消権の行使期間をいえ。

□□□
23-5-オ
19-6-イ
前段

（答）追認をすることができる時から5年，行為の時から20年（民§126）。

テーマ❷

参考過去問

1. 虚偽表示によって権利者として仮装された者から直接に権利を譲り受けた第三者が善意であった場合において，その「善意の第三者」からの転得者等も民法第94条第2項によって保護されるか否かという問題については，「転得者等が善意の場合にのみ保護する」という見解がある。次のアからオまでの記述のうち，この見解に対する批判として不適切なものはどれか（H20-4改）。

ア　この見解によれば，転得者が前主である善意の第三者に対して担保責任を追及することができることとなって，善意の第三者に不利益が生じる可能性がある。

イ　この見解によれば，悪意の転得者も，いったん善意の第三者に権利を取得させた上で，この善意の第三者から権利を譲り受ければ，当該権利を取得することができることになる。

ウ　この見解によれば，善意の第三者が，悪意の第三者のために虚偽表示の対象となった財産に抵当権を設定した場合に，法律関係が複雑になるおそれがある。

エ　この見解によれば，善意の第三者が虚偽表示の対象となった財産を処分したり，当該財産に担保権を設定したりすることが，事実上大幅に制約されることになる。

オ　この見解によれば，保護の対象から第三者を例外的に除外することを検討しなければならなくなるが，その識別基準にあいまいなところがある。

不適切なものは，イ，オである。

　AとBを通謀虚偽表示の当事者，Bから権利を取得した善意の第三者をC，Cからの転得者をDとして検討する。本問は，Dが善意の場合にのみ保護されるとする見解（相対的構成）に対する批判として不適切なものを選ぶ問題である。

ア　適切である。　　Ｄが悪意である場合，本問の見解ではＤは保護されないた
め，ＤはＡからの権利の返還に応ぜざるを得ない。その場合，ＤはＣに対し
て，ＣＤ間の契約の解除の意思表示をし（民§542-Ⅰ①），原状回復を求める
ことができる（民§545-Ⅰ）。そのようにすると，Ｃは保護されないのと同様
の結果となり，民法94条２項によってＣを保護した実質が失われることにな
る。

イ　不適切である。　　本肢のような結果となるのは，絶対的構成による場合で
ある。すなわち，絶対的構成は，善意の第三者を介在させることによって，
悪意の者が保護されることを認める結果となる。このことから，本肢の記述
は，絶対的構成への批判であり，相対的構成への批判としては不適切である。

ウ　適切である。　　本肢は，善意のＣが不動産を取得した後，自己または第三
者がＤに対して負う債務を担保するために，悪意のＤのために抵当権を設定
した場合を問題とする。相対的構成によると，この場合，原所有者であるＡ
は，Ｄの抵当権の無効を主張することができるが，その抵当権はＡとの関係
では所有権を確定的に取得したＣが設定したものであり，特に物上保証の場
合は，債務者である第三者との関係で複雑な問題が生ずる。したがって，本
肢の記述は，相対的構成への批判として適切である。

エ　適切である。　　Ｃは権利取得後にＡＢ間の通謀の事実を知ることは珍しく
ないであろう。それでも，Ｃは取引当時善意であるから保護されるが，その
権利をＤに譲渡しようする場合，本問の見解によると，Ｄが悪意であるとき
は保護されないことになるため，そのようなＤはＣから権利を譲り受けよう
とは考えないであろう。すなわち，Ｃとしては，ＡＢ間の通謀の事実を秘し
た上で，善意の取引相手を探さない限り，権利を譲渡することができないこ
とになる。そのことは，権利の譲渡性・流動性を大幅に制限することになる。

オ　不適切である。　　本肢における「第三者」が，Ｃを指しているのか，Ｄを
指しているのか不明であるが，善意のＣを例外的に保護の対象から除外する
ことを検討する必要は，絶対的構成，相対的構成のいずれの説に立ってもな
いので（相対的構成による場合，結果的に善意のＣが保護されない場合はあ
るが，それは結果であり，Ｃを例外的に保護の対象から除外するものではな
い），本肢における「第三者」は，Ｄを指しているものと解される。転得者
であるＤが保護されるか否かは，相対的構成による場合，「善意の場合にの
み保護する」という立場なので，Ｄが善意である限り保護の対象となり，そ

テーマ2　法律行為の意義，有効要件，無効及び取消し

の保護の対象である善意のDを例外的に除外することを検討する必要はない。したがって，本肢の記述は，相対的構成に対する批判として適切ではない。

> 2．Aは，Bと協議の上，譲渡の意思がないにもかかわらず，その所有する甲土地をBに売り渡す旨の仮装の売買契約を締結した。この場合における次のアからオまでの記述のうち，判例の考え方に従うと，Aによる売買契約の無効の主張が認められるものはどれか（H11-3改）。
> 　ア　Bに対して金銭債権を有する債権者Cが，A・B間の協議の内容を知らずに，その債権を保全するため，Bに代位して，Bへの所有権移転登記をAに請求した。そこで，Aは，Cに対し，A・B間の売買契約の無効を主張した。
> 　イ　Bは，甲土地上に乙建物を建築し，A・B間の協議の内容を知らないDに乙建物を賃貸した。そこで，Aは，Dに対し，A・B間の売買契約の無効を主張した。
> 　ウ　Bに対して金銭債権を有する債権者Eが，A・B間の協議の内容を知らずに，その債権に基づき，甲土地を差し押さえた。そこで，Aは，Eに対し，A・B間の売買契約の無効を主張した。
> 　エ　Bは，A・B間の協議の内容を知っているFに甲土地を転売し，さらに，Fは，その協議の内容を知らないGに甲土地を転売した。そこで，Aは，Gに対し，A・B間の売買契約の無効を主張した。
> 　オ　Bは，A・B間の協議の内容を知らないHに甲土地を転売し，さらに，Hは，その協議の内容を知っているIに甲土地を転売した。そこで，Aは，Iに対し，A・B間の売買契約の無効を主張した。

無効の主張が認められるものは，ア，イである。

ア　**認められる。**　チェックポイント14の⑥参照。Cは，A・B間の取引の外形を信頼して新たに取引に入った者ではなく，単にBに対して金銭債権を有するにすぎないので，民法94条2項にいう善意の第三者には該当しない。

イ　**認められる。**　チェックポイント14の⑦参照。仮装譲渡されたのは土地であり，その土地上の建物について利害関係を有するに至ったDは，土地取引についての善意の第三者には該当しない。

ウ 認められない。 チェックポイント14の③参照。虚偽表示の目的物を善意で差し押さえた者は善意の第三者に該当する。

エ 認められない。 チェックポイント15参照。

オ 認められない。 チェックポイント16参照。判例は絶対的構成の立場をとるので，判例の考え方に従うと，Aの主張は認められない。

3．通謀虚偽表示に関する次のアからオまでの記述のうち，判例の趣旨に照らし誤っているものはどれか。なお，「善意」又は「悪意」は，通謀虚偽表示についての善意又は悪意を指すものとする（H15- 5 改）。

ア　AとBとが通謀して，A所有の土地をBに売却したかのように仮装したところ，Bは，その土地上に建物を建築してその建物を善意のCに賃貸した。この場合，Aは，Cに対し，土地の売却が無効であるとして建物からの退去による土地の明渡しを求めることはできない。

イ　AとBとが通謀して，A所有の土地をBに売却したかのように仮装したところ，Bは，その土地を悪意のCに売却し，その後，Cは，その土地を善意のDに売却した。この場合，Aは，Dに対し，AB間の売買が無効であるとして土地の明渡しを求めることはできない。

ウ　Aは，Bに対して貸金債権を有していたところ，AとCとが通謀して，当該貸金債権をCに譲渡したかのように仮装した。その債権譲渡を承諾したBは，債権譲渡が無効であるとして，Cからの貸金債権の支払請求を拒むことはできない。

エ　AとBとが通謀して，A所有の土地をBに売却したかのように仮装したところ，Aは，売買代金債権を善意のCに譲渡した。Bは，土地の売買契約が無効であるとして，Cからの代金支払請求を拒むことはできない。

オ　A所有の土地について売買契約を締結したAとBとが通謀してその代金の弁済としてBがCに対して有する金銭債権をAに譲渡したかのように仮装した。Aの一般債権者であるDがAに帰属するものと信じて当該金銭債権の差押えをした場合，Bは，Dに対し，当該金銭債権の譲渡が無効であることを主張することはできない。

テーマ2　法律行為の意義，有効要件，無効及び取消し

誤っているものは，ア，ウである。

ア　×　チェックポイント14の⑦参照。

イ　○　チェックポイント15参照。

ウ　×　ＡＣ間の債権譲渡は，民法94条１項によって無効である。この無効な債権譲渡について，債務者であるＢは，善意の第三者とはいえない。Ｂが債権譲渡を承諾しても，債権の帰属に影響を与えるものではないので，Ｂの債権者はＡのままであり，ＢはＣからの請求を拒むことができる。

エ　○　チェックポイント14の⑧参照。

オ　○　チェックポイント14の③参照。

4．次の対話は，虚偽表示に関する教授と学生との対話である。教授の質問に対する次のアからオまでの学生の解答のうち，判例の趣旨に照らし誤っているものはどれか。なお，「善意」又は「悪意」は，虚偽表示の事実についての善意又は悪意を指すものとする（H19-7改）。

教授：　ＡとＢとが通謀して，Ａ所有の甲土地の売買契約を仮装し，Ｂへの所有権の移転の登記をした後，善意のＣがＢから甲土地を譲り受けた場合に，Ｃは，登記なくしてＡに対して甲土地の所有権の取得を対抗することができますか。

学生：ア　ＡとＣとは対抗関係になく，Ｃは，登記なくしてＡに対して甲土地の所有権の取得を対抗することができます。

教授：　では，同じ事例で，Ｃが登記をする前に，ＡがＤに甲土地を譲渡していた場合に，善意のＣは，登記なくしてＤに対して甲土地の所有権の取得を対抗することができますか。

学生：イ　この場合，ＢとＤとは対抗関係に立ちますが，ＢがＤよりも先に自己への所有権の移転の登記を経由したことでＢがＤに優先することになり，Ｂから甲土地を譲り受けたＣは，登記なくしてＤに対して甲土地の所有権の取得を対抗することができます。

教授：　では，最初の事例でＣが悪意だったとします。このＣから善意のＥが甲土地を譲り受けた場合に，Ｅは民法第94条第２項によって保護されますか。

41

学生：ウ　Eは善意ですので，民法第94条第2項によって保護されます。
　　　　　　Aが真の権利関係をEに対して主張することができるかどうか
　　　　　　が問題ですから，Cの悪意によって結論は左右されません。
教授：　では，事例を変えて，AとBとが通謀して，A所有の甲土地の
　　　　　売買契約を仮装し，Bへの所有権の移転の登記をした後，Bの債
　　　　　権者である善意のCが甲土地を差し押さえた場合に，Cは，民法
　　　　　第94条第2項によって保護されますか。
学生：エ　Cは，差押えによって利害関係を有するに至ったと考えられ
　　　　　　ますので，Cは，民法第94条第2項によって保護されます。
教授：　では，再び事例を変えて，AB間の仮装の契約に基づくAのB
　　　　　に対する金銭債権を善意のCが譲り受け，AがBに対して当該債
　　　　　権譲渡の通知を行った場合に，Bは，Cからの請求に対し，AB
　　　　　間の虚偽表示を理由に支払を拒むことはできますか。
学生：オ　Bは，AB間の債務が虚偽表示に基づくことを理由に支払を
　　　　　　拒むことができます。

誤っているものは，イ，オである。

ア　○　Aは，Cの前々主の関係にあるので，AとCとは対抗関係にない。ま
　　た，Cは，民法94条2項の善意の第三者であり（チェックポイント14の①），
　　その善意の第三者は，登記を備えていなくても，Aに対して所有権の取得を
　　対抗することができる（最判昭44.5.27）。

イ　×　Bは仮装譲受人であり，甲土地について無権利者であるので，Aから
　　甲土地を譲り受けたDとは，対抗関係に立たない。したがって，本肢の前段
　　は誤り。また，仮装譲受人からの譲受人であるCと，仮装譲渡人であるAか
　　らの譲受人であるDとの関係は，二重譲受人相互間の関係となるので，Cが
　　登記なくしてDに対抗することができるとする本肢の後段も誤り。

ウ　○　チェックポイント15参照。

エ　○　チェックポイント14の③参照。

オ　×　仮装契約に基づく金銭債権は，仮装債権ということができ，当該仮装
　　債権を善意で譲り受けたCは，民法94条2項の善意の第三者といえる（チェッ
　　クポイント14の⑧参照）。したがって，債務者Bは，Cに対して支払を拒む
　　ことはできない（大判昭13.12.17）。

42

テーマ2 法律行為の意義，有効要件，無効及び取消し

5．次の対話は，下記【事例】に関する教授と学生との対話である。教授
の質問に対する次のアからオまでの学生の解答のうち，判例の趣旨に照
らし誤っているものはどれか（H23-5改）。

【事例】
　Aは，Bが営む骨董屋の店内に陳列されていた彫刻甲を著名な彫刻家
Cの真作であると信じて購入した。ところが，実際には，甲は，Cの真
作ではなかった。

教授：　【事例】において，Bが，甲がCの真作であるとAに告げてい
　　　　た場合，Aが甲の売買契約の効力を否定するためには，どのよう
　　　　な法律構成が考えられるでしょうか。

学生：　詐欺による取消しが考えられます。

教授：　Aが詐欺による取消しを主張する場合には，Bの主観的事情に
　　　　ついて何らかの要件が必要とされていますか。

学生：ア　Bの主観的事情としては，Aを欺罔して甲が真作であると誤
　　　　信させようとする故意だけでなく，その誤信に基づき甲を購入す
　　　　る意思表示をさせようという故意があったことが必要です。

教授：　では，Bは，甲がCの真作ではないことを知っており，また，
　　　　AがCの真作であると信じて購入することも認識していたが，甲
　　　　がCの真作ではないことをAに告げずに売った場合には，Aは，
　　　　詐欺を理由として売買契約を取り消すことはできますか。

学生：イ　このような場合には，AがBによる働き掛けなくして錯誤に
　　　　陥っていますので，詐欺による取消しが認められることはありま
　　　　せん。

教授：　【事例】において売買契約の効力を否定するための他の法律構
　　　　成は，考えられませんか。

学生：　錯誤による取消しを主張することが考えられます。

教授：　【事例】について錯誤による取消しを主張する場合には，どの
　　　　ような問題があると考えられますか。

学生：ウ　Aは，甲がCの真作であるという錯誤に陥っていますが，A
　　　　は，店内に陳列されていた甲を買う意思でその旨の意思表示をし
　　　　ていますので，意思と表示に不一致はなく，動機の錯誤が問題と
　　　　なります。

43

教授： Aの錯誤が動機の錯誤だとすると，動機の錯誤に基づいて錯誤による取消しの主張ができるかどうかが問題となりますが，その要件について，民法は，どのように規定していますか。

学生：エ　民法は，動機の錯誤がある場合における意思表示の取消しは，その事情が法律行為の基礎とされていることが表示されているときに限り，することができると規定しています。

教授：【事例】において詐欺を主張するか，錯誤を主張するかで，他に異なる点はありますか。

学生：オ　詐欺による取消しについては，ＡＢ間の売買契約を前提として新たに法律関係に入った善意・無過失の第三者を保護する規定や取消権の行使についての期間の制限の規定があるのに対して，錯誤については，このような明文の規定がないことが挙げられます。

誤っているものは，イ，オである。

ア　○　詐欺による意思表示といえるためには，欺罔行為をするという故意と当該欺罔行為により相手方に意思表示をさせるという2段の故意が必要とされる（チェックポイント24参照）。

イ　×　欺罔行為は，作為，不作為を問わない。本肢では，Bは，Aは甲がCの真作であると信じて購入の意思表示をしていることを認識し，また，甲が真作ではないことを知っていた。したがって，Bには信義則上，Aに甲は真作でない旨を告げるべき義務があると考えられる。その告知義務に反して甲を売ったことは不作為による欺罔行為といえ，Aは詐欺を理由に本件売買契約を取り消すことができる。

ウ　○　Aは，「甲を買う」という内心的効果意思に基づいて，Bに対して，「甲を買う」旨の意思表示をしたので，内心と表示行為との間には不一致はない。ただし，「甲を買う」という内心的効果意思を決定した動機が，「甲は真作だ」と誤信したことによるので，いわゆる「動機の錯誤」の問題となる。

エ　○　民法95条2項，チェックポイント20の④参照。

オ　×　詐欺による取消しについては，善意・無過失の第三者保護規定（民§96-Ⅲ），取消権の行使期間の制限の規定（民§126）がそれぞれ存在する（チェックポイント26，52参照）。錯誤による取消しについても，善意・無過失の

44

テーマ2　法律行為の意義，有効要件，無効及び取消し

第三者保護規定（民§95-Ⅳ），取消権の行使期間の制限の規定（民§126）がそれぞれ存在する（チェックポイント22，52参照）。

テーマ
2

6．詐欺又は強迫に関する次のアからオまでの記述のうち，判例の趣旨に照らし誤っているものはどれか。なお，「善意・無過失」又は「悪意」は，詐欺又は強迫の事実についての善意・無過失又は悪意を指すものとする（H18-6改）。

ア　A所有の土地にBの1番抵当権，Cの2番抵当権が設定されており，BがAに欺罔されてその1番抵当権を放棄した後，その放棄を詐欺を理由として取り消した場合，Bは，善意・無過失のCに対してその取消しを対抗することができる。

イ　Aは，Bに欺罔されてA所有の土地をBに売却した後，この売買契約を詐欺を理由として取り消したが，その後に悪意のCがBからこの土地を買い受けた場合，Aは，登記無くしてその取消しをCに対抗することができる。

ウ　AがBに強迫されてA所有の土地をBに売却し，善意・無過失のCがBからこの土地を買い受けた後，AがAB間の売買契約を強迫を理由として取り消した場合，Aは，Cに対してその取消しを対抗することができる。

エ　AがBに欺罔されてA所有の土地をBに売却した後，善意・無過失のCがBからこの土地を買い受けた場合，Aは，詐欺を理由としてAB間の売買契約を取り消すことはできない。

オ　AがBに欺罔されてA所有の土地を善意・無過失のCに売却した場合，Aは，AC間の売買契約を詐欺を理由として取り消すことはできない。

誤っているものは，イ，エである。

ア　○　民法96条3項にいう善意・無過失の第三者とは，詐欺による意思表示によって形成された法律関係の外観を過失なく信頼して，新たな原因によって利害関係を持つに至った第三者を指す。本肢におけるCは，BがAに欺罔されたことによってした意思表示によって自然に利益を取得したにすぎない

45

第三者であり，善意の第三者とはいえない（大判明33.5.7）。したがって，Ｂは，Ｃに対して取消しを対抗することができる。

イ　×　本肢におけるＣは，取消し後に利害関係を有するに至った者であり，ＡとＣとの関係は対抗関係として処理される。この場合，Ｃの善意・悪意は問題ではない。民法96条3項にいう善意・無過失の第三者は，取消し前に利害関係を有するに至った者に限る。

ウ　○　強迫を理由とする取消しは，詐欺を理由とする取消しと異なり，善意・無過失の第三者にも対抗することができる（民§96-Ⅲ，チェックポイント28の②参照）。

エ　×　Ａは，売買契約を取り消すことはできる。取消しの効果をＣに対抗できないだけである。

オ　○　チェックポイント25参照。

7．甲・乙夫婦間の17歳の子丙は，丁から50万円を借り受けた（以下「本件消費貸借契約」という。）後，これを大学の入学金の支払いにあてた。この事例に関する次のアからオの記述のうち誤っているものはどれか（Ｈ2-14改）。

ア　丙は，甲及び乙の同意を得なければ，本件消費貸借契約を取り消すことができない。

イ　丙は，甲及び乙の同意を得て本件消費貸借契約を追認することができる。

ウ　本件消費貸借契約が締結されて1週間後に，丁が丙に対し，1月以内に本件消費貸借契約を追認するか否かを確答するよう催告したが，1月が経過しても丙が確答しなかったときは，追認したものとみなされる。

エ　丙が未成年であることを理由に本件消費貸借契約が取り消された場合，丙は丁に50万円を返還しなければならない。

オ　丁が第三者の言葉を信用して丙を成年者であると誤信していた場合，丙は，未成年であることを理由に本件消費貸借契約を取り消すことができない。

テーマ2　法律行為の意義，有効要件，無効及び取消し

誤っているものは，ア，ウ，オである。

ア　×　チェックポイント41参照。

イ　○　チェックポイント50の②参照。

ウ　×　本肢の催告は未成年者自身に対してされており，追認・取消しのいずれの擬制も生ずることはない（テーマ1のチェックポイント38参照）。

エ　○　大学の入学金の支払いにあてたことにより，その分だけ本来の出費を免れたので，利益は現存する。したがって，その分は返還すべきである（チェックポイント44の②，45，46参照）。

オ　×　テーマ1のチェックポイント41参照。

8．制限行為能力者制度に関する次のアからオまでの記述のうち，正しいものはどれか。なお，記述中の「取消し」は，すべて行為能力の制限による取消しのこととする（H19-6改）。

　ア　未成年者が買主としてした高価な絵画の売買契約を取り消した場合において，その絵画が取消し前に天災により滅失していたときは，当該未成年者は，売主から代金の返還を受けることができるが，絵画の代金相当額を不当利得として売主に返還する必要はない。

　イ　成年被後見人が締結した契約をその成年後見人が取り消すには，その行為を知った時から5年以内にする必要があるが，意思無能力を根拠とする無効であれば，その行為を知った時から5年を過ぎても主張することができる。

　ウ　被保佐人が売主としてした不動産の売買契約を取り消したが，その取消し前に目的不動産が買主から善意の第三者に転売されていれば，被保佐人は，取消しを当該第三者に対抗することができない。

　エ　成年被後見人が高価な絵画を購入するには，その成年後見人の同意を得なければならず，同意を得ずにされた売買契約は取り消すことができる。

　オ　成年被後見人が契約を締結するに当たって，成年後見に関する登記記録がない旨を証する登記事項証明書を偽造して相手方に交付していた場合には，相手方がその偽造を知りつつ契約を締結したとしても，その成年後見人は，当該契約を取り消すことができない。

正しいものは，ア，イである。

ア 〇 取消しの効果，制限行為能力者の返還義務の範囲は現存利益に限定される
こと，現存利益の意義については，チェックポイント44の②，45参照。
本肢では，未成年者が返還すべき絵画は滅失しているので，現存利益はなく，
買主である未成年者は何ら返還する義務を負わない。

イ 〇 無効な行為についての無効の主張はいつでもすることができる（チェッ
クポイント36参照）。取消権の行使期間については，チェックポイント52参
照。

ウ × チェックポイント47参照。

エ × 成年被後見人は，成年後見人の同意を得ても有効に法律行為をするこ
とはできない（テーマ1のチェックポイント20参照）。本肢の「その成年後見
人の同意を得なければならず」の部分が誤り。

オ × 制限行為能力者が詐術を用い，行為能力者であると相手方に信じさせ
たときは，その行為を取り消すことはできない（民§21）。しかし，本肢のよ
うに相手方がその行為能力の制限を知っているのであれば，民法21条は適用
されず，制限行為能力者による契約の取消しは認められるとされている（テ
ーマ1のチェックポイント42参照）。

9．AがBの詐欺により，Bとの間でA所有の甲土地を売り渡す契約を締
結したという事例に関する次のアからオまでの記述のうち，誤っている
ものはどれか（H10-4改。ただし，オは省略した。）。

ア Aが詐欺の事実に気付いた後に，BがAに対し，相当の期間を定め
て売買契約を追認するかどうかを確答するよう催告した場合，Aがそ
の期間内に確答しなければ，Aは，売買契約の意思表示を取り消した
ものとみなされる。

イ Aは，詐欺の事実に気付いた後に，売買代金の支払請求をした場合
であっても，その際に異議をとどめていれば，なお売買契約の意思表
示を取り消すことができる。

ウ 売買契約の締結後，20年が経過した後にAが初めて詐欺の事実に気
付いた場合，Aは，売買契約を取り消すことができない。

エ Aは，詐欺の事実に気付いて売買契約の意思表示を取り消した場合

テーマ2 法律行為の意義，有効要件，無効及び取消し

において，Bへの所有権移転登記を経由していたときは，Bが第三者に転売した後であっても，Bに対し，その登記の抹消を請求することができる。

誤っているものは，アである。

ア × 詐欺・強迫による意思表示には，制限行為能力者における民法20条のような相手方の催告権を定める規定はない。

イ ○ 本肢におけるAの行為は法定追認に該当するが（民§125②），法定追認に該当する行為をした場合であっても，異議をとどめていれば追認の効果は生じない（民§125ただし書）。

ウ ○ 契約の時から20年経過しているので，もはや取り消すことはできない（民§126）。

エ ○ 本肢においてBが転売した第三者が善意・無過失であるか否かは明確にされていないが，第三者が善意・無過失であれば，Aはその者に対抗できないことにはなる（民§96-Ⅲ）。しかし，対抗できるか否かの問題と詐欺による取消しを主張しうるか否かの問題は別問題であり，第三者の善意・悪意を問わず，AはBに対して登記の抹消を請求することはできる。

---

10. 次の対話は，取り消すことができる法律行為の追認に関する教授と学生の対話である。教授の質問に対する次のアからオまでの学生の解答のうち，誤っているものはどれか（H12-1改）。

教授： Aは，Bの詐欺により，Bから，ある動産を買い受ける旨の売買契約を締結しましたが，その後に，Bの詐欺が発覚したため，Aは，売買契約を取り消したいと考えています。Aは，いつまでに取り消さなければなりませんか。

学生：ア 売買契約を締結した時から5年を経過すると，取消権は時効により消滅してしまいますので，それまでに取り消す必要があります。

教授： 設例の売買契約の締結後に，Bが売買代金請求権をCに譲渡し，その旨をAに通知したとします。Aとしては，Bの詐欺にもかかわらず，売買契約を追認しようと考えている場合，追認の意思表

示は誰に対して行うことになりますか。

学生：イ　追認とは，取り消すことができる法律行為の効力を有効に確定する旨の意思表示であり，その意思表示は，取り消すことができる法律行為の相手方に対してするものですので，設例の場合には，Cに対してではなく，Bに対してしなければなりません。

教授：　それでは，以下は，法定追認について聞きます。まず，AがCから売買代金の弁済を請求された場合，この請求を受けたという事実をもってAは追認をしたものとみなされますか。

学生：ウ　取消権者であるAが，履行の請求をされただけでは，法定追認があったことにはなりません。

教授：　Aが売買代金を弁済する前にBから売買の目的物である動産の引渡しを受けた場合は，どうですか。

学生：エ　この場合も，Aは，Bによる債務の履行を受領しただけであり，自らの債務を履行したわけではないので，法定追認には当たりません。

教授：　AがCからの強制執行を免れるために売買代金を弁済した場合は，どうですか。

学生：オ　売買代金の弁済は，Aが債務者として履行しなければならないことですが，追認する趣旨ではないことを示した上で弁済をしていれば，追認をしたものとはみなされません。

誤っているものは，ア，エである。

ア　×　取消権は「追認をすることができる時」から５年以内にする必要がある（民§126前段）。「契約を締結した時」から起算するのではない（チェックポイント52参照）。

イ　○　チェックポイント43参照。

ウ　○　民法125条２号の「履行の請求」は，取消権者が，自ら債権者として請求する場合を指すのであり，相手方から請求を受けた場合を含まない（チェックポイント51の②参照）。

エ　×　民法125条１号の「全部又は一部の履行」には，取消権者が債務者として履行した場合のみならず，取消権者が債権者として履行を受領した場合

テーマ2　法律行為の意義，有効要件，無効及び取消し

も含む（チェックポイント51の①参照）。

オ　○　民法125条ただし書に「異議をとどめたときは，この限りでない」と
規定されている。これは，本肢のように取り消すことができる法律行為によっ
て負担した債務について強制執行を受けた場合，これを免れるために一応弁
済しておくという場合に，「これは追認の意思でするのではない」と表示し
ておくことなどである。そのような場合には，法定追認の効果は生じない。

テーマ
2

---

11. 次の対話は，無効及び取消しに関する学生の対話である。次の(ア)から
　(オ)までの下線部分の発言のうち，判例の趣旨に照らし正しいものはどれ
　か（H16-6改）。

　　学生Ａ：　　ある法律行為の効力が否定される場合として，「無効」と
　　　　　　　「取消し」とがある。「無効」である法律行為は，その効果が当
　　　　　　　初から生じないから，既に給付をした場合には，相手方に対し
　　　　　　　て原状回復請求をすることができる。これに対して，(ア)「取消
　　　　　　　し」が可能な法律行為は，取り消されない限り一応有効とされ
　　　　　　　るから，取り消されるまでは原状回復請求をすることはできな
　　　　　　　い。ここに違いがあることになる。

　　学生Ｂ：　(イ)「無効」は，永久に主張することができるけれど，「取消
　　　　　　　し」は，行為の時から5年が経過すると主張することができな
　　　　　　　くなるという点も違うね。

　　学生Ａ：　「無効」と「取消し」を主張することができる者の範囲は，
　　　　　　　どうかな。

　　学生Ｂ：　「取消し」が可能な法律行為は，取消権者によってのみ取り
　　　　　　　消すことができるので，だれからでも「取消し」を主張するこ
　　　　　　　とができるものではないよ。これに対して，「無効」である法
　　　　　　　律行為は，何人の主張も待たず，絶対的に効力のないものと扱
　　　　　　　われるから，(ウ)「無効」を主張することができる者や「無効」
　　　　　　　を主張することができる相手方が限定される場合はないよ。

　　学生Ａ：　　ところで，「取消し」が可能な法律行為については，民法は，
　　　　　　　追認によって初めから有効であったものとみなすとしているよ
　　　　　　　ね。「無効」である法律行為についても，「無効」であることを

51

知って追認した場合には，初めから有効であったものとみなされるのだったかな。

学生Ｂ：　㈢「無効」である法律行為を追認した場合には，新たな行為をしたものとみなされ，初めから有効であったとされることはないのが原則だが，無権代理行為を追認したときは，初めから有効であったものとみなされるよ。

学生Ａ：　取消権者が義務を履行した場合には，相手方は，その法律行為はもはや取り消されないものと考えるだろうから，その信頼を保護する必要があるね。

学生Ｂ：　その場合には，追認をしたものとみなされて，取り消すことができなくなるよ。ただ，相手方が信頼を抱くのは，取消権者が積極的な行為をした場合に限られるから，㈥相手方が履行をして取消権者がこれを受領しても，それだけでは追認とはみなされないよ。

正しいものは，ア，エである。

ア　○　取り消すことができる法律行為は，取消権者が取り消してはじめて当初から無効であったものとされるので（民§121），取り消されるまでは当該法律行為に基づく債務の履行として給付をした者は，民法121条の２の規定による原状回復を請求することはできない。

イ　×　チェックポイント36及び52参照。

ウ　×　チェックポイント35参照。

エ　○　無効な法律行為については，無効原因を知って追認すれば，追認の時から有効となり（民§119ただし書参照），無権代理行為については，本人が追認すると，契約の時にさかのぼって有効となる（民§116本文）。

オ　×　チェックポイント51の①参照。

12.　未成年者Ａが，Ａ所有のパソコン甲をＡの唯一の親権者Ｂの同意なく成年者Ｃに売る契約（以下「本件売買契約」という。）を締結した事例に関する次のアからオまでの記述のうち，判例の趣旨に照らし誤っているものはどれか（H23-4改）。

テーマ2　法律行為の意義，有効要件，無効及び取消し

> ア　本件売買契約を締結するに際し，AとCとの間でAの年齢について話題になったことがなかったため，AはCに自己が未成年者であることを告げず，CはAが成年者であると信じて本件売買契約を締結した場合には，Aは，本件売買契約を取り消すことができない。
>
> イ　Aが甲の引渡し後に自ら本件売買契約を取り消した場合には，その取消しがBに無断であったときでも，Bは，当該取消しを取り消すことができない。
>
> ウ　Aが，成年に達する前に本件売買契約の代金債権を第三者に譲渡した場合には，本件売買契約及び代金債権の譲渡につきBの同意がなく，かつ，追認がなかったときでも，Aは，本件売買契約を取り消すことができない。
>
> エ　本件売買契約の締結後に契約締結の事実を知ったBが，Aが成年に達する前に，Cに対して甲を引き渡した場合には，当該引渡しがAに無断であったときでも，Aは，本件売買契約を取り消すことができない。
>
> オ　Aが成年に達する前に，CがBに対し1か月以上の期間を定めて本件売買契約を追認するかどうか催告したにもかかわらず，Bがその期間内に確答を発しなかったときは，Aは，本件売買契約を取り消すことができない。

誤っているものは，ア，ウである。

ア　×　テーマ1のチェックポイント40参照。

イ　○　未成年者が単独でした取消しの意思表示は，「取り消すことができる取消し」ではなく，有効な取消しであり（チェックポイント41参照），その法定代理人も取消しの意思表示を取り消すことはできない。

ウ　×　本肢の債権譲渡は，Aが成年に達する前に，Bの同意なくAによってされているので，民法125条の「追認をすることができる時以後」の要件を満たさず，同条5号の法定追認事由には該当しない。したがって，追認したものとみなされることはなく，なお取消しが可能である。

エ　○　Bは，Aが成年に達する前でも追認をすることができるので，（民§124-Ⅱ①），本肢におけるBの行為は，民法125条1号の「全部又は一部の履行」に該当し，本件売買契約は追認されたものとみなされるので，取り消す

53

ことができなくなる。

オ　〇　民法20条2項のとおり。

---

13. 意思表示に関する次のアからオまでの記述のうち，判例の趣旨に照らし正しいものはどれか（H24-4改）。

　ア　公示による意思表示は，最後に官報に掲載した日又はその掲載に代わる掲示を始めた日（以下「公示の日」という。）から2週間を経過したときは，公示の日に遡って相手方に到達したものとみなされる。

　イ　意思表示の相手方が当該意思表示を受けた時に未成年者であった場合でも，その法定代理人が当該意思表示を知った後は，表意者は，当該意思表示をもってその相手方に対抗することができる。

　ウ　法人に対する意思表示を当該法人の使用人が受けた場合において，当該意思表示が効力を生ずるためには，当該使用人が当該法人から当該意思表示の受領権限を与えられていなければならない。

　エ　相手方と通じて債権の譲渡を仮装した場合において，仮装譲渡人が債務者に譲渡の通知をしたときは，仮装譲渡人は，当該債権につき弁済その他の債務の消滅に関する行為がされていない場合でも，当該債権譲渡が虚偽であることを知らない債務者に対して当該債権譲渡が無効であることを主張することができない。

　オ　契約の解除の意思表示は，表意者が通知を発した後に死亡した場合でも，そのためにその効力を妨げられない。

正しいものは，イ，オである。

ア　×　公示による意思表示の相手方への到達の擬制時期は，最後に官報に掲載した日またはその掲載に代わる掲示を始めた日から2週間を経過した時であり（民§98-Ⅲ本文），公示の日に遡るのではない。

イ　〇　チェックポイント32のなお書参照。

ウ　×　法人に対する意思表示の到達は，当該法人から受領の権限を付与されていない者によって受領されたときでも，その効力を生ずる（最判昭36.4.20）。

エ　×　本肢における債務者は，債権が仮装譲渡された状態を信頼して，別の法律原因によって，新たに利害関係を有するに至った者ではないので，民法

テーマ2　法律行為の意義，有効要件，無効及び取消し

94条2項にいう善意の第三者とはいえない（チェックポイント13参照）。したがって，仮装譲渡人は，債務者に対して債権譲渡が無効であることを主張することができる。

オ　○　民法97条3項のとおり。なお，チェックポイント31を参照のこと。

テーマ 3

代 理

Check Point

代理の意義，機能等

1. 代理は，（ ① ）と一定の関係にある（ ② ）が，本人のために，（ ③ ）との間で意思表示をし，またはこれを受けることによって，法律効果を（ ④ ）制度である。
　(答)①本人，②代理人，③相手方，④直接本人に帰属させる。

2. 代理制度には，どのような機能があるか。
　(答)①私的自治の拡張(本人の処理できない専門的事務を他人に依頼する場合等がその例である)，②私的自治の補充(成年後見人が成年被後見人を代理して契約を締結する場合等がその例である)。

3. 任意代理と法定代理の違いをいえ。
　(答)代理権の発生が本人の意思に基づくか否かによる区別であり，任意代理とは，本人の信任を受けて代理権を与えられたものであり，法定代理とは，法律の規定によって代理権を与えられたものである。

4. 能動代理，受動代理の意義をいえ。
　(答)能動代理とは，代理人が本人に代わって相手方に意思表示をする場合の代理のことで，受動代理とは，代理人が相手方の意思表示を本人に代わって受ける場合の代理のことである。

テーマ3 代理

代理と使者

5．使者の意義をいえ。
（答）他人（本人）の決定した効果意思を表示するもの（表示機関），または，完成した意思表示を伝達するもの（伝達機関）のこと。

6．代理においては，（ ① ）が意思決定をするが，使者は，本人が決定した効果意思を（ ② ）するだけである。
（答）①代理人，②表示または伝達。

7．代理人によって法律行為をする場合，本人及び代理人に意思能力・行為能力は必要か。また，使者によって法律行為をする場合，本人及び使者に意思能力・行為能力は必要か。
（答）代理人によって法律行為をする場合は，本人には，意思能力も行為能力も不要であり，代理人には，意思能力は必要であるが，行為能力は不要である（民§102本文）。使者によって法律行為をする場合は，本人には，意思能力も行為能力も必要であり，使者には，行為能力だけでなく，意思能力も不要である。

8．使者は，他人に任務をさせることはできるか。
（答）使者は，特に制限なく，他人に任務をさせることができる。代理人による復代理人の選任については，チェックポイント27，28参照。

代理行為の法律関係

9．代理が本来の効果を生ずるためには，どのような要件が必要か。
（答）①本人のためにすることを示すこと，②代理人が意思表示をし，または受けること，③代理人の行為が代理権の範囲内であること。

10．受動代理の場合に，本人のためにすることを示さなければならないのは誰か。
（答）相手方（民§99-Ⅱ参照）。

11. 代理人が，本人のためにすることを示さないでした意思表示の効果はどうなるか。

22-5-イ
18-4-ウ
(答)代理人自身のためにしたものとみなされる(民§100本文)。ただし，相手方が，代理人が本人のために意思表示をすることを知っているか，または知ることができたときは，本人との間に代理の効果が帰属する(民§100ただし書)。

12. 親権者が意思能力のない子に代わって，直接子の名で契約書に署名した場合，有効な代理行為がされたといえるか。

26-5-ア・イ
22-5-エ
(答)親権者が子に代わって契約書に署名する場合，本来ならば，子の名を示したうえで，「上記代理人親権者何々」のように親権者も署名すべきであるが，代理人に代理意思があると認められる限りは，代理行為は有効である。

代理行為の瑕疵等

13. 代理人が相手方に対してした意思表示の効力が（ ① ）によって影響を受けるべき場合には，その事実の有無は，（ ② ）ものとし，相手方が代理人に対してした意思表示の効力が（ ③ ）によって影響を受けるべき場合には，その事実の有無は，（ ④ ）。

30-8-エ
18-4-イ
(答)①意思の不存在，錯誤，詐欺，強迫またはある事情を知っていたこともしくは知らなかったことにつき過失があったこと，②代理人について決する(民§101-Ⅰ)，③意思表示を受けた者がある事情を知っていたことまたは知らなかったことにつき過失があったこと，④代理人について決するものとする(民§101-Ⅱ)。

14. 特定の法律行為をすることを委託された代理人がその行為をしたときは，本人は，（ ① ）ができない。（ ② ）についても，同様とする。

30-5-オ
(答)①自ら知っていた事情について代理人が知らなかったことを主張すること，②本人が過失によって知らなかった事情(民§101-Ⅲ)。

テーマ3 代理

15. 本人Aの代理人として，相手方Cとの間で契約をしたBが，Cの詐欺によって意思表示をした場合，Aはその代理行為を取り消すことができるか。

22-5-ウ

（答）本例では，代理人であるBが，相手方Cの詐欺によって意思表示をしている。代理行為における意思表示の瑕疵の有無は，代理人を基準として判断するので(民§101-Ⅰ)，たとえ本人Aが騙されていなくても，AはCとの間の契約を取り消すことができる。なお，この場合，AがBに取消権をも授権していれば，代理人Bも契約を取り消すことができるが，取消権が授権されていなければ，Bは契約を取り消すことはできない。

代理人の行為能力

16. 制限行為能力者は代理人となることができるか。

（答）なることができる。代理人は，意思能力者であれば足り，行為能力者であることを要しない(民§102本文参照)。代理の効果はすべて本人に帰属し，代理人の行為能力の制限によっても，代理人自身は不利益を受けないからである。本人は制限行為能力者であることを承知のうえで代理人にするので，代理制度・制限行為能力者制度の趣旨に反することはない。

17. 制限行為能力者が法定代理人の同意を得ないで他人の代理人となる契約をしたときは，その契約は取り消すことができるか。

（答）取り消すことができる。代理人は行為能力者であることを要しないが(チェックポイント16参照)，そのことは，その制限行為能力者が，代理権授与行為の基礎となる本人と代理人との間の内部的な委任その他の契約まで単独で完全にすることができることを意味するものではない。つまり，本人から制限行為能力者への代理権授与行為が，本人と当該制限行為能力者との委任契約等を基礎として発生しているとすれば，代理権の基礎である委任契約等を，行為能力の制限を理由として取り消すことはできる。

59

18. 制限行為能力者が，行為能力者である他人の代理人としてした代理行為を，行為能力の制限を理由として取り消すことはできるか。

29-4-エ
22-5-オ
（答）できない。制限行為能力者である代理人がした代理行為を，行為能力の制限を理由に取り消すことは，原則としてできない（民§102本文）。このことと，チェックポイント17とは別問題である。代理権授与行為の基礎である契約を行為能力の制限を理由として取り消すこともあり，その場合，代理権授与行為が遡及的に消滅するとすれば，既にされた代理行為は無権代理行為となり，相手方に不測の損害を与えることになる。そこで，このような場合，代理権の消滅は遡及せず，既にされた代理行為の効力には影響がないと解されている。

19. 制限行為能力者が他人の代理人としてした行為を，行為能力の制限を理由として取り消すことができるのは，どのような場合か。

（答）制限行為能力者が，他の制限行為能力者の法定代理人として代理行為をした場合（民§102ただし書）。なお，テーマ2のチェックポイント42参照。

代理権の範囲等

20. 代理人の代理権の範囲は，どのように定められるか。

（答）法定代理人の場合は，法律で定められ，任意代理人の場合は，代理権を与える契約等によって定められる。代理権の範囲が明らかでないときは，民法103条の規定による。同条の代理権の範囲は，保存行為及び代理の目的である物または権利の性質を変えない範囲内の利用改良行為である。

21. 民法103条に規定された範囲の代理権しか有しないとされる法定代理人の例をあげよ。

（答）不在者の財産管理人（民§28），相続財産管理人（民§943-Ⅱ，953）。

テーマ3　代　理

22. チェックポイント21の代理人が処分行為を行う場合は，（　　　　）が必要と
される。

□□□ （答）家庭裁判所の許可（民§28，943-Ⅱ，953）。

復代理

23. 復代理人は，誰の代理人か。

□□□ （答）本人の代理人である（民§106-Ⅰ参照）。代理人の代理人となるの
19-5-ア　　ではない。なお，復代理人の選任は，代理人がその名において行う
ものであり，代理行為の一環として行うものではないので，復代理
人を選任するに際して，代理人は本人のためにすることを示す必要
はない。

24. 復代理人の権限について述べよ。

□□□ （答）復代理人は，本人及び第三者に対して，その権限の範囲内におい
て代理人と同一の権利を有し，義務を負う（民§106-Ⅱ）。なお，復
代理人の代理権の範囲は，代理人の代理権の範囲を超えるものでは
ない。

25. 復代理人を選任すると代理人は代理権を失うか。

□□□ （答）失わない。復代理人を選任しても，それは代理権の全面的譲渡で
19-5-イ　　はないので，代理人は代理権を失うことはない。したがって，代理
人と復代理人はともに同等の立場で本人を代理する（大判大10.12.6）。
代理人が増えるのと同じ関係に立つ。

26. 復代理人が代理行為を行うにつき，代理人の名を示す必要があるか。

□□□ （答）必要はない。復代理人は本人の代理人であって，代理人の代理人
ではないので，復代理人が代理行為をするにつき，本人のためにす
ることを示してすべきであり，代理人の名を示す必要はない（大判
明38.10.5）。

61

27. 任意代理人が復代理人を選任するための要件及び責任をいえ。

□□□
19-5-エ
(答)要件は，本人の許諾を得たとき，またはやむを得ない事由がある
とき(民§104)。任意代理人が復代理人を選任したときの責任につ
いては，債務不履行の一般原則に従って判断される。

28. 法定代理人が復代理人を選任するための要件及び責任をいえ。

□□□
(答)自己の責任で復代理人を選任することができる(民§105前段)。
すなわち，自由に復代理人を選任することができるが，選任した復
代理人の行為によって本人に損害が生じたときは，常にその賠償の
責任を負う(無過失責任)。しかし，法定代理人がやむを得ない事由
によって復代理人を選任したときは，本人に対してその選任及び監
督についての責任のみを負う(民§105後段)。

29. 任意代理人と法定代理人の復任権の広狭の差異はなぜあるのか。

□□□
(答)法定代理人の代理権は法律の規定によって生ずるので，任意代理
人のように本人と代理人との間の個人的信頼関係は必ずしも強いと
はいえない。また，法定代理人の権限は親権者におけるように広範
であることが多く，辞任が容易ではなく，本人に許諾の能力がない
場合が多い。したがって，法定代理人はいつでも自由に復代理人を
選任することができる。これに対して，任意代理人は本人の信任に
基づいて代理人となっているので，本人の許諾を得た場合またはや
むを得ない事由がなければ，復代理人を選任できない。

30. 代理人の代理権が消滅すると，復代理人の代理権は消滅するか。

□□□
30-5-イ
19-5-オ
(答)消滅する。復代理人の代理権は代理人の代理権を基礎とするもの
だからである。

テーマ3　代理

代理権の濫用

31.　代理人が自己または第三者の利益を図る目的で代理権の範囲内の行為をした場合，代理行為は有効か。

30-5-エ
26-5-ウ
22-5-ア
18-4-ア

（答）本例のような場合でも，原則として代理行為は有効である。ただし，相手方が，代理人の目的を知り，または知ることができたときは，その代理行為は，無権代理行為とみなされる（民§107）。

自己契約及び双方代理等

32.　自己契約，双方代理の意義をいえ。

（答）自己契約とは，ＡＢ間の売買契約において，売主Ａを買主Ｂが代理するように，同一の法律行為について，当事者の一方が相手方の代理人となること。双方代理とは，ＡＢ間の売買契約において，ＣがＡとＢの双方の代理人となるように，同一人が，同一の法律行為について，当事者双方の代理人となること。

33.　自己契約及び双方代理の効果及びその例外をいえ。

30-5-ウ

（答）代理権を有しない者がした行為，すなわち，無権代理行為とみなされる（民§108-Ⅰ本文）。自己契約及び双方代理は，事実上，代理人が１人で契約をすることになって，本人の利益を害するおそれがあるからである。その例外は，債務の履行及び本人があらかじめ許諾した行為についてである（民§108-Ⅰただし書）。これらは，本人の利益を害するおそれがない行為だからである。債務の履行の例としては，弁済期が到来した代金の支払い，所有権移転登記申請等がある。

63

34. Ａから金銭を借り受けているＢが，Ｃを代理して，Ａとの間で，Ｂの債務を担保するためＣを保証人とする保証契約を締結した場合，Ｂの代理による保証契約の効果をいえ。

□□□ (答)代理権を有しない者がした行為，すなわち，無権代理行為とみなされる(民§108-Ⅱ本文)。本事例は，自己契約及び双方代理には該当しないものの，保証契約における代理人Ｂと本人Ｃとの利益が相反する行為であり，Ｃの利益が害されるおそれがあるからである。なお，本事例において，本人Ｃがあらかじめ許諾していれば，Ｂの代理行為は有効である(民§108-Ⅱただし書)。

無権代理の効果等

35. ＢがＡから代理権を与えられていないにもかかわらず，Ａの代理人としてＣとの間で契約を締結した場合，ＢＣ間及びＡＣ間に契約の効力は生ずるか。

□□□ (答)いずれにも原則として効力は生じない。本例において，Ｂは無権代理人であるが，①ＢＣ間においては，Ｂに本人のためにする意思(代理意思)があるので，売買契約の効力は生じない(もし，Ｂが自己のためにする意思で契約をすれば，ＢＣ間に効力が生ずる)。②ＡＣ間においては，ＡＢ間に代理関係がないので，売買契約の効力は生じない(ただし，本人Ａの追認がある場合または表見代理が成立する場合は，効力が生ずる)。以上のような結果，無権代理行為は，本人に対して効力を生じないのが原則である(民§113-Ⅰ)。したがって，原則として，ＣはＡにもＢにも履行の請求ができない。

36. 無権代理行為の効果をいえ。

□□□ (答)本人が追認すれば有効となるが，本人の追認がなければ，本人に対してその効力を生じない(民§113-Ⅰ)。このような無権代理行為の効果のことを，「不確定無効」という。

テーマ3 代 理

無権代理における本人がとることができる手段等

37. 無権代理行為が行われた場合，本人はどのような手段をとることができるか。

□□□ (答)無権代理行為を追認するか，その追認を拒絶することができる（民§113参照）。なお，無権代理行為は，本人の不知のうちにされているものなので，本人には追認または追認拒絶の意思表示をする義務はない。

38. 無権代理行為の追認の意義をいえ。

□□□ (答)無権代理行為の追認とは，本来無効な無権代理行為について，正当な代理権を伴ってされた場合と同じ効果を生じさせる本人の意思表示であり（民§113-Ⅰ参照），本来何ら効果が生じていない代理行為に，有権代理と同様の効果を生じさせる行為である。

39. 無権代理行為が追認されると，どのような効力がいつから生ずるか。

□□□ (答)契約の時までさかのぼって適法な代理行為があったのと同様の効果が生ずる。ただし，遡及効を制限し，追認の時から有効な代理行為とすることができる（民§116本文参照）。

40. 本人が無権代理行為を追認した場合でも，本人は無権代理人に対して損害賠償請求をすることができるか。

□□□ (答)無権代理行為は，無権代理人が本人に無断で代理名義を使用するものなので，本人の利益が侵害されることがある。その違法性は，本人が追認してもなくならないので，無権代理人の行為が不法行為の一般的要件を満たせば，本人は追認した後でも，無権代理人に対して，損害賠償請求をすることができる（民§709）。

65

41. 本人の無権代理行為の追認または追認拒絶の意思表示は，誰に対してしなければならないか。

□□□
28-5-ア
23-6-イ

（答）原則として相手方に対してする（民§113-Ⅱ本文）。ただし，無権代理人に対してした場合において，相手方がその事実を知れば，追認または追認拒絶の意思表示をもって相手方に対抗することができる（民§113-Ⅱただし書）。なお，本人が無権代理人に対して追認した場合は，相手方から追認の効果を主張することができる（最判昭47.12.22）。

　なお，追認は，相手方のある単独行為であるが，その方法については格別の制限がなく，明示たると黙示たるとを問わないので，本人が無権代理人の締結した契約の履行を相手方に対して請求する行為は，黙示の追認となる（大判大3.10.3）。ただし，取り消すことができる行為の法定追認について定めた規定（民§125）は，無権代理には類推適用されない（最判昭54.12.14）ことに注意すること。

無権代理における相手方がとることができる手段（表見代理を除く）

42. 無権代理行為がされた場合における相手方の保護の必要性について述べよ。

□□□

（答）無権代理行為が行われた場合，相手方は，本人の追認が得られなければ，本人に履行の請求はできず，また，無権代理人にも履行の請求ができない（チェックポイント35参照）。この場合，相手方は，無権代理人に対して，不法行為責任（民§709）を問うほかないと考えられるが，それでは，代理人と称する者の代理権の有無や範囲を正確に知ることができない相手方の保護として不十分であるし，代理制度を利用してする取引全体の信用にもかかわる。このようなことから相手方を保護する必要性が生ずる。

43. 民法に規定された相手方の保護の制度には，どのようなものがあるか。

□□□

（答）①催告権を行使する（民§114）。②取消権を行使する（民§115）。③無権代理人の責任を追及する（民§117）。④表見代理を主張する（民§109，110，112）。

テーマ3 代理

44. 無権代理人の相手方の催告権について述べよ。

□□□
28-5-イ
23-6-ア

(答)無権代理人の相手方が，本人に対して，相当の期間内に追認をするかどうかを確答するよう催告するもの。相当の期間内に確答がなければ，追認を拒絶したものとみなされる（民§114）。相手方が無権代理人の代理権の不存在につき悪意であっても，催告権はある。

45. 無権代理人の相手方の取消権について述べよ。

□□□
26-5-オ
23-6-ア

(答)本人が追認をしない間において，無権代理人の相手方に無権代理行為の取消しを認めたもの（民§115）。契約の時に相手方が無権代理人の代理権の不存在につき善意の場合にのみ認められる。取消しの意思表示は本人または無権代理人のいずれにしてもよい。

46. 表見代理が成立しうる場合において，相手方は催告権または取消権を行使することはできるか。

□□□ (答)いずれも行使することができる。

47. 無権代理人の相手方が，民法117条の規定によって無権代理人の責任を追及するための要件をあげよ。

□□□
26-5-エ
23-6-オ

(答)① 代理人が代理権を証明できないこと（民§117-Ⅰ参照）
② 本人が追認をしないこと（民§117-Ⅰ参照）
③ 相手方が，無権代理人に代理権がないことにつき善意・無過失であること。ただし，無権代理人が自己の代理権の不存在につき悪意であるときは，無過失の要件は不要（民§117-Ⅱ①②参照）
④ 無権代理人が行為能力者であること（民§117-Ⅱ③参照）
⑤ 相手方が民法115条の規定による取消権を行使していないこと

67

48. 民法117条の規定によって，相手方は無権代理人に対してどのような請求をすることができるか。

（答）相手方はその選択に従って，履行の請求または損害賠償の請求のいずれかの方法による責任の追及をすることができる（民§117-Ⅰ）。両方を併せて請求することはできない。

49. 相手方が損害賠償を請求する場合の範囲は，履行利益まで含まれるか。

（答）損害賠償を請求する場合は，信頼利益だけでなく履行利益も含めて請求することができる。

50. 表見代理が成立しうる場合において，無権代理人の相手方は，表見代理を主張せずに，民法117条の責任追及をすることはできるか。

（答）相手方としては，その選択に従って，表見代理の成立または民法117条の責任追及のいずれもできる（最判昭62.7.7）。したがって，無権代理人は，相手方に対して，表見代理が成立することを理由として，責任を免れることはできない。表見代理と表見代理に該当しない狭義の無権代理との間に明確な境界線があるわけではなく，表見代理の立証は一般に困難なので，表見代理が成立しうる場合に，相手方は常に本人に対して表見代理の主張をしなければならないとすると，相手方に過大の負担を課すことになるからである。

表見代理全般

51. 表見代理の意義をいえ。

（答）本人と無権代理人との間に，相手方にとって代理権の存在を信じさせるだけの外観を有する特殊な事情がある場合に，外観を信頼した相手方を保護するために，有権代理の場合と同様に扱うこと。表見代理は無権代理の一種である。表見代理の成立が認められれば，有権代理の場合と同様に扱われるので，相手方は本人に対して履行を請求することができ，本人は，自分に無権代理人がした行為の効果が帰属することを拒むことはできない。

テーマ3　代　理

52. 表見代理には，どのようなものがあるか。

□□□　(答)①代理権授与の表示による表見代理等(民§109)，②権限外の行
　　　　為の表見代理(民§110)，③代理権消滅後の表見代理等(民§112)。

代理権授与の表示による表見代理等

53. 代理権授与の表示による表見代理の成立要件をいえ。

□□□　(答)①本人が第三者に対してある人に代理権を与えた旨の表示をした
　　　　こと，②無権代理人が表示された代理権の範囲内で代理行為をする
　　　　こと，③相手方が善意・無過失であること(民§109-Ⅰ)。

54. 代理権を授与された旨の表示をされた者が，表示を受けた第三者との間で，
　表示された代理権の範囲を超えて代理行為がされた場合，表見代理は成立す
　るか。

□□□　(答)表示された代理権の範囲内において代理行為がされたとすれば，
　　　　民法109条1項の規定によりその責任を負うべき場合であって，相
　　　　手方がその行為について自称代理人に代理権があると信ずべき正当
　　　　な理由があるときに限って，本人は責任を負う(民§109-Ⅱ)。

権限外の行為の表見代理

55. 権限外の行為の表見代理の成立要件をいえ。

□□□　(答)①基本代理権が存在すること(現実にされた行為についての代理
　　　　権はないが，他の行為については何らかの権限があること)，②基
　　　　本代理権を逸脱した行為であること，③相手方が代理権ありと誤信
　　　　し，そのことにつき正当な理由が存在すること(民§110)。なお，
　　　　「正当な理由」とは，客観的に観察して，普通の人が代理権がある
　　　　ものと信ずるのがもっともと思われるような場合であり，ほぼ善
　　　　意・無過失と同義である。

56. 法定代理権は，権限外の行為の表見代理の成立要件のひとつである基本代理権となりうるか。

□□□ (答)取引の安全を根拠として，法定代理権も基本代理権となりうるとするのが判例（大判昭17.5.20)の立場である。ただし，法定代理権の範囲は法定されているため，相手方の「正当な理由」の認定は厳格にならざるを得ず，同条が法定代理の場合に適用される場合はまれである。

57. 公法上の代理権は，権限外の行為の表見代理の成立要件のひとつである基本代理権となりうるか。

□□□ (答)判例は，権限外の行為による表見代理成立の要件たる基本代理権は，私法上の法律行為に関する代理権に限ると一応している。例えば，戸籍上の届出や印鑑証明書の交付申請を委託された者が，本人から預かった実印を悪用して無権代理行為をしたような場合について民法110条の適用を否定している（最判昭39.4.2)。しかし，登記申請行為を委任された者が，その権限を超えて第三者との間で行為をした場合，登記申請行為自体は公法上の行為であっても，それが私法上の取引行為の一環として，契約による義務履行のためになされたものであるときは，その権限を基本代理権として民法110条の表見代理が成立するとしている（最判昭46.6.3)。

58. 事実行為の代行権限は，権限外の行為の表見代理の成立要件のひとつである基本代理権となりうるか。

□□□ (答)判例は，法律行為に関するものに限るとし，事実行為（例えば，経理事務の処理や投資の勧誘)を代行する権限は基本代理権とはなりえないとする（最判昭35.2.19)。

59. 権限外の行為の表見代理成立のためには，現にされた代理行為と権限の範囲内に含まれる行為とが同種・同質のものである必要はあるか。

□□□ (答)必ずしも同種・同質のものである必要はない（大判昭5.2.12)。ただし，異種・異質の越権行為の場合は，相手方の「正当な理由」は

テーマ3　代　理

認定されにくくなる。

60. AからA所有の甲土地に抵当権を設定する代理権を与えられたBが，Aに成りすまして，善意・無過失のCに対してA所有の甲土地を売り渡す契約を締結した場合，売買契約の効果は，Aに帰属するか。

□□□ (答)帰属する。すなわち，Aは，Cから甲土地の引渡しを請求された場合，これを拒むことはできない。民法110条は，代理人が与えられた権限を超えて，代理人として相手方と契約した場合だけでなく，代理人が本人に成りすまして相手方と契約をした場合にも類推適用される（最判昭44.12.19）。

61. 無権代理人が，本人の実印や印鑑証明書を所持している場合，相手方がその者に代理権ありと信ずる正当な理由はあるといえるか。

□□□ (答)正当な理由ありとされる場合が多い。わが国においては，実印は日常の取引においても重要な役割を果たすものなので，無権代理人が実印を所持しており，相手方にこれを提示して代理権ありと誤信させた場合は，相手方に正当な理由があるとされる場合が多い（最判昭35.10.18）。しかし，判例は，妻や子など本人の親族が実印を所持している場合は，正当な理由を認めない傾向にある（最判昭39.12.11）。また，保証限度額の制限のない連帯保証契約を締結するにあたって，代理人と称する者がたとえ本人の実印を有していたとしても，正当な理由は認められにくい（最判昭45.12.15）。

代理権消滅後の表見代理等

62. 代理権の消滅原因をいえ。

□□□
30-5-ア
(答)①本人の死亡，②代理人の死亡，代理人が破産手続開始の決定または後見開始の審判を受けたこと，③委任による代理権については委任の終了（民§111）。

63. 代理権消滅後の表見代理の成立要件をいえ。

(答)①かつて存在していた代理権が代理行為当時には消滅していたにもかかわらず，代理権が存続するかのような外観があること，②代理権が消滅したことにつき相手方が善意・無過失であること，③過去に有していた代理権の範囲内で代理行為を行ったこと(民§112-Ⅰ)。

64. 過去に有していた代理権の範囲を超えて代理行為がされた場合，表見代理は成立するか。

(答)過去に有していた代理権の範囲内において代理行為がされたとすれば，民法112条1項の規定によりその責任を負うべき場合であって，相手方がその行為について自称代理人に代理権があると信ずべき正当な理由があるときに限って，本人は責任を負う(民§112-Ⅱ)。

65. 代理権消滅後の表見代理が成立するためには，相手方が代理権の消滅する前に代理人と取引したことがあることを要するか。

(答)要しない。ただし，代理権消滅前に取引をしたことがあれば，相手方の善意・無過失を認定するにあたって，相手方にとって有利な資料とはなる(最判昭44.7.25)。

無権代理と相続

66. 無権代理人が単独で本人を相続したときは，無権代理人は本人の地位を承継したものとして追認を拒絶することはできるか。

2-5-ア
20-6-ア

(答)判例は，このような場合，本人と無権代理人との資格が同一に帰するに至ったものであり，本人自らが法律行為をしたのと同様の法律上の地位を生じたものと解するのを相当として，追認拒絶はできない，すなわち，無権代理行為は有効となるとする(最判昭40.6.18)。

テーマ3 代 理

67. 本人が無権代理行為の追認を拒絶した後に，無権代理人が単独で本人を相続したときは，無権代理行為は有効となるか。

□□□
28-5-ウ
23-6-ウ
21-23-エ
20-6-イ

（答）本人の追認拒絶によって相続の開始前に無権代理行為は無効であることが確定しているので，有効となることはない（最判平10.7.17）。

68. 本人が単独で無権代理人を相続したときは，本人は追認を拒絶することはできるか。

□□□
2-5-ウ,エ
20-6-エ

（答）できる（最判昭37.4.20）。ただし，この場合，無権代理人が民法117条の責任を負うべきであったときは，本人はその責任を免れない（最判昭48.7.3）。

69. 無権代理人を本人とともに相続した者が，その後さらに本人を相続した場合，当該相続人は本人の資格で無権代理行為の追認を拒絶できるか。

□□□
2-5-オ
20-6-オ

（答）判例（最判昭63.3.1）は，「無権代理人を本人とともに相続した者が，さらに本人を相続した場合においては，当該相続人は，本人の資格で無権代理行為の追認を拒絶する余地はなく，本人自らが法律行為をしたと同様の法律上の地位ないし効果を生ずるものと解するのが相当である」として，追認拒絶権を否定する。

70. 本人Aの無権代理人Bが，CとともにAを共同相続したときは，BまたはCだけの追認によって無権代理行為が有効となるか。

□□□

（答）有効とはならない。判例（最判平5.1.21）は，「本人について共同相続が開始した場合は，本人が有していた無権代理行為の追認権は，共同相続人に承継されるが，その追認権は，性質上相続人全員に不可分に帰属するものとされ，共同相続人全員が共同して追認権を行使しなければ，無権代理行為は有効とならない」とする。

71. チェックポイント70の事例において，無権代理行為は，Bの相続分に相当する部分において有効とはならないか。

□□□□
2-5-イ
28-5-エ
20-6-ウ

(答)Bの相続分に相当する部分においても，当然に有効となるものではない(最判平5.1.21)。したがって，B及びCがともに無権代理行為を追認しない場合，相手方は，Bに対して民法117条による責任を追及するほかない。

72. チェックポイント70の事例において，Cが無権代理行為を追認する場合に，Bが追認を拒絶することはできるか。

□□□

(答)判例(最判平5.1.21)は，Cが無権代理行為を追認する場合に，Bが追認を拒絶することは信義則上許されないとする。したがって，Cが追認した場合には，Bは追認を拒絶することは許されず，結局，B及びC双方の追認が得られているのと同様となり，相手方は，無権代理行為の有効を主張することができる。

単独行為の無権代理

73. 無権代理人がした相手方のない単独行為が有効となることがあるか。

□□□

(答)常に確定的に無効である。

74. 無権代理人がした相手方のある単独行為が有効となることがあるか。

□□□

(答)ある。能動代理の場合は，無権代理行為につき相手方が同意し，または代理権を争わなかったとき，受動代理の場合は，無権代理人の同意を得てされたときは，契約における無権代理と同様に扱われる。したがって，このような場合は，不確定無効であり，追認により有効となることがある(民§118)。

テーマ3

参考過去問

1. AがBの代理人としてCとの間で法律行為を行った場合に関する次の
アからオまでの記述のうち，判例の趣旨に照らし正しいものはどれか。
なお，A，B及びCは，いずれも商人でないものとする（H18-4改。イ
及びオは省略した）。

ア　車の購入資金の調達のためにCから100万円を借り入れる旨の契約
を締結する代理権をBから授与されたAは，自己の遊興費として費消
する目的でCから100万円を借り入れ，これを費消した。この場合，
CがAの目的につき悪意であっても，Bは，Cからの貸金返還請求を
拒むことができない。

ウ　Bの代理人Aは，Bのためにすることを示さずに，CからC所有の
マンションを購入する旨の契約を締結した。この場合，当該契約をA
がBのために締結することを契約当時Cが知っていたときは，Bは，
当該マンションの所有権を取得することができる。

エ　Bの妻Aは，Bの実印を無断で使用して，Aを代理人とする旨のB
名義の委任状を作成した上で，Bの代理人としてB所有の土地をCに
売却した。この場合，Aに売却の権限がなかったことにつきCが善意
無過失であったときは，Cは，当該土地の所有権を取得することがで
きる。

正しいものは，ウである。

ア　×　チェックポイント31参照。本肢の場合，代理行為の効果は本人Bに帰
属しないので，Bは，Cからの貸金返還請求を拒むことができる。

ウ　○　チェックポイント11参照。

エ　×　土地の売買契約は，夫婦の日常の家事に関する法律行為とは考えられ
ないので，たとえ相手方Cが妻Aの代理権の不存在について善意・無過失で
あっても，民法110条所定の表見代理が成立することはなく（最判昭44.12.18，

75

民§761参照），本件売買契約が夫婦の日常の家事に関する法律行為に属すると相手方Ｃが信ずるについて正当の理由があるときに限ってＣが保護される。

2．Ａは，Ｂの任意代理人であるが，Ｂから受任した事務をＣを利用して履行しようとしている。この事例における次の1から5までの記述のうち，正しいものはどれか（H14-4）。
　1　ＡがＣを復代理人として選任する場合には，Ｃは，意思能力を有することは必要であるが，行為能力者であることは要しない。
　2　ＡがＢから代理人を選任するための代理権を授与されている場合にも，ＡがＢのためにすることを示してＣを代理人として選任するためには，Ｂの許諾又はやむを得ない事情が存することが必要である。
　3　ＡがＢの指名によりＣを復代理人として選任した場合には，Ａは，Ｃが不適任であることを知っていたときでも，その選任について責任を負うことはない。
　4　Ａがやむを得ない事情によりＢの許諾を得ることなくＣを復代理人として選任した場合には，Ｃの復代理人としての権限は，保存行為又は代理の目的である権利の性質を変更しない範囲における利用若しくは改良行為に限られる。
　5　Ａから復代理人として適法に選任されたＣの法律行為の効果がＢに帰属するためには，ＣがＡのためにすることを示して当該法律行為をすることが必要である。

正しいものは，1である。

1　○　復代理人は，代理人と同様に，行為能力者であることを要しない（民§102本文参照）。ただし，意思能力を有することは必要である（チェックポイント7，16参照）。

2　×　任意代理人が復代理人を選任するための要件については，チェックポイント27参照。本肢におけるＡによるＣの選任行為は，民法104条の規定に基づく復代理人の選任（この場合の復代理人の選任は代理行為ではない）ではなく，与えられた代理権の範囲内における代理行為としての代理人の選任である。この場合，同条の規定の適用がないのは当然である。

テーマ3 代 理

3　×　任意代理人が復代理人を選任した場合における任意代理人の責任については，民法は特別な規定を置いていないが（当該責任を定めていた旧民法105条は削除された），復代理人の選任が本人の指名に基づいてされたかどうかを問わず，復代理人を選任したことにより，本人に損害が生じ，それが代理人の本人に対する債務不履行にあたれば，一般原則（民§415）に従い，代理人が責任を負うことはある。

4　×　本人の許諾を得なかったとしても，やむを得ない事情によって復代理人を選任したので，民法104条の要件を満たした適法な復代理人の選任行為である。復代理人の権限は，代理人と同一なので（民§106-Ⅱ），やむを得ない事情によって選任された復代理人の権限が保存行為等に限定されることはない。

5　×　チェックポイント26参照。

3．次の対話は，AがBに売買契約締結のための代理権を授与した場合における本人A，代理人B及び復代理人Cの三者の法律関係に関する教授と学生との対話である。教授の質問に対する次のアからオまでの学生の解答のうち，判例の趣旨に照らし正しいものはどれか（H19-5改）。

教授：　代理人Bが復代理人Cを選任する行為は，どのように行われますか。

学生：ア　復代理人の選任行為は，代理人の代理行為の一環として行われるものですから，代理人は，復代理人を選任する際，本人のためにすることを示して行う必要があります。したがって，代理人Bは，本人Aの名で復代理人Cを選任します。

教授：　復代理人Cが選任されると，代理人Bの代理権はどのようになりますか。

学生：イ　復代理人は，代理人の権限の範囲内で直接本人を代理しますので，代理人の権限と復代理人の権限が重複してしまいます。そこで，復代理人Cが選任されると，代理人Bの代理権は停止し，復代理人Cの任務が終了すると，代理人Bの代理権は復活します。

教授：　復代理人Cが委任事務の処理に当たって金銭等を受領したとし

77

ます。復代理人Ｃは，この受領した金銭をだれに引き渡す義務を負いますか。

学生：ウ　復代理人Ｃは，委任事務の処理に当たって，本人Ａに対して受領物を引き渡す義務を負うほか，代理人Ｂに対しても受領物を引き渡す義務を負います。もっとも，復代理人Ｃが代理人Ｂに受領物を引き渡したときは，本人Ａに対する受領物引渡義務は，消滅します。

教授：　代理人Ｂは，復代理人Ｃを解任することができますか。

学生：エ　解任することができます。ただし，復代理人Ｃが本人Ａの許諾を得て選任された者である場合には，本人Ａの同意がなければ，代理人Ｂは，復代理人Ｃを解任することはできません。

教授：　代理人Ｂが死亡した場合には，復代理人Ｃの代理権はどのようになりますか。

学生：オ　復代理人の代理権は，代理人の代理権を前提としていますから，代理人Ｂが死亡してその代理権が消滅した場合には，復代理人Ｃの代理権も消滅します。このことは，復代理人Ｃが本人Ａの指名に従って選任された場合も同じです。

正しいものは，ウ，オである。

ア　×　チェックポイント23参照。

イ　×　チェックポイント25参照。

ウ　○　判例(最判昭51.4.9)の趣旨どおりである。

エ　×　復代理人を選任する権限が代理人にある以上，これを解任する権限が代理人にあるのは当然である。復代理人が本人の許諾を得て選任された者であっても，復代理人を解任するのに本人の同意を得る必要はない。

オ　○　チェックポイント30参照。復代理人が本人の指名に従って選任された場合でも結論は異ならない。

4．Ａは，Ｂの代理人として，Ｃとの間で金銭消費貸借契約及びＢ所有の甲土地に抵当権を設定する旨の契約(以下両契約を合わせて「本契約」という。)を締結した。この場合における次の１から５までで記述のうち，

テーマ3　代理

誤っているものはどれか（H12-3改）。

1　Aが未成年者であることについて，Cは本契約が締結された当時から知っていたが，Bは本契約の締結後に知った場合，Bは，Aの行為能力の制限を理由として本契約を取り消すことができる。

2　Bが，Aに対し，代理人として金銭消費貸借契約を締結する権限は与えていたが，甲土地に抵当権を設定する権限は与えておらず，Cもこれを知っていた場合，Bが追認をしない限り，設定した抵当権は本人に対してその効力を生じない。

3　Aが借入金を着服する意図でCとの間で本契約を締結し，Cから受領した借入金を費消したが，CもAの意図を知っていた場合，設定した抵当権は本人に対してその効力を生じない。

4　本契約がAのCに対する詐欺に基づくものである場合，Bがこれを過失なく知らなくても，Cは，本契約を取り消すことができる。

5　本契約が第三者DのAに対する強迫に基づくものである場合，Cがこれを過失なく知らなくても，Bは，本契約を取り消すことができる。

誤っているものは1である。

1　×　未成年者が代理人としてした代理行為を，行為能力の制限を理由として取り消すことはできない（民§102本文）。このことは，本人が代理人の行為能力の制限について善意である場合でも妥当するものと解される。

2　○　本肢においては，抵当権設定契約に関する限り無権代理となる。無権代理行為は本人の追認がなければ，本人に対してその効力を生じない（民§113-Ⅰ）。本肢では，Cは，Bが抵当権設定に関する代理権を有しないことを知っていたのだから，民法110条の表見代理は成立することがないため，本人の追認が得られない限り，抵当権は本人に対してその効力を生じない。

3　○　金銭の借入れについては，民法107条の規定により，無権代理行為となる（チェックポイント31参照）。借入れの契約が無権代理行為であり，本人に対してその効力を生じないものであることから，これを担保するための抵当権の設定契約も本人に対してその効力を生じない。

4　○　Cの意思表示の相手方はAであり，CはAの詐欺によって意思表示をしたので，CがAとの間でした契約を取り消すことができるのは当然である。代理の効果は本人Bに帰属するものの，意思表示のやり取りは，ＡＣ間で行

79

われるため，BがAの詐欺について善意悪意を問わず，また善意であること
につき過失の有無を問わず，Cは本契約を取り消すことができる。

5　○　強迫による意思表示は，その強迫行為が第三者によってされ，相手方
がそのことにつき善意悪意を問わず，また善意であることにつき過失の有無
を問わず取り消すことができる（民§96-Ⅱ反対解釈）。

5．Aは，代理権がないにもかかわらず，Bのためにすることを示して，
Cとの間でB所有の甲土地を売却する旨の契約（以下「本件売買契約」
という。）を締結した。この事例に関する次のアからオまでの記述のうち，
判例の趣旨に照らし誤っているものはどれか（H14-2改）。
　　ア　Bは，Aから甲土地の売買代金の一部を受領した。この場合，Bは，
　　　Aの無権代理行為を追認したものとみなされる。
　　イ　Cは，Bに対し，本件売買契約を取り消すとの意思表示をした。こ
　　　の場合，Cは，Aに対し，無権代理人としての責任を追及して本件売
　　　買契約の履行を求めることができる。
　　ウ　CがAに対し，無権代理人としての責任を追及した。この場合，A
　　　は，自己の代理行為につき表見代理が成立することを主張して無権代
　　　理人としての責任を免れることができる。
　　エ　Cは，本件売買契約を締結したときに，Aに代理権がないことを知っ
　　　ていた。この場合，Cは，本件売買契約を取り消すことはできない。
　　オ　Cは，Aに対し，無権代理人の責任に基づく損害賠償を請求した。
　　　この場合，Cは，甲土地を転売することによって得られるはずであっ
　　　た利益に相当する額を請求することができる。

誤っているものは，イ，ウである。

ア　○　本人が無権代理人から無権代理行為である売買契約から生じた代金の
　　一部を受領することは，黙示の追認になると考えられる（チェックポイント
　　41参照）。

イ　×　相手方によって取消権が行使されると，無権代理行為は確定的に無効
　　となり，相手方による無権代理人の責任の追及はできなくなる（チェックポ
　　イント47の⑤参照）。

テーマ3　代理

ウ　×　チェックポイント50参照。

エ　○　チェックポイント45参照。

オ　○　民法117条による損害賠償請求においては，転売することによって得られるはずであった利益，すなわち，履行利益を請求することができる（チェックポイント49参照）。

テーマ
3

6．無権代理と表見代理との関係について，「無権代理人の責任の要件と表見代理の要件がともに存在する場合においても，表見代理の主張をすると否とは相手方の自由であると解すべきであるから，相手方は表見代理の主張をしないで，直ちに無権代理人に対し民法117条の責任を問うことができ，この場合には，無権代理人は表見代理が成立することを抗弁として主張することはできない。」という見解がある。次のアからオまでの記述のうち，この見解の根拠となり得ないものはどれか（H10-2改）。

ア　表見代理は，善意の相手方を保護するための制度である。

イ　表見代理が成立する場合には，相手方は，有権代理が成立した場合と同様の効果を収めることができる。

ウ　表見代理の立証は，一般に困難である場合が少なくない。

エ　無権代理人は，自ら代理権なく代理行為をしたものである。

オ　無権代理人の責任は，表見代理によっては保護を受けることのできない相手方を救済するためのものである。

根拠となり得ないものは，イ，オである。

ア　**根拠となり得る。**　本問の見解は，善意の第三者保護のために表見代理の成立と無権代理人の責任追及との選択的主張を認めるものである。

イ　**根拠とはなり得ない。**　表見代理が成立すれば，有権代理が成立した場合と同様の効果を収め得るとする見解は，表見代理が成立すれば，相手方は保護に欠けるところがないため，民法117条による責任追及は表見代理が成立しない場合に補充的に主張し得るものとする見解であり，本問の見解とは反対の立場である。

ウ　**根拠となり得る。**　本見解は，表見代理の立証が一般に困難であるからこ

81

そ，無権代理人の責任を選択的に主張することを認めるとするものである
（チェックポイント50参照）。

エ　根拠となり得る。　自ら無権代理行為の原因を作った者は無過失の責任を
負うべきであるとするのが本問の見解の前提である。

オ　根拠とはなり得ない。　イの解説参照。無権代理人の責任追及は，表見代
理が成立しない場合に，相手方を補充的に救済するための制度ではないとす
るのが本問の見解である。

7．表見代理が成立する場合においても無権代理人の責任に関する規定が
適用されるか否かについては，適用を肯定する見解（甲説）と適用を否定
する見解（乙説）とがある。次のアからオまでの記述のうち，「この見
解」が甲説を指すものはどれか（H17-5改）。

ア　この見解は，本人及び無権代理人のいずれについても無権代理行為
の相手方からの責任の追及を免れさせる理由がないと考えられること
をその根拠とする。

イ　この見解は，無権代理人の責任を，表見代理が成立しない場合の補
充的責任であると位置付ける。

ウ　この見解は，無権代理行為の相手方に対して，有権代理の場合以上
の保護を与える必要はないと考えられることをその根拠とする。

エ　この見解に対しては，表見代理が成立する場合において紛争を最終
的に解決するためには，無権代理行為の相手方が本人に対し，さらに
は，本人が無権代理人に対し，それぞれ訴えを提起しなければならな
くなり，紛争の解決方法としてう遠であるとの指摘がある。

オ　この見解は，表見代理が成立するか否かは不確実であるから，無権
代理行為の相手方が本人に対して常に表見代理の主張をしなければな
らないとすると，無権代理行為の相手方に過大な負担を課すことにな
ることをその根拠とする。

「この見解」が甲説を指すものは，ア，オである。

ア　この見解は，甲説（肯定説）を指す。　肯定説では，相手方は，表見代理の
主張または無権代理人の責任追及のいずれをも選択的に主張できることにな

テーマ3　代　理

る。相手方が表見代理の主張をすれば，本人が責任を負い，無権代理人の責任を追及すれば，無権代理人が責任を負うこととなる。すなわち，肯定説では，本人または無権代理人のいずれが責任を負うかは，相手方の主張方法によることとなる。このようなことが認められるのは，本人は無権代理人が代理権を有するかのような外形を作り出した点に帰責事由があり，無権代理人は代理権がないにもかかわらず代理行為を行った点に帰責事由があるので，本人も無権代理人も相手方からの責任を免れる立場にはないからである。

イ　**この見解は，乙説(否定説)を指す。**　無権代理人の責任を表見代理が成立しない場合の補充的責任と位置付けると，相手方としては，まず，表見代理を主張し，これが認められない場合に，無権代理人の責任追及をすべきことになるので，本肢における「この見解」は，乙説(否定説)を指す。

ウ　**この見解は，乙説(否定説)を指す。**　表見代理が成立する以上，相手方は所期の目的を達成することができるので，相手方にそれ以上の保護を与えるべきではないとする本肢の「この見解」は，表見代理が成立しうる以上，まず表見代理を主張すべきであるとする見解であり，乙説(否定説)を指す。

エ　**この見解は，乙説(否定説)を指す。**　紛争の最終的解決のために，相手方が本人に訴えを提起しなければならないと考えるのは，相手方が表見代理の主張をする場合であり，すなわち，無権代理人への責任追及を否定する立場である乙説に立つ場合である。表見代理が成立するときは，相手方は本人に対して責任を追及することとなるからである。本肢は，この見解(乙説)に対して，批判をしているものである。つまり，本肢における「この見解」は，乙説「否定説」を指している。

オ　**この見解は，甲説(肯定説)を指す。**　表見代理の立証は，一般に困難であり，裁判の結果，表見代理が認められない場合，相手方としては，無権代理人の責任追及を主張することとなる。すなわち，表見代理が成立しうると見られる事例において，相手方が常に表見代理の主張をしなければならないとすると，相手方の保護に欠けることとなるので，相手方に表見代理と無権代理人の責任追及とを選択的に主張することを認めるほうが相手方保護の表見代理制度の趣旨に合致する。相手方の保護を指摘する本肢の「この見解」は，甲説(肯定説)を指す。

8．Aが，実父Bを代理する権限がないのに，Bの代理人と称してCから
金員を借り受けた。この事例に関する次のアからオまでの記述のうち，
判例の趣旨に照らして正しいものはどれか。なお，Cには，Aに代理権
がないことを知らなかったことに過失があるものとする（H13-3改）。

ア　Bが死亡し，AがBを単独で相続した場合，Cは，Aに対し，貸金
の返還を請求することができる。

イ　Aが死亡し，BがAを単独で相続した場合，Cは，Bに対し，貸金
の返還を請求することができる。

ウ　Bが死亡し，AがBの子Dと共にBを相続した場合，Dが無権代理
行為の追認を拒絶しているとしても，Cは，Aに対し，Aの相続分の
限度で貸金の返還を請求することができる。

エ　Bが死亡し，AがBの子Dと共にBを相続した場合，Dが無権代理
行為を追認したときは，Cは，A及びDに対し，貸金の返還を請求す
ることができる。

オ　Bが無権代理行為の追認を拒絶した後に死亡し，AがBを単独で相
続した場合，Cは，Aに対し，貸金の返還を請求することができる。

正しいものは，ア，エである。

ア　○　チェックポイント66参照。

イ　×　チェックポイント68参照。本人Bは追認拒絶をすることができるので，
Bが追認を拒絶すればCは貸金の返還請求ができない。

ウ　×　無権代理人Aが他の相続人とともに本人を相続したとしても，無権代
理行為は，Aの相続分の限りで当然に有効となるものではない（チェックポ
イント71参照）。

エ　○　チェックポイント72参照。

オ　×　チェックポイント67参照。

9．次の記述は，無権代理と相続に関する教授と学生との対話である。教
授の質問に対する次のアからオまでの学生の解答のうち，判例の趣旨に
照らし誤っているものはどれか（H20-6改）。

教授：　無権代理人Aが，父親Bを代理して，第三者Cに対し，B所有

テーマ3 代理

の不動産を売り渡したという事例を前提として，無権代理と相続
について考えてみましょう。
　　　まず，Bが追認も追認拒絶もしないまま死亡し，AがBを単独
相続した場合，BC間の売買契約の効力はどうなりますか。
学生：ア　この場合，無権代理人が本人の地位を単独相続し，本人と無
　　　権代理人の地位が同一に帰するに至っていますので，BC間の
　　　売買契約は当然に有効になります。
教授：　Bが，死亡する前に，Cに対してAの無権代理行為の追認を拒
　　　絶していた場合には，どうなりますか。
学生：イ　無権代理人がした行為は，本人が追認を拒絶すれば無権代理
　　　行為の効力が本人に及ばないことが確定しますので，本人であ
　　　るBが無権代理行為の追認を拒絶した場合には，その後に無権
　　　代理人であるAが本人であるBを相続したとしても，BC間の
　　　売買契約は当然に有効になるものではありません。
教授：　それでは，Bが追認も追認拒絶もしないまま死亡し，Bの子で
　　　あるA，D及びEが共同相続をした場合には，どうなるでしょう
　　　か。
学生：ウ　この場合，無権代理人が本人の地位を共同相続した場合です
　　　ので，他の共同相続人全員が共同して無権代理行為を追認しな
　　　い限り，無権代理人の相続分に相当する部分においても，BC
　　　間の売買契約は当然に有効となるものではありません。
教授：　では，Aが死亡してBがAを単独で相続した場合は，どうでしょ
　　　うか。
学生：エ　この場合，無権代理人の地位を相続した本人が無権代理行為
　　　の追認を拒絶しても，何ら信義に反するところはありませんか
　　　ら，BC間の売買契約は当然に有効となるものではありません。
　　　また，BがAの民法第117条による無権代理人の責任を相続す
　　　ることもありません。
教授：　では，Aが死亡し，B及びAの母親Fが共同相続した後，Bが
　　　追認も追認拒絶もしないまま死亡し，FがBを単独相続した場合
　　　は，どうでしょうか。
学生：オ　この場合，無権代理人の地位を本人と共に相続した者が，さ

テーマ
3

85

らに本人の地位を相続していますが，その者は，自ら無権代理
行為をしたわけではありませんから，無権代理行為を追認する
ことを拒絶しても，何ら信義に反するところはないため，ＢＣ
間の売買契約は当然に有効となるものではありません。

誤っているものは，エ，オである。

ア　○　チェックポイント66参照。

イ　○　チェックポイント67参照。

ウ　○　チェックポイント70，71参照。

エ　×　チェックポイント68参照。本人は追認を拒絶することはできるが，無
権代理人の責任は相続する。

オ　×　チェックポイント69参照。

10．Ａの代理人であるＢは，Ｃに対し物品甲を売却した(なお，この売却
行為は，商行為には当たらないものとする。)。この事例に関する次のア
からオまでの記述のうち，判例の趣旨に照らし誤っているものはどれか
(H22-5改)。

ア　Ｂが自己又は第三者の利益を図るために物品甲を売却した場合であっ
ても，それが客観的にＢの代理権の範囲内の行為であり，ＣがＢの意
図を知らず，かつ，知らないことに過失がなかったときは，Ｂがした
意思表示は，Ａに対して効力を生ずる。

イ　Ｂは，Ａのためにする意思をもってＣに対し物品甲を売却したが，
その際，Ａの代理人であることをＣに告げなかった。この場合におい
て，ＢがＡのためにする意思をもって売買契約を締結していたことを
Ｃが知り，又は知ることができたときは，Ｂがした意思表示は，Ａに
対して効力を生ずる。

ウ　Ｂの意思表示がＣの詐欺によるものであったときは，Ｂは，その意
思表示を取り消すことができるが，Ａは，Ｂによる意思表示を取り消
すことができない。

エ　Ｂは，Ａのためにする意思をもってＣに対し物品甲を売却したが，
その際，売買契約書の売主署名欄にＡの氏名のみを記載し，自己の氏

テーマ3 代 理

名を記載しなかった。この場合において，契約書にAの氏名だけを記載することをAがBに許諾しており，Cも契約書に署名したBではなくAと契約する意思を有していたときは，Bがした意思表示は，Aに対して効力を生ずる。

オ　BがAのためにする意思をもって，Aの代理人であることを示して，Cに対し物品甲を売却した場合であっても，Bが未成年者であるときは，Bがした意思表示は，Aに対して効力を生じない。

誤っているものは，ウ，オである。

ア　○　チェックポイント31参照。

イ　○　本肢のように，代理人Bが本人Aのためにすることを示さなかった場合でも，相手方Cが，BがAのためにすることを知り，または知ることができたときは，本人と相手方の間に効果が生ずる（民§100ただし書，チェックポイント11参照）。

ウ　×　チェックポイント15参照。

エ　○　代理行為の効果が本人に生ずるために必要とされる「顕名」は，必ずしも本人の名を明示しなくても，周囲の事情から本人が誰であるかが明らかになればよい（チェックポイント12参照）。本肢のように，代理人が代理人の氏名を示さずに直接本人の名で契約をする場合でも，代理人に代理意思があると認められる限りは，代理行為は有効である。

オ　×　チェックポイント18参照。

---

11. 次の対話は，無権代理に関する教授と学生との対話である。教授の質問に対する次のアからオまでの学生の解答のうち，判例の趣旨に照らし正しいものはどれか（H23-6改）。

教授：　Aの代理人であると称するBが，Cとの間で，Aが所有する甲建物の売買契約（以下「本件売買契約」という。）を締結したところ，Bが代理権を有していなかったという事例を考えてください。

　　　　この事例において，Cは，どのような法的手段をとることが考えられますか。

学生：ア　Cは，Aに対して本件売買契約を追認するか否かの催告を行

うことができ，また，Aの追認がない間は，Bが代理権を有し
ないことについてCが善意か悪意かを問わず，契約を取り消す
ことができます。

教授：　それでは，事例において，BがCから受け取った売買代金をA
名義の預金口座に入金し，Aがこれを認識しながら6か月間その
ままにしていたという場合には，Aは，なお追認を拒絶すること
ができるでしょうか。

学生：イ　追認があったかどうかが問題になりますが，黙示の追認がな
かったとしても，取り消すことができる行為の法定追認につい
て定めた規定の類推適用により，本件売買契約を追認したもの
とみなされますので，Aは，もはや追認を拒絶することができ
なくなります。

教授：　では，事例において，本件売買契約を締結した後に，Bの無権
代理によるCへの甲建物の売却を知らないDに対してAが甲建物
を売却し，その後，AがBの無権代理行為を追認した場合には，
CとDのどちらが甲建物の所有権を取得しますか。

学生：ウ　AがBの無権代理行為を追認しても，第三者の権利を害する
ことはできませんので，追認の遡及効は制限され，対抗要件の
具備を問うまでもなくDが所有権を取得します。

教授：　では，事例において，BがAの子であったと仮定し，AがBの
無権代理行為の追認を拒絶した後に死亡し，BがAを単独相続し
た場合は，どうなりますか。

学生：エ　Aが追認を拒絶することにより，Bの無権代理による売買契
約の効力がAに及ばないことが確定しますので，その後にBが
Aを相続しても，Bは，追認拒絶の効果を主張することができ
ます。

教授：　事例において，Aが追認を拒絶した場合，Cが民法第117条第
1項に基づいてBに対して損害賠償を請求するためには，Bに故
意又は過失があることを立証する必要がありますか。

学生：オ　無権代理人の損害賠償責任の性質は，不法行為責任ではなく，
法律が特別に認めた無過失責任であると考えられますので，C
は，Bの故意又は過失を立証する必要はありません。

テーマ3 代理

正しいものは，エ，オである。

ア ×　催告権は，無権代理人の相手方が代理権の不存在について悪意の場合でも行使することができるが(チェックポイント44)，取消権は，無権代理人の相手方が代理権の不存在について善意の場合でなければ行使することができない(チェックポイント45)。

イ ×　チェックポイント41参照。

ウ ×　本肢の場合，Aの追認によってAC間の売買契約が遡及的に有効となるが(民§116本文)，CとDとの優劣は，民法116条ただし書によって定めるのではなく，対抗要件(登記)の具備の先後によって決まる。

エ ○　チェックポイント67参照。

オ ○　民法117条1項の責任は取引の安全を図り，かつ代理制度の信用を維持するために無権代理人に負わされる故意・過失を要件としない無過失責任である。したがって，Cは，Bの故意または過失を立証する必要はない。

テーマ
3

89

テーマ 4

条件，期限

Check Point

条　件

1．条件の意義及び種類をいえ。

31-5-ア
21-4-ア

（答）条件とは，法律行為の発生または消滅を，将来の不確定な事実の成否にかからせる法律行為の付款のこと。条件には，停止条件と解除条件とがある。停止条件とは法律行為の発生に関する条件であり，解除条件とは法律行為の消滅に関する条件である。

2．条件を付すことが禁止される法律行為には，どのようなものがあるか。

2-6-ウ
後段

（答）公益上の理由で禁止されるものとして，婚姻，養子縁組等の身分行為や相続の承認または放棄の意思表示などがあり，私益上の理由で禁止されるものとして，相殺（民§506-Ⅰ後段），契約の解除，取消し，追認等の単独行為がある。

3．単独行為であっても，条件を付すことができる場合をいえ。

（答）単独行為に条件を付すことが禁止されるのは，相手方を一方的に不利な立場に置くことになるからである。したがって，条件を付すことに相手方の同意があるか，条件をつけても相手方を特に不利に陥れるものではないときは，条件を付すことが許される。例えば，債務の免除は，単独行為であるが，条件を付しても債務者の不利益とはならないので許される。また，「１か月以内に履行しないとき

テーマ4 条件，期限

は，改めて解除の意思表示をすることなく契約を解除する」のように，債務の履行がないことを停止条件とする解除の意思表示は許され，実際にも広く行われている。

4．条件付法律行為の条件成就の効果の発生時期及び消滅時期をいえ。

□□□
2-6-オ
前段
21-4-オ

（答）停止条件付法律行為は，停止条件が成就した時からその効力を生ずる（民§127-Ⅰ）。解除条件付法律行為は，解除条件が成就した時からその効力を失う（民§127-Ⅱ）。なお，当事者は，その意思表示によって，条件が成就した場合の効果（停止条件付法律行為における効力の発生，解除条件付法律行為における効力の消滅）を，その成就した時以前にさかのぼらせることができる（民§127-Ⅲ）。

5．条件の成就を妨害した場合，不正に条件を成就させた場合の効果をいえ。

□□□
24-5-イ，
ウ
21-4-ウ

（答）条件の成就によって不利益を受ける当事者が故意にその条件の成就を妨げたときは，相手方はその条件を成就したものとみなすことができる（民§130-Ⅰ）。また，条件が成就することによって利益を受ける当事者が不正に条件を成就させたときは，相手方はその条件が成就しなかったものとみなすことができる（民§130-Ⅱ）。

6．農地法所定の許可を条件とする売買契約において，民法130条1項の規定の適用はあるか。

□□□

（答）ない。農地法所定の許可は法定条件であって，売主が買主の許可の取得を妨げたとしても，条件が成就したものとみなすことはできない（最判昭36.5.26）。

7．既成条件の効果をいえ。

□□□
31-5-ウ

（答）確定している条件を停止条件とした場合は，その法律行為は無条件。解除条件とした場合は，無効（民§131-Ⅰ）。成就しないことが確定している条件を停止条件とした場合は，その法律行為は無効。解除条件とした場合は，無条件（民§131-Ⅱ）。

91

8. 不法条件の効果をいえ。

□□□ （答）不法な行為をすることを停止条件とする行為も解除条件とする行
31-5-イ 為も無効（民§132前段）。不法な行為をしないことを停止条件とす
21-4-イ る行為も解除条件とする行為も無効（民§132後段）。

9. 不能条件の効果をいえ。

□□□ （答）停止条件の場合，無効（民§133-Ⅰ）。解除条件の場合，無条件
31-5-オ （民§133-Ⅱ）。

10. 随意条件の効果をいえ。

□□□ （答）停止条件付法律行為で，法律条件が単に債務者の意思のみにかか
31-5-エ る場合は，無効（民§134）。停止条件付法律行為でも，債権者の意
思のみにかかる場合は，有効とされる（大判大7.2.14）。解除条件付
法律行為は，債権者の意思のみにかかる場合も，債務者の意思のみ
にかかる場合も有効である。

期　限

11. 期限の意義及び種類をいえ。

□□□ （答）期限とは，法律行為の効力の発生または消滅を，将来到来するこ
24-5-ア との確実な事実の発生にかからせる法律行為の付款である。期限に
は，始期と終期とがある。始期とは，法律行為の効力の発生に関す
る期限のことであり，終期とは，法律行為の効力の消滅に関する期
限である（民§135）。また，期限には，確定期限と不確定期限とが
ある。確定期限とは，到来する時期の確定している期限であり，不
確定期限とは，到来することは確実であるが，それがいつ到来する
かわからない期限である。

テーマ4　条件，期限

12. 債務者が出世した時に借金を返済するといういわゆる出世払の約定は，債務に条件を付したものか期限を付したものか。

□□□
2-6-イ
21-4-ア
（答）条件か不確定期限かの判断が難しい場合が少なくないが，出世払の約定については，判例(大判大4.3.24)は，期限だと解している。

13. 期限の利益は誰のためにあるとされるか。

□□□
（答）債務者の利益のために定めたものと推定される(民§136-Ⅰ)。ただし，債権者のみが期限の利益を有する場合(例えば，無償寄託)や双方が期限の利益を有する場合(例えば，定期預金契約)もある。

14. 期限の利益を放棄することはできるか。

□□□
24-5-エ
21-4-エ
19-4-オ
（答）原則としてできるが，そのために相手方の利益を害するのであれば，その不利益のてん補をしなければ放棄することはできない(民§136-Ⅱ参照)。例えば，定期預金につき銀行は期限までの利息を付ければ期限前でも弁済できる(大判昭9.9.15)。

15. 債務者が期限の利益を喪失する場合として民法が規定しているものをあげよ。

□□□
19-4-イ
（答）①債務者が破産手続開始の決定を受けたとき，②債務者が担保を滅失させ，損傷させ，または減少させたとき(債務者が抵当権の目的不動産を損傷させた場合などがこれにあたる)，③債務者が担保を供する義務を負う場合において，これを供しないとき(民§137)。これら以外の事由でも，当事者間で期限の利益の喪失を特約することは原則として差し支えない。

テーマ 4

参考過去問

1. 次の対話は，条件と期限に関する学生AとBの対話である。
　　　　　　部分に挿入する語句を下記語群の中から選択して対話を完成させた場合，一度も使用されない語句の組合せとして最も適切なものは，後記1から5までのうちどれか。ただし，一つの語句を複数回使用してもよい（H14-3）。

学生A：　条件と期限とは，どこが違うの。例えば，事業が軌道にのったら返すという約束で，XがYから無償で住宅を提供してもらったときは，どう考えればいいの。

学生B：　この約束は，YからXに対し　　　　　付の　　　　　がされたと考えるべきで，事業が軌道にのる見込みがなくなったら，XはYに住宅を返さなければならない。

学生A：　でも，将来事業が軌道にのるかどうかは確実ではないから，YからXに対する　　　　　付の　　　　　がされたとみることもできるような気がするんだけど。

学生B：　どちらの考え方でも，　　　　　場合にXがYに住宅を返さなければならない点は，同じだよね。でも，君のように考えると，　　　　　場合を除き，Xが死亡したときは，Xの相続人が住宅の所有権を取得することになるよね。

語群：確定期限　不確定期限　解除条件　停止条件　使用貸借　贈与
　　　事業の成功が確定した　事業の失敗が確定した

1　確定期限　停止条件　事業の失敗が確定した
2　不確定期限　停止条件　贈与　事業の成功が確定した
3　不確定期限　解除条件　事業の成功が確定した
4　確定期限　解除条件　使用貸借　事業の失敗が確定した
5　確定期限　解除条件　事業の成功が確定した

テーマ4 条件，期限

正解は1であり，空欄の中には，順番に，不確定期限，使用貸借，解除条件，贈与，事業の成功が確定した，事業の成功が確定した，が入る。

　用語としては，条件と不確定期限は明確に区別されるが，本問で問題とされている「事業が軌道にのったら返す」という約束で住宅が提供された場合のように，実際には，条件付の法律行為か不確定期限付の法律行為かが判然としない場合は少なくない。事業が軌道にのるということは確実とは言い切れないからである。確実ではないと考えると条件となり，確実であるがいつ到来するかわからないと考えると，不確定期限となる。

　学生Aは，事業が軌道にのるということは確実ではないと考える立場なので，Aの発言の最初の空欄には，「解除条件」（本問の例では，住宅は提供されており，事業が軌道にのれば返還するという約束であるから，法律行為の消滅が条件にかかっているので，解除条件である）が，逆の立場である学生Bの発言の最初の空欄には「不確定期限」が入ることがわかる。

　使用貸借では，借主が貸主に目的物を返還することが予定されているが，贈与では，受贈者は贈与者に目的物を返還することは予定されていない。したがって，A・Bそれぞれの発言の2個目の空欄には，いずれも使用貸借が入るように思われる。しかし，Bの最後の発言において，Aの考え方によると，Xが死亡した場合，目的物の所有権をXの相続人が取得することになるとされている。すなわち，Aの考え方によると，Xは住宅の所有者となったことが前提とされるので，Xは使用貸借の借主ではなく，受贈者と考えていることがわかる（使用貸借の借主とすると，Xが死亡すれば，使用貸借契約は失効する点も併せて考慮すること（民§597-Ⅲ））。上記のとおり，受贈者は目的物を返還する義務はないが，解除条件付贈与がされたのであれば，条件が成就すると，その時から贈与契約は失効することになるので（民§127-Ⅱ），受贈者は目的物を返還すべきことになる。

　以上の点を踏まえると，A・Bそれぞれの発言の2個目の空欄には，それぞれ「贈与」「使用貸借」が入る。

　本問では，「事業が軌道に乗る」ということが条件（または期限）とされているので，事業の成功の確定が条件の成就（または期限の到来）を意味し，その時に住宅を返還すべきことになる。このことから，Bの最後の発言の2つの空欄には，「事業の成功が確定した」が入る。

2．条件に関する次のアからオまでの記述のうち，その（　　　）内に「停止条件」又は「解除条件」のいずれかの語を入れて文章を完成させた場合において，「停止条件」の語を入れたときにのみ適切な文章となるものはどれか（H17-6改）。

ア　（　　　）が付された場合には，条件成就の効果は，特約がない限り条件成就の時に発生し，遡及しない。

イ　不法な行為をしないことをもって（　　　）とする法律行為は，無効である。

ウ　債務者の意思のみにより（　　　）が成就するような法律行為は，無効である。

エ　社会通念上，実現が不可能な（　　　）を付した法律行為は，無効である。

オ　法律行為の当時，既に条件が成就していた場合において，その条件が（　　　）であるときは，その法律行為は，無効である。

「停止条件」の語を入れたときにのみ適切な文章となるものは，ウ，エである。

ア　停止条件，解除条件の双方が入る。　　チェックポイント4参照。
イ　停止条件，解除条件の双方が入る。　　チェックポイント8参照。
ウ　停止条件のみが入る。　　チェックポイント10参照。
エ　停止条件のみが入る。　　チェックポイント9参照。
オ　解除条件のみが入る。　　チェックポイント7参照。

3．次の対話は，条件及び期限に関する教授と学生との対話である。教授の質問に対する次のアからオまでの学生の解答のうち，判例の趣旨に照らし正しいものはどれか（H21-4改）。

教授：　法律行為をするに当たって，その効力を制約するために条件又は期限を定めることがありますが，条件と期限とはどのように区別されますか。

学生：ア　発生するか否かが不確実な事実にかからせるものは条件であり，発生することが確実な事実にかからせるものは期限です。したがって，例えば，債務者が出世した時に借金を返済すると

テーマ4 条件，期限

いういわゆる出世払の約定は，債務に停止条件を付したもので
あるといえます。

教授： 条件となる事実が不法か否かは，法律行為の効力にどのような
影響を与えますか。

学生：イ 不法な事実を条件とすることはできず，例えば，他人を殺害
することを条件として金員を支払う旨の契約は，無効となりま
す。もっとも，不法な行為をしないことを条件とする場合は，
不法な結果の発生を容認することにはならないので，そのよう
な条件を付した法律行為は，無効とはなりません。

教授： 条件の成就によって利益を受ける当事者が信義則に反するよう
な方法で条件を成就させた場合，そのまま条件が成就したものと
して扱うことは不都合に思われますが，どのように考えればよい
でしょうか。

学生：ウ そのような場合には，相手方は，その条件が成就していない
ものとみなすことができます。

教授： 期限の利益を受ける者は，これを放棄することができますが，
債務者と債権者の双方が期限の利益を享受している場合，債務者
は，期限の利益を放棄することができますか。

学生：エ 債務者は，債権者の喪失する利益をてん補すれば，期限の利
益を放棄することができます。例えば，銀行は，定期預金の預
金者に対して，その返還時期までの間の約定利息を支払えば，
期限の利益を放棄することができます。

教授： 解除条件が成就した場合，その条件が付された法律行為の効力
はどのようになりますか。

学生：オ 解除条件が成就した場合には，当然に，その条件が付された
法律行為が成立した時にさかのぼって，その法律行為の効力が
消滅します。

正しいものは，ウ，エである。

ア × 条件及び期限の区別に関する学生の発言の前半部分は正しい。後半部
分の出世払の約定については，チェックポイント12参照。

イ × チェックポイント8参照。

ウ ○ チェックポイント5参照。

エ ○ チェックポイント14参照。

オ × チェックポイント4参照。解除条件付法律行為の効力の消滅の時期は，当然に法律行為の成立した時にさかのぼるのではなく，当事者がさかのぼらせる意思を表示すればさかのぼらせることができる。

テーマ 5

時　効

Check Point

取得時効

1. 取得時効にかかる権利にはどのようなものがあるか。

31-6-ウ
25-10-オ
(答)所有権(民§162)と所有権以外の財産権(民§163)。所有権以外の財産権として，取得時効にかかると考えられるのは，用益権(地上権，永小作権，地役権，不動産賃借権)などである。これに対して，法定担保物権，抵当権，解除権，取消権等は，取得時効の対象とはならないと解されている。

2. 所有権の時効取得の要件をいえ。

(答)①所有の意思があること，②平穏かつ公然と占有すること，③物を占有すること，④占有が継続していること。

3. 所有の意思をもってする占有のことを何というか。また，占有に所有の意思があるか否かはどのような基準で判断されるか。

(答)所有の意思をもってする占有のことを「自主占有」という。また，所有の意思のない占有のことを「他主占有」という。自主占有か他主占有かは，占有を取得した原因である事実によって客観的に定められる。

テーマ5 時 効

**4．買主，不法占拠者，盗人，賃借人，質権者，受寄者のうち，自主占有者は
どれか。**

□□□ （答）買主，不法占拠者，盗人。

27-6-イ
21-7-オ

5．自己の物を時効取得することはできるか。

□□□ （答）できる。民法162条は，「他人の物」を占有した場合に，取得時効
が完成する旨を規定するが，これは，通常の場合を定めたからにす
ぎないとされている。自己の物であっても取得時効を主張すること
はできる（最判昭42.7.21）。時効は，永続する事実状態を権利関係に
高めようとする制度なので，自己の物に対する時効取得を排除する
必要はなく，自己の物であっても，立証の困難や対抗力の不備を補
う必要から，時効制度を利用する実益があるからである。

テーマ
5

6．物の一部について取得時効が完成することはあるか。

□□□ （答）ある（大判大13.10.7）。

31-6-ア
18-8-2

7．所有権の取得時効の期間をいえ。

□□□ （答）占有の開始の時に，占有者が善意であり，かつ，過失がなかった
ときは，10年間（民§162-Ⅱ），そうでない場合は，20年間（民§
162-Ⅰ）。

**8．占有の開始の時に善意・無過失であった者が，後日に悪意または有過失と
なった場合，時効期間は10年か20年か。**

□□□ （答）10年である。善意・無過失は，占有の開始の時において問題とさ

21-7-エ
れるので，後に悪意となっても，時効期間には影響を与えない。逆
に，占有開始の時に悪意であった者は，後に正当な権原に基づく占
有と信ずるに至っても，時効期間は変わらない。

101

9．占有がA→Bと承継された場合において，Bが取得時効を主張するときは，どの時点の占有態様によって時効完成の成否を判断するか。

□□□
21-7-ア，ウ
（答）Bが自己の占有のみを主張する場合は，Bの占有取得の開始の時の態様で判断し，Bが前主であるAの占有を併せて主張するときは，その併合占有の最初の占有者であるAの占有態様によって判断する（民§187参照）。

10．ある不動産をAが6年間占有し，Aから占有を承継したBが5年間占有した場合において，それぞれ次のような占有態様であるときは，Bの時効取得の主張は認められるか。
　①　Aは占有の開始の時に善意・無過失，Bは悪意の場合
　②　Aは悪意，Bは占有の始め善意・無過失の場合

□□□
21-7-イ
（答）①の場合は，Bの主張は認められる。同一人が占有を継続したときは，チェックポイント8で示したとおり，後日悪意となっても，10年の時効取得が認められることとの均衡から，併合して占有期間を主張する場合における占有の開始の時が，善意・無過失であるので，時効取得を認められる。

　②の場合は，Bの主張は認められない。民法187条2項の規定から，BはAの占有の瑕疵（悪意占有）を承継するので，11年悪意で占有していることになり，まだ時効は完成していないことになる。

11．Bは，Aが所有権の登記名義人として登記されている甲土地を，平成10年10月1日から所有の意思をもって，平穏かつ公然と占有し続けている。また，占有の開始の時に善意・無過失であった。Bは，平成25年10月1日に時効を援用したが，Bが甲土地の所有権を取得する時期はいつか。なお，Bの占有は，占有開始の時から継続しており，時効の更新事由は生ぜず，また，民法164条の規定による時効の中断もなかったものとする。

□□□
27-6-ア
（答）平成10年10月1日。時効の効力は，その起算日にさかのぼるので（民§144），Bは，甲土地の占有を開始した時に，甲土地の所有権を取得する。時効期間が満了した日，または，時効を援用した日に所有権を取得するのではないことに注意すること。したがって，例

テーマ5　時　効

えば，Bが時効期間中に甲土地の果実を収取していたとしても，B
はその果実をAに返還する必要はない。

12. チェックポイント11の例で，甲土地にC名義の抵当権の設定登記がされていた場合，当該抵当権は，Bが取得時効を援用したことによって，どうなるか。

☐☐☐ (答)消滅する。時効取得は原始取得なので，時効取得者は，前の所有者とは無関係に所有権を取得する。その結果，甲土地に抵当権が設定されていれば，時効によって消滅する。

13. 所有権以外の財産権の取得時効について述べよ。

☐☐☐ (答)所有権以外の財産権を，自己のためにする意思をもって，平穏に，かつ，公然と行使する者は，所有権の取得時効の区別に従って，20年または10年を経過した後，その権利を取得する(民§163)。

消滅時効

14. 消滅時効にかかる権利にはどのようなものがあるか。

☐☐☐
18-7-オ
(答)①債権と，②債権または所有権以外の財産権(民§166参照)。債権または所有権以外の財産権のうち消滅時効にかかる権利として重要なものは，用益物権(地上権，永小作権，地役権)くらいである。

15. 消滅時効にかからない権利にはどのようなものがあるか。

☐☐☐
26-12-エ
18-7-ウ
(答)①所有権，②所有権に基づく物権的請求権，登記請求権，③一定の法律関係に当然伴うとされる相隣権(民§209～)，共有物分割請求権(民§256)，④一定の事実・法律関係が存在すれば当然存在する占有権，留置権，先取特権，⑤被担保債権が存在すれば従属して存在する質権，抵当権(ただし，抵当権は債務者及び抵当権設定者以外の者との関係では独自に不行使によって消滅時効にかかる(民§396))，⑥財産的色彩の強いもの(相続回復請求権(民§884)，相続の承認・放棄の取消権(民§919-Ⅲ)等)を除く身分権。

16. 消滅時効の要件をいえ。

□□□ （答）権利の行使が可能であるにもかかわらず，権利の行使をしない状態が一定の期間継続すること。

17. AがBに対して債権を有する場合において，その弁済期到来後に次のような事由がある場合，AのBに対する債権の消滅時効は進行するか。
　① Aが病気であり，権利を行使することができない場合
　② Aが後見開始の審判を受けた場合。また，Aの成年後見人が死亡して，後任の成年後見人が就職していない場合
　③ Aが債権の弁済期が到来していることを知らない場合
　④ Aの債権がAの債権者であるCによって差し押さえられた場合
　⑤ Bが同時履行の抗弁を有している場合

□□□
28-6-イ

（答）① 進行する。病気その他個人的障害は，法律上の障害ではないので，消滅時効は進行する。

　　　② Aが後見開始の審判を受けても，その法定代理人（成年後見人）によって権利を行使することができるので，時効は進行する。また，Aの成年後見人が死亡しても時効は進行する。ただし，Aが行為能力者となった時または後任の成年後見人が就職した時から6か月を経過するまでは，時効は完成しない（民§158-Ⅰ）。チェックポイント58の①参照。

　　　③ 進行する。例えば，債権に不確定期限が付されている場合において，当該期限が到来したことを債権者が気付いていなくても，期限が到来した時から消滅時効は進行する。なお，チェックポイント18参照。

　　　④ 進行する。

　　　⑤ 進行する。Aは，自ら履行の提供をすれば，Bの同時履行の抗弁権を消滅させることができるので，同時履行の抗弁権が付着していることは，消滅時効の進行の妨げとはならない。

テーマ5　時　効

18.　債権は，どの時点からどれだけの期間権利を行使しないと時効によって消滅するか。

☐☐☐
22-19-イ
前段

(答)①債権者が権利を行使することができることを知ったときは，その知った時から5年間行使しないとき，②債権者が権利を行使することができることを知ることがないときは，権利を行使することができる時から10年間行使しないとき(民§166-Ⅰ)。

　なお，人の生命または身体の侵害による損害賠償請求権の消滅時効についての②の期間は，20年とされる(民§167)。

19.　債権または所有権以外の財産権は，どの時点からどれだけの期間権利を行使しないと時効によって消滅するか。

☐☐☐

(答)権利を行使することができる時から20年間行使しないとき(民§166-Ⅱ)。

20.　次の各債権の客観的消滅時効の起算点(権利を行使することができる時)をいえ。
① 　確定期限付債権
② 　不確定期限付債権
③ 　期限の定めのない債権
④ 　債務不履行による損害賠償請求権
⑤ 　契約の解除による原状回復請求権
⑥ 　停止条件付債権

☐☐☐
19-4-ウ
18-7-ア

(答)①期限到来の時，②期限到来の時，③債権の成立ないし発生の時。ただし，期限の定めのない消費貸借による貸金債権の消滅時効は，債権成立から相当期間経過後から進行する(民§591-Ⅰ参照)。④本来の債務の履行を請求できる時(最判平10.4.24)，⑤契約の解除の時(大判大7.4.13)，⑥条件成就の時。

21. 10年より短い消滅時効期間の定めのある債権の消滅時効期間が，10年に延長されるのはどのような場合か。
　　(答)その権利が，確定判決または確定判決と同一の効力を有するもの（和解，調停など）によって確定された場合（民§169-Ⅰ）。

時効の援用

22. 当事者が時効の援用をしないときでも，裁判所は時効に基づく裁判をすることができるか。
　　(答)できない。時効は，当事者がこれを援用しなければ，裁判所がこれによって裁判をすることができない（民§145）。つまり，裁判所は時効の効果を，当事者の申立てをまたずに判断することはできない。

23. 時効の援用の法的性質について判例はどのような立場か。
　　(答)停止条件説をとる（最判昭61.3.17参照）。すなわち，期間の経過によって一応権利の得喪の効果は生じているものの，それは不確定なものであり，当事者の援用があってはじめて確定的に効果を生ずるとする。

24. 民法145条は，時効を援用することができる「当事者」として，どのような者を含むと規定しているか。
24-6-ア
20-7-イ
　　(答)消滅時効にあっては，保証人，物上保証人，第三取得者その他権利の消滅について正当な利益を有する者を含むと規定する（民§145かっこ書）。すなわち，保証人は，主たる債務の消滅時効を援用することができ，物上保証人や抵当不動産の第三取得者は，抵当権の被担保債権の消滅時効を援用することができる。

25. 次の各場合における消滅時効の援用の可否をいえ。
　① 売買予約に基づく所有権移転請求権保全の仮登記のされた不動産について，所有権移転登記を受けた者が，予約完結権の消滅時効を援用すること。

テーマ5　時　効

② 　譲渡担保権者から被担保債権の弁済期後に目的不動産を譲り受けた第三者が，譲渡担保権者に対する清算金支払請求権を被担保債権として目的不動産について留置権を有する譲渡担保権設定者に対して，清算金支払請求権の消滅時効を援用すること。

③ 　詐害行為の受益者が，詐害行為取消権を行使している債権者の債権（被保全債権）の消滅時効を援用すること。

④ 　後順位抵当権者が，先順位抵当権者の被担保債権の消滅時効を援用すること。

□□□
29-6-オ
24-6-ア
20-7-ア,
　　　エ

（答）① 　できる（最判平4.3.19）。なお，本例の仮登記後に抵当権を取得した者も予約完結権の消滅時効を援用することができる（最判平2.6.5）。

② 　できる（最判平11.2.26）。

③ 　できる（最判平10.6.22）。

④ 　できない（最判平11.10.21）。

26．ＢがＡの所有する土地を取得時効に必要な期間占有をした後，Ｂが，当該土地上に建物を建て，Ｃが当該建物をＢから賃借している場合，Ｃは，Ｂによる土地の取得時効を援用することはできるか。

□□□
31-6-イ
20-7-オ

（答）Ｃは，土地の取得時効によって直接利益を受ける者ではないことから，援用することはできない（最判昭44.7.15）。

27．Ａは，Ｂの一般債権者であり，ＡがＢに対して有する債権は，時効によって消滅している。Ｂは，無資力であるにもかかわらず，その時効の援用をしない場合，Ｂの一般債権者であるＣは，ＡのＢに対する債権の消滅時効を援用することができるか。

□□□
24-6-イ
20-7-ウ

（答）判例（大判昭11.2.14）は，Ｃは単なる一般債権者であり，時効によって間接的に利益を受けるにすぎないとして時効の援用権を否定する。ただし，Ｂの時効援用権の不行使がＣを害するときは，ＣはＢの時効援用権を代位行使することができる（最判昭43.9.26）。

28. Ａが所有していた甲土地を，Ｂ及びＣが取得時効の完成に必要な期間共同
　　で占有した後，Ｂだけが時効を援用した場合，その時効の援用の効果はＣに
　　及ぶか。

□□□　（答）及ばない。時効を援用することができる者が数人いる場合，１人
31-6-エ　　　が時効を援用しても，その効果は他の者には及ばない（援用の相対
　　　　　　効）。なお，時効取得者に共同相続が開始した場合，共同相続人は，
　　　　　　自己の相続分の限度においてのみ取得時効を援用することができ
　　　　　　（最判平13.7.10），その効果は，時効を援用しない他の共同相続人に
　　　　　　は及ばない。

時効の利益の放棄

29. 時効の利益の放棄の意義をいえ。

□□□　（答）時効の完成によって受けるはずの利益，すなわち，取得時効であ
　　　　　　れば権利を取得することができる地位を，消滅時効であれば義務を
　　　　　　免れることができる地位を，それぞれ放棄すること。

30. 時効の完成前に時効の利益を放棄することはできるか。

□□□　（答）できない（民§146）。時効は，本来既に経過した時間の効果に基
　　　　　　づく制度なので，あらかじめこれを放棄することを認めることは制
　　　　　　度の趣旨に反する。また，このような放棄が認められるとすれば，
　　　　　　契約上の債権者は債務者に対して時効の利益の放棄を強いて，時効
　　　　　　制度がほとんど無意味となってしまう危険もある。そこで，民法は，
　　　　　　時効の利益は，あらかじめ放棄することができないと定める（民§
　　　　　　146）。したがって，時効の利益の放棄は，時効完成後に限って可能
　　　　　　である。時効の利益を受けるか否かは当事者の意思に委ねられるべ
　　　　　　きである。

テーマ5　時　効

31. 時効の利益を放棄するのに行為能力は必要か。
　　(答)必要である。時効の利益を放棄すると，取得できるはずの権利を取得する地位を失い，または，免れるはずの義務を負担することになるので，処分の能力または処分の権限が必要とされる。

32. 時効期間の進行中にされた時効の利益の放棄には，何らかの効果はあるか。
　　(答)将来に対してはあらかじめ放棄したものとして無効であるが(民§146参照)，既に経過した期間については，承認として時効の更新の効果を生ずる(民§152-Ⅰ)。

33. 時効の利益の放棄の効果は，保証人や物上保証人に及ぶか。
　　29-6-ウ
　　(答)及ばない。時効の利益の放棄の効果は，援用と同様に相対的である。したがって，例えば，主たる債務者が時効の利益を放棄しても，保証人は時効を援用することができる。

34. 時効の利益を放棄した後，再び時効が完成することはあるか。
　　(答)放棄後再び新たな時効期間が進行するので(最判昭45.5.21)，所定の期間の経過により時効が再び完成することはある。

35. Bは，Aに対して債務を負っていたが，Aの債権の消滅時効が完成した。Bがその事実を知ってAに対して債務を負っていることを認める行為は，時効の利益の放棄にあたるか。
　　(答)あたる。時効完成後に，債務者が時効完成の事実を知って債務を負っていることを自認する行為は，時効の利益の放棄にあたる。この場合，Bは時効の援用権を喪失する。

36. Bは，Aに対して債務を負っていたが，Aの債権の消滅時効が完成した。
    Bがその事実を知らずにAに対して債務を負っていることを認める行為は，
    時効の利益の放棄にあたるか。また，Bは，その後に消滅時効を援用するこ
    とはできるか。

□□□ （答）本例のように時効完成後に，債務者が時効完成の事実を知らずに
29-6-ア   債務を負っていることを自認する行為は，時効の利益の放棄にはあ
         たらない。しかし，債務者はその後に消滅時効を援用することはで
         きない（最判昭41.4.20）。時効完成後，債務者が債務を負っているこ
         とを自認することは，時効による債務消滅の主張と相容れないもの
         であり，相手方においても，債務者はもはや時効の援用をしない趣
         旨であると考えるのが普通であるので，その後において債務者に時
         効の援用を認めることは信義則に反することとなるからである。

裁判上の請求等による時効の完成猶予及び更新

37. 時効の完成猶予及び更新事由として，民法147条1項に規定されている裁
    判上の請求等をあげよ。

□□□ （答）①裁判上の請求，②支払督促，③民事訴訟法275条1項の和解ま
30-6-イ   たは民事調停法もしくは家事事件手続法による調停，④破産手続参
21-5-ウ，   加，再生手続参加または更生手続参加。
    エ
26-6-ウ

38. チェックポイント37に掲げた事由がある場合の効果及び確定判決または確
    定判決と同一の効力を有するものによって権利が確定することなく，その事
    由が終了した場合の効果をそれぞれいえ。

□□□ （答）チェックポイント37に掲げた事由がある場合は，当該事由が終了
26-6-ア   するまでの間は，時効は完成しない。確定判決または確定判決と同
         一の効力を有するものによって権利が確定することなく，これらの
         事由が終了した場合は，その終了の時から6か月を経過するまでの
         間は，時効は完成しない（民§147-Ⅰ）。すなわち，時効の完成が猶
         予される。

テーマ5　時効

39. チェックポイント37に掲げた事由がある場合において，確定判決または確
定判決と同一の効力を有するものによって権利が確定したときの効果をいえ。

□□□　（答）時効は，各事由が終了した時から新たにその進行を始める（民§
26-6-エ　147-Ⅱ）。すなわち，時効が更新する。なお，時効が更新するとは，
更新事由が発生した場合に，それまで進行していた時効期間を無意
味なものとして，振出しに戻し，新たに時効が進行を始めることで
ある。

40. 次の各場合において，AのBに対する債権の消滅時効は更新するか。
①　Aが，Aの債務者であるBがしたCに対する弁済を詐害行為であるとし
て，詐害行為取消訴訟を提起し，その判決が確定した場合
②　Aが，Aの債務者であるBがCに対して有する債権を，Bに代位して行
使し，第三債務者Cに対して給付を命ずる判決が確定した場合。

□□□　（答）①　更新しない（最判昭37.10.12）。単に詐害行為取消の先決問題
21-5-オ　　　　である関係において，Aがその有する債権を主張するにとどま
20-18-オ　　　　るもので，直接，Bに対して裁判上の請求をするものではない
からである。
②　BのCに対する債権は，裁判上の請求にあたるので更新する
が（大判昭15.3.15），AのBに対する債権は，当該債権が直接行
使されたわけではないので，更新しない。

41. 所有権に基づく登記手続請求の訴えにおいて，被告が自己に所有権がある
ことを主張して請求棄却の判決を求め，その主張が判決によって認められた
場合，被告の主張には，原告の取得時効を更新する効果はあるか。

□□□　（答）時効を更新する効果がある（最判昭43.11.13）。本例の場合におけ
28-6-オ　　る被告の主張は，裁判上の請求に準ずるものだからである。

42. 100万円の債権のうち，60万円について，一部請求であることを明示して，支払請求の訴えが提起され，確定判決によって権利が確定したときは，時効の更新の効力は，どの範囲で生ずるか。

28-6-エ

（答）1個の債権の数量的に可分な債権の一部についてのみ判決を求める旨を明示して訴えが提起された場合，これによる時効の更新の効力は，その一部の範囲においてのみ生じ，残部には及ばないので（最判昭34.2.20参照），本例では，時効の更新の効力は，60万円の部分についてのみ生ずる。一方，残部である40万円の部分については，特段の事情がない限り，時効の完成猶予の効力を生ずるものと解される（最判平25.6.6参照）。したがって，40万円の部分については，訴訟の終了後，6か月間は時効は完成しないものと解される。

強制執行等による時効の完成猶予及び更新

43. 時効の完成猶予及び更新事由として，民法148条1項に規定されている強制執行等をあげよ。

（答）①強制執行，②担保権の実行，③民事執行法195条に規定する担保権の実行としての競売の例による競売，④民事執行法196条に規定する財産開示手続または同法204条に規定する第三者からの情報取得手続。

44. チェックポイント43に掲げた事由がある場合の効果及び申立ての取下げまたは法律の規定に従わないことによる取消しによってその事由が終了した場合の効果をそれぞれいえ。

（答）チェックポイント43に掲げた事由がある場合は，当該事由が終了するまでの間は，時効は完成しない。申立ての取下げまたは法律の規定に従わないことによる取消しによってその事由が終了した場合は，その終了の時から6か月を経過するまでの間は，時効は完成しない（民§148-Ⅰ）。すなわち，時効の完成が猶予される。

テーマ5　時　効

45. チェックポイント43に掲げた事由がある場合において，申立ての取下げまたは法律の規定に従わないことによる取消しによって終了することなく，当該事由が終了したときの効果をいえ。

□□□　(答)時効は，当該事由が終了した時から新たに進行を始める(民§
　　　　148-Ⅱ)。すなわち，時効が更新する。

その他の時効の更新事由

46. チェックポイント39(確定判決等による時効の更新)及びチェックポイント45(強制執行等による時効の更新)の事由以外の時効の更新事由をいえ。

□□□　(答)承認(民§152-Ⅰ)。承認とは，時効の利益を受けるべき者が，取
21-5-イ　得時効の場合にあっては権利の不存在を，消滅時効の場合にあって
　　　　は権利の存在を，権利者に対して表示することである。承認は，明
　　　　示であると黙示であるとを問わない。弁済の猶予を求めたり，延期
　　　　証を差し入れたり，担保を供与したり，利息の支払いをする等の行
　　　　為は承認として時効の更新事由となる。また，債務の一部弁済は，
　　　　残部についての承認となる(大判大8.12.26)。

47. 被保佐人または被補助人が，保佐人または補助人の同意を受けないでした承認は，時効の更新の効力を有するか。

□□□　(答)有する。承認は，承認者が既に得た権利を放棄するものではなく，
30-6-ウ　また，新たに義務を負担することでもないので，時効の更新事由と
28-6-ウ　しての承認をするには，相手方の権利についての処分につき行為能
21-5-ア　力の制限を受けていないことまたは権限があることを要しないから
　　　　である(民§152-Ⅱ)。なお，管理の能力，権限すらない者(未成年
　　　　者・成年被後見人)は，有効な承認をすることはできない(民§152-
　　　　Ⅱの反対解釈)。

48. 物上保証人は，債務者が抵当権の被担保債権を承認したことによって生じた当該被担保債権の消滅時効の更新の効力を否定することはできるか。

□□□
29-6-イ
24-6-ウ
(答)できない。物上保証人が，本例における消滅時効の更新の効力を否定することは，担保権の付従性に抵触し，民法396条の趣旨にも反することとなるからである（最判平7.3.10）。

49. ＢがＡに対して負う債務について，Ｃが連帯保証をしていたが，主たる債務者であるＢが死亡してＣがＢを単独相続した後，主たる債務の消滅時効が完成する前に，Ｃが主たる債務を相続したことを知りつつ，保証債務の履行として一部の弁済をした。この場合，Ｃは，主たる債務の消滅時効が完成した後に，主たる債務の消滅時効を援用することはできるか。

□□□
29-6-エ
(答)できない。保証人が主たる債務を相続したことを知りながら保証債務の弁済をした場合，当該弁済は，特段の事情のない限り，主たる債務者による承認として当該主たる債務の消滅時効を更新する効力を有する（最判平25.9.13）からである。

当事者の行為による時効の完成猶予事由

50. チェックポイント38（裁判上の請求等による時効の完成猶予）及びチェックポイント44（強制執行等による時効の完成猶予）の事由以外の当事者の行為による時効の完成猶予事由をあげよ。

□□□
(答)①仮差押え，仮処分（民§149），②催告（民§150），③協議を行う旨の書面（または電磁的記録）による合意（民§151）。

51. 仮差押えまたは仮処分がされた場合，当該仮差押えまたは仮処分の被保全債権の時効は，（　　　　）。

□□□
25-6
(答)仮差押えまたは仮処分が終了した時から6か月を経過するまでの間は，完成しない（民§149参照）。

テーマ5 時効

52. 催告の意義及び催告による時効の完成猶予について述べよ。

（答）催告とは，裁判外でする時効の完成によって不利益を受ける者から時効の完成によって利益を受ける者に対する権利の主張のこと。特別の方式を要しないが，通常は内容証明郵便で行われる。催告があったときは，その時から6か月を経過するまでの間は，時効は完成しない（民§150-Ⅰ）。

53. 催告によって時効の完成が猶予されている間に，再度催告をしたときは，当該再度の催告の時から再び時効の完成は猶予されるか。

（答）猶予されない（民§150-Ⅱ）。すなわち，催告によって時効の完成が猶予されている間に行われた再度の催告は，時効の完成猶予の効力を有しない。催告を繰り返すことによって，時効の完成が永続的に阻止されることを防ぐ趣旨である。

54. 権利についての協議を行う旨の合意が書面（または電磁的記録）でされた場合における時効の完成が猶予される期間について述べよ。

（答）次に掲げる時のいずれか早い時までの間は，時効は完成しない（民§151-ⅠⅣ）。
① その合意があった時から1年を経過した時
② その合意において当事者が協議を行う期間（1年に満たないものに限る）を定めたときは，その期間を経過した時
③ 当事者の一方から相手方に対して協議の続行を拒絶する旨の通知が書面でされたときは，その通知の時から6か月を経過した時

55. 協議の合意によって時効の完成が猶予されている間に，再度合意がされたときは，その時から新たに時効の完成は猶予されるか。

（答）再度の合意がされた時から新たに民法151条1項の規定に従った期間，時効の完成が猶予される（民§151-Ⅱ本文）。ただし，その再度の合意による時効の完成猶予の期間は，本来の時効期間の満了時から起算して5年を超えることができない（民§151-Ⅱただし書）。

56. 催告によって時効の完成が猶予されている期間中に，協議の合意がされた場合は，時効の完成猶予の効力は生ずるか。

□□□ (答)生じない。協議の合意がされたことにより時効の完成が猶予されている期間中に，催告がされた場合も，時効の完成猶予の効力は生じない（民§151-Ⅲ）。協議の合意と催告とを併用しても，その効力が重複して認められることはない。

時効の完成猶予または更新の効力が及ぶ者の範囲

57. 時効の完成猶予または更新の効力が及ぶ者の範囲をいえ。

□□□ (答)時効の完成猶予または更新の事由が生じた当事者及びその承継人の間においてのみ，その効力を有する（民§153）。

当事者の行為によらない時効の完成猶予事由

58. 当事者の行為によらない時効の完成猶予事由をあげよ。

□□□
30-6-ア
26-6-イ

(答)① 時効期間完成前6か月以内の間に，未成年者または成年被後見人に法定代理人がないとき（民§158-Ⅰ）。これらの者が行為能力者となった時，または法定代理人が就職した時から6か月を経過するまでの間は，時効は完成しない。未成年者，成年被後見人は時効の更新の手続をとることができないからである。被保佐人，被補助人は，自ら時効の更新の手続をとることができるので除かれる。

② 未成年者または成年被後見人が，財産管理者に対して権利を有する場合（民§158-Ⅱ）。

③ 夫婦の一方が他の一方に対して権利を有するとき（民§159）。婚姻解消の時から6か月を経過するまでの間は，時効は完成しない。婚姻の性質上，夫婦間では相互の権利行使を期待できないというのがその趣旨である。

④ 相続財産に対する場合（民§160）。

⑤ 天災・事変による場合（民§161）。

テーマ5 時効

　この場合における時効の完成が猶予される期間は，天災・事変による障害が消滅した時から3か月を経過するまでの間であることに注意すること。

テーマ5

参考過去問

1. Aは，Bに対し，自己所有の甲土地を売却し，代金と引換えに甲土地を引き渡したが，その後，Cに対しても甲土地を売却し，代金と引換えに甲土地の所有権移転登記を経由した。この場合におけるBの甲土地の取得時効の成否に関する次の記述のうち，判例の趣旨に照らし正しいものはどれか（H10-3）。

   1　Bは，A所有の甲土地を買い受けた時点で甲土地の所有権を取得しており，その引渡しを受けた時点で「他人の物の占有」を開始したとはいえないので，この時点から時効期間を起算することはできない。

   2　Bは，甲土地の引渡しを受けた時点で善意・無過失であったとしても，AC間の売買及び登記の経由があったことを知ったときは，その時点で悪意となるので，10年間の占有による取得時効は成立しない。

   3　Bは，甲土地の引渡しを受けた時点で所有の意思を有していたとしても，AC間の売買及び登記の経由があったことを知ったときは，その時点で所有の意思を失うので，取得時効は成立しない。

   4　Bは，甲土地の引渡しを受けた後に，他人により占有を奪われたとしても，占有回収の訴えを提起して占有を回復した場合には，継続して占有したものと扱われるので，占有を奪われていた期間も，時効期間に算入される。

   5　Bが引渡しを受けた後に甲土地を第三者に賃貸した場合には，Bは，直接占有を失うので，取得時効は成立しない。

正しいものは，4である。

1　×　自己の物についても取得時効を主張することはできるので（チェックポイント5参照），引渡しを受けた時点から時効期間を起算することができる。

2　×　チェックポイント8参照。

テーマ5 時効

3　×　占有態様は，占有を取得した原因である事実によって客観的に定められるので，買主として占有を始めたＢの占有は，自主占有である（チェックポイント3，4参照）。Ｂが，ＡＣ間の売買及び登記の経由があったことを知ったとしても，そのことはＢの占有態様を自主占有から他主占有に変更させることにはならない。

4　○　民法203条ただし書参照。

5　×　取得時効に必要とされる占有は直接占有である必要はない。Ｂは甲土地を第三者に賃貸したとしても，間接占有をしているので，所定の期間が経過すれば時効は完成する。

2．時効又は除斥期間に関する次のアからオまでの記述のうち，判例の趣旨に照らし正しいものはどれか（H18-7改）。

ア　確定期限のある債権の消滅時効は，当該期限が到来した時から進行するが，不確定期限のある債権の消滅時効は，当該期限が到来したことを債権者が知った時から進行する。

イ　地上権及び永小作権は，時効によって取得することができるが，地役権は，時効によって取得することができない。

ウ　所有権に基づく妨害排除請求権は，時効によって消滅しないが，占有保持の訴えは，妨害が消滅した時から1年を経過した場合には提起することができない。

エ　債権は，時効によって消滅するが，時効によって取得できる債権はない。

オ　質権は，被担保債権とは別個に時効によって消滅しないが，地上権は，20年間行使しないときは，時効によって消滅する。

正しいものは，ウ，オである。

ア　×　いずれの債権の消滅時効も，期限が到来した時から進行する（チェックポイント20の①②参照）。

イ　×　地役権も取得時効の対象となる（チェックポイント1参照）。

ウ　○　所有権は時効消滅することがないので，所有権に基づく物権的請求権（妨害排除請求権は，その一種である）も時効消滅することはない（チェック

ポイント15参照)。占有保持の訴えは，原則として妨害が存する間またはその消滅後1年以内に提起しなければならない(民§201-Ⅰ本文)。

エ　×　債権は，一定の期間行使しなければ，時効によって消滅する(民§166-Ⅰ)。債権は，通常，時効取得の対象とはならないが，不動産賃借権は債権ではあるが，時効取得の対象となる。

オ　○　チェックポイント14，15，19参照。

3．消滅時効に関する次のアからオまでの記述のうち，判例の趣旨に照らし誤っているものはどれか(H16-7改)。

ア　期限の定めのない貸金債権の消滅時効は，金銭消費貸借契約が成立した時から進行する。

イ　債務不履行によって生ずる損害賠償請求権の消滅時効は，本来の債務の履行を請求し得る時から進行する。

ウ　契約の解除による原状回復請求権は，解除によって新たに発生するものであるから，その消滅時効は，解除の時から進行する。

エ　割賦払債務について，債務者が割賦金の支払を怠ったときは債権者の請求により直ちに残債務全額を弁済すべき旨の約定がある場合には，残債務全額についての消滅時効は，債務者が割賦金の支払を怠った時から進行する。

オ　債権者不確知を原因とする弁済供託をした場合には，供託者が供託金取戻請求権を行使する法律上の障害は，供託の時から存在しないから，その消滅時効は，供託の時から進行する。

誤っているものは，ア，エ，オである。

ア　×　チェックポイント20の③参照。

イ　○　チェックポイント20の④参照。

ウ　○　チェックポイント20の⑤参照。

エ　×　割賦金弁済契約において，割賦払の約定に違反したときは，債務者は債権者の請求により償還期限にかかわらず，直ちに残債務全額を弁済すべき旨の約定がされた場合には，1回の不履行があっても，各割賦金債務について約定弁済期の到来ごとに順次消滅時効が進行し，債権者が特に残債務全額

テーマ5　時効

の弁済を求める旨の意思表示をしたときに限り，その時から右全額について消滅時効が進行する（最判昭42.6.23）。

オ　✕　債権者不確知供託における供託者の有する取戻請求権の消滅時効は，供託者が免責を受ける必要が消滅した時から進行する（最判平13.11.27）。

4．Aは，Bとの間で，A所有の中古車をBに売り渡す旨の売買契約を締結し，売買代金の支払期限を平成22年（2010年）10月1日と定めた。この事例に関する次のアからオまでの記述のうち，判例の趣旨に照らし，2021年7月6日の時点でAのBに対する売買代金債権について消滅時効が完成していないものはどれか。なお，当該売買契約の締結は，商行為に当たらないものとする（H26-6改）。

（注）　債権の消滅時効の起算点及び時効期間は，チェックポイント18のとおりであるが，平成29年法律第44号による改正民法の施行日（2020年4月1日）前に債権が生じた場合におけるその債権の消滅時効の期間については，なお従前の例による（改正附則§10-Ⅳ）。改正前の民法においては，債権の消滅時効の起算点は権利行使が可能な時であり（旧民§166-Ⅰ），消滅時効期間は債権者が権利を行使することができることを知ったかどうかを問わず，10年（旧民§167-Ⅰ）とされていたので，本問におけるAの債権は，時効の完成猶予または更新がない限り，2020年10月1日に時効により消滅することになる。

ア　Aは，2020年9月1日，Bに対し，当該売買代金の支払を求める訴えを提起したものの，2021年3月1日，その訴えを取り下げた。

イ　Aは，2015年9月1日，後見開始の審判を受け，成年後見人が選任されたものの，2020年9月1日，当該成年後見人が死亡し，同年11月1日，新たな成年後見人が選任された。

ウ　Aは，2020年9月1日，Bに対し，当該売買代金の支払を求め，民事調停法に基づき調停の申立てをしたものの，2021年5月1日，調停が不成立によって終了した。

エ　Aは，2015年9月1日，Bに対し，当該売買代金の支払を求める訴えを提起し，2016年7月1日，その請求を認容する判決が確定した。

オ　Aは，2020年9月1日及び同年11月1日の2回にわたり，Bに対し，

書面により当該売買代金の支払を請求したものの，Ｂがその請求に応じなかったことから，2021年４月１日，Ｂに対し，当該売買代金の支払を求める訴えを提起した。

消滅時効が完成していないものは，ア，ウ，エである。

ア　消滅時効は完成していない。　訴えの提起は，裁判上の請求として時効の完成猶予事由に該当し（民§147-Ⅰ①，チェックポイント37の①参照），訴訟係属中は時効は完成しない。また，その訴えを取り下げた場合でも，その時から６か月を経過するまでは時効は完成しないので（チェックポイント38参照），取下げがされた2021年３月１日から６か月を経過するまでは消滅時効は完成することはなく，2021年７月６日時点で消滅時効は完成していない。

イ　消滅時効は完成している。　本肢では，時効の期間の満了の１か月前，すなわち，時効の期間の満了前６か月以内に成年被後見人に成年後見人がいなくなっている。このような場合は，その成年被後見人が行為能力者となった時または法定代理人が就職した時から６か月を経過するまでの間は，成年被後見人に対しては時効は完成しない（チェックポイント58の①）。本肢では，2021年７月６日時点においては，新たな成年後見人が就職して６か月が経過しているので，その時点で消滅時効は完成している。

ウ　消滅時効は完成していない。　民事調停法による調停の申立てをすることは，時効の完成猶予事由に該当し（民§147-Ⅰ③，チェックポイント37の③参照），その手続中は時効は完成しない。また，その調停が不成立によって終了しても，その時から６か月を経過するまでは時効は完成しないので（チェックポイント38参照），調停手続が終了した2021年５月１日から６か月が経過するまでは消滅時効は完成することはなく，2021年７月６日時点で消滅時効は完成していない。

エ　消滅時効は完成していない。　本肢における訴えの提起は，改正民法の施行日前に行われているが，確定判決によって確定した権利は裁判が確定した時から新たにその進行を始めることは，改正前の民法と同じである（チェックポイント39，旧民§157-Ⅱ）。したがって，Ａの債権の消滅時効は，2016年７月１日から新たに消滅時効が進行を始め，消滅時効期間は，旧法に従って10年とされるので（問題文（注）参照），その日から2021年７月６日までは10年を経過しておらず，同日時点で消滅時効は完成していない。

テーマ5 時 効

オ　消滅時効は完成している。　　催告は，時効の完成猶予事由であるが（チェックポイント52参照），最初の催告にのみその効力があるので（チェックポイント53参照），最初の催告がされた2020年9月1日から6か月が経過するまでは時効は完成しない（チェックポイント52参照）。本肢では，2020年9月1日から6か月を経過した後に訴えが提起されているが，当該訴えの提起前に，時効期間が満了しているので，2021年7月6日時点で消滅時効は完成している。

5．時効の援用権者に関する次のアからオまでの記述のうち，判例の趣旨に照らし正しいものはどれか。なお，民法第423条による援用権の代位行使については考慮しないものとする（H20-7改）。

　ア　後順位抵当権者は，先順位抵当権の被担保債権が消滅すると先順位抵当権も消滅し，その把握する担保価値が増大するので，その被担保債権の消滅時効を援用することができる。

　イ　他人の債務のために自己の所有物件に抵当権を設定した物上保証人は，その被担保債権が消滅すると抵当権も消滅するので，被担保債権の消滅時効を援用することができる。

　ウ　一般債権者は，執行の場合における配当額が増加する可能性があるので，他の債権者の債権の消滅時効を援用することができる。

　エ　詐害行為の受益者は，詐害行為取消権を行使する債権者の債権が消滅すれば，詐害行為取消権の行使による利益喪失を免れることができるので，その債権の消滅時効を援用することができる。

　オ　建物の敷地所有権の帰属につき争いがある場合において，その敷地上の建物の賃借人は，建物の賃貸人が敷地所有権を時効取得すれば賃借権の喪失を免れることができるので，建物の賃貸人による敷地所有権の取得時効を援用することができる。

正しいものは，イ，エである。

ア　×　チェックポイント25の④参照。
イ　○　チェックポイント24参照。
ウ　×　チェックポイント27参照。

エ ○ チェックポイント25の③参照。

オ × チェックポイント26参照。

---

6. 「債権について時効期間が経過した後に，債務者が時効の完成していることを知らないで債務の一部を弁済した場合，債務者は，時効を援用することができないが，当該債権の物上保証人は，時効を援用することができる。」という見解がある。この見解の根拠となるものはどれか（H9－4改）。

ア 債務者が時効の利益を放棄するには，時効の完成の事実を知っていることが必要である。

イ 債務者が債務の一部を弁済した以上，債権者はもはや債務者が時効を援用しないであろうと考えるので，その後に債務者が時効を援用することは，信義則に反する。

ウ 時効の完成によって物上保証人が受ける利益は，被担保債権の消滅による担保権の消滅という間接的なものである。

エ 永続した社会秩序を維持したいとする時効制度の趣旨に照らすと，できる限り広範囲の利害関係人に時効の利益の享受を認めることが好ましい。

オ 時効の援用権者が複数いる場合，それぞれの時効の援用権者の行使の効果や喪失の効果は，相対的なものである。

カ 債務者による債務の一部弁済が時効の完成前に行われた場合と，完成後に行われた場合とで，物上保証人が時効を援用することができるかどうかの結論が逆になるのは不当である。

根拠となるものは，イ，エ，オである。

ア **根拠とはならない。** 時効の利益の放棄に時効完成の認識が必要であるとすると，設問の見解の前段と反することになる。したがって，本肢は設問の見解の根拠とはならない。

イ **根拠となる。** チェックポイント36参照。

ウ **根拠とはならない。** 判例は，時効の援用権者を時効の完成によって直接利益を受ける者とし，間接的に利益を受けるにすぎない者を排除している。

本肢は物上保証人の受ける利益は「間接的なもの」としているので，時効の援用ができないとする見解に立っているものであり，設問の見解の根拠とはならない。

エ　根拠となる。　本肢の見解は時効の援用権者を広く解する立場であって，物上保証人に時効の援用権を認める根拠となる。

オ　根拠となる。　設問の見解は，債務者には時効の援用権を認めず，物上保証人には認めるものであって，この見解は，時効の援用権者が複数いる場合においては，それぞれの者の援用の可否については個別に考慮しなければならないとする立場である。本肢はこの立場に立つものである。

カ　根拠とはならない。　設問の見解によれば，一部弁済が時効完成前に行われれば，時効の更新事由としての承認となり，物上保証人もその責任を免れず，一部弁済が時効完成後に行われれば，時効の利益の放棄となり，物上保証人は，時効を援用することにより，その責任を免れることになる。つまり，一部弁済が時効の完成の前であったか後であったかによって物上保証人が時効を援用できるか否かが逆になる。それが不当であるとしているので，設問の見解の根拠とはならない。

7．時効に関する次のアからオまでの記述のうち，判例の趣旨に照らし正しいものはどれか（H15-7改）。

ア　訴えの提起は，時効の完成猶予事由であり，その訴えが却下され，又は棄却されても，時効の完成猶予の効力が生ずるが，訴えの取下げがあったときは，時効の完成猶予の効力を生じない。

イ　時効の完成後，時効の利益を受ける者が時効によって権利を失う者に対して権利の存在を認めたとしても，時効の完成を知らなかったときは，時効を援用することができる。

ウ　権利者が義務の履行を求める催告をして時効の完成が猶予されている間に，再度催告をしても，再度の催告には時効の完成猶予の効力は生じないが，最初の催告により時効の完成が猶予されている間に，裁判上の請求をすれば，時効の完成猶予の効力を生ずる。

エ　時効の更新事由が生じた場合には，それまでに経過した期間は法律上は無意味なものとなり，時効の更新事由が終了した時から，新たに

時効期間が進行を開始するが，時効の完成猶予事由が生じた場合には，時効の完成が一定期間猶予されるだけであり，時効の完成猶予事由が終了しても，新たに時効期間が進行を開始することはない。

オ　時効の利益を受ける者が時効によって権利を失う者に対してする承認は，時効の更新事由であり，例えば，債務者である銀行が銀行内の帳簿に利息の元金組入れの記載をした場合が，これに該当する。

正しいものは，ウ，エである。

ア　×　訴えが却下され，または棄却された場合，訴えの取下げがあった場合は，いずれも，民法147条1項柱書かっこ書の「確定判決または確定判決と同一の効力を有するものによって権利が確定することなく，その事由（本肢では，裁判上の請求）が終了した場合」にあたるので，いずれも時効の完成猶予の効力を生ずる（チェックポイント38参照）。

イ　×　チェックポイント36参照。

ウ　○　前段が正しいことについては，チェックポイント53参照。催告によって時効の完成が猶予されている間に生じた時効の完成猶予事由は，催告及び協議を行う旨の合意以外の事由（本肢の裁判上の請求はこれにあたる）であれば，時効の完成猶予の効力を生ずる（チェックポイント56参照）。したがって，後段も正しい。

エ　○　チェックポイント38，39参照。

オ　×　承認の意義については，チェックポイント46参照。承認が時効の更新の効力を生ずるためには，時効の利益を受ける者が権利者に対して権利の存在を知っていることを表示する必要があるが，その表示は権利者に対して明示または黙示に表示する必要がある。本肢では，時効によって利益を受ける債務者である銀行による権利者に対する表示行為はされていない。

8．時効の更新に関する次のアからオまでの記述のうち，判例の趣旨に照らし正しいものはどれか（H21-5改）。

ア　未成年者であるAがその債権者Bに対してAの法定代理人Cの同意を得ないでその債務を承認したときは，Cはその承認を取り消すことができず，その債権の消滅時効は更新する。

イ　AがBに対する借入債務につきその利息を支払ったときは，その元本債権の消滅時効は更新する。

ウ　Aが所有する不動産の強制競売手続において，当該不動産に抵当権を設定していたBが裁判所書記官の催告を受けてその抵当権の被担保債権の届出をしたときは，その被担保債権の消滅時効は更新する。

エ　Bが，Aに対する債権をCに譲渡し，Aに対してその譲渡の通知をしたときは，その債権の消滅時効は更新する。

オ　Aの債権者Bが，債権者代位権に基づき，Aに代位してAのCに対する債権についてCに裁判上の請求をしたときは，AのCに対する当該債権の消滅時効は更新する。

正しいものは，イ，オである。

ア　×　チェックポイント47参照。

イ　○　チェックポイント46参照。

ウ　×　不動産強制競売手続において催告を受けた抵当権者がする債権の届出は，その届出に係る債権に関する裁判上の請求，破産手続参加またはこれらに準ずる時効の更新事由に該当しない（最判平1.10.13）。

エ　×　債権譲渡の通知は，時効の更新事由とされる裁判上の請求等（チェックポイント37参照），強制執行等（チェックポイント43）及び承認（チェックポイント46）のいずれにも該当しない。

オ　○　チェックポイント40の②参照。

9．次の対話は，消滅時効に関する教授と学生との対話である。教授の質問に対する次のアからオまでの学生の解答のうち，判例の趣旨に照らし正しいものはどれか（H24-6改）。

教授：　時効により直接に利益を受ける者は時効を援用することができるのに対し，時効により間接に利益を受ける者は時効を援用することができませんが，具体例としては，どのような者を挙げることができますか。

学生：ア　抵当不動産の第三取得者は抵当権の被担保債権の消滅時効を援用することができるのに対し，抵当不動産の後順位抵当権者

は先順位抵当権の被担保債権の消滅時効を援用することができ
ません。

教授：　金銭債権の債権者は，債務者の資力が自己の債権の弁済を受け
るについて十分でないときは，債務者に代位して，他の債権者に
対する債務の消滅時効を援用することができますか。

学生：イ　消滅時効の援用は，援用権者の意思にかからしめられている
ので，金銭債権の債権者は，債務者に代位して他の債権者に対
する債務の消滅時効を援用することはできません。

教授：　債務者のした債務の承認によって被担保債権について消滅時効
の更新の効力が生じた場合には，物上保証人は，その効力を否定
することができますか。

学生：ウ　時効の更新は，更新の事由が生じた当事者及びその承継人の
間においてのみ，その効力を有するので，物上保証人は，債務
者のした債務の承認によって生じた消滅時効の更新の効力を否
定することができます。

教授：　主たる債務者が債務の承認をしたことにより消滅時効が更新し
た場合には，連帯保証人に対しても消滅時効の更新の効力が生じ
ますか。

学生：エ　主たる債務が時効によって消滅する前に保証債務が時効によっ
て消滅することは，債権の担保を確保するという観点からは望
ましくないので，主たる債務者のした債務の承認による消滅時
効の更新の効力は，連帯保証人に対しても生じます。

教授：　連帯債務者のうちの一人が時効の利益を放棄した場合には，他
の連帯債務者に対して影響がありますか。

学生：オ　連帯債務者のうちの一人が時効の利益を放棄した場合には，
他の連帯債務者にもその時効の利益の放棄の効力が及ぶので，
他の連帯債務者も，時効の援用をすることができなくなります。

正しいものは，ア，エである。

ア　○　第三取得者につき，チェックポイント24を，後順位抵当権者につき，
チェックポイント25の④を参照。

イ　×　チェックポイント27参照。

テーマ5 時 効

ウ × チェックポイント48参照。

エ ○ 第2部のテーマ7のチェックポイント32参照。

オ × 時効の利益の放棄の効果は相対的なので(チェックポイント33参照)，連帯債務者のうちの1人がした時効の利益の放棄の効力が他の連帯債務者に及ぶことはない。

第2部

債　権

テーマ 1

契約総論

Check Point

契約の成立

1. 承諾の期間を定めてした契約の申込みは，（ ① ）することができない。ただし，（ ② ）ときは，この限りでない。申込者が承諾の期間内に（ ③ ）ときは，申込みはその効力を失う。また，承諾の期間を定めないでした申込み(対話者間ではないものとする)は，（ ④ ）撤回することができない。ただし，（ ⑤ ）ときは，この限りでない。

   31-18-2　(答)①撤回，②申込者が撤回をする権利を留保した(民§523-Ⅰ)，③承諾の通知を受けなかった(民§523-Ⅱ)，④申込者が承諾の通知を受けるのに相当な期間を経過するまでは，⑤申込者が撤回をする権利を留保した(民§525-Ⅰ)。

2. 対話者間でされた承諾の期間の定めのない申込みに関する特則をいえ。

   (答)対話者に対してした承諾の期間の定めがない申込みは，その対話が継続している間は，いつでも撤回することができる(民§525-Ⅱ)。対話者に対してした承諾の期間の定めがない申込みに対して対話が継続している間に申込者が承諾の通知を受けなかったときは，その申込みは，その効力を失う。ただし，申込者が対話の終了後もその申込みが効力を失わない旨を表示したときは，この限りでない(民§525-Ⅲ)。

テーマ1　契約総論

3．申込者は，遅延した承諾を（　　　　）とみなすことができる。

□□□　(答)新たな申込み(民§524)。

4．ある意思表示を発信した後，到達までの間に申込者が死亡し，意思能力を
　有しない常況にある者となり，または行為能力の制限を受けた場合において，
　その申込みが効力を有しなくなるのは，どのような場合か。

□□□　(答)本例のような場合でも，申込みの意思表示は効力を妨げられない
31-18-3　　　のが原則であるが(民§97-Ⅲ)，次の2つの場合には，その申込み
　　　　　　は効力を有しない(民§526)。
　　　　① 申込者がその事実が生じたとすればその申込みは効力を有しな
　　　　　い旨の意思を表示していたとき
　　　　② 相手方が承諾の通知を発するまでにその事実が生じたことを知
　　　　　ったとき

5．契約の成立時期をいえ。

□□□　(答)申込み及び承諾による場合は，承諾の通知が申込者に到達した時
　　　　　　に契約は成立する(民§522-Ⅰ，97-Ⅰ参照)。なお，対話者間にお
　　　　　　いては，承諾の意思表示は直ちに申込者に到達するので，その了知
　　　　　　の時に契約は成立する。
　　　　　　　契約の当事者が互いに偶然に申込みをし，双方の申込みの内容が
　　　　　　合致する場合(交叉申込み)による契約の成立時期は，交叉してされ
　　　　　　た申込みのうち，後に相手方に到達した申込みが到達した時とされ
　　　　　　る。また，申込者が承諾の通知をしなくてもよいと意思表示したと
　　　　　　きや，承諾の通知を不要とする取引上の慣習がある場合は，承諾し
　　　　　　たと認められるような事実があった時にも契約は成立する(民§
　　　　　　527)。

6．承諾者が申込みに条件を付し，その他変更を加えてこれを承諾したときは，
　（　　　　）とみなす。

□□□　(答)その申込みの拒絶とともに新たな申込みをしたもの(民§528)。

133

同時履行の抗弁

7. 同時履行の抗弁が認められる要件をあげよ。

□□□
23-11-1
後段
(答)①同一の双務契約から生ずる双方の債務が存在すること，②相手方の債務が履行期にあること，③相手方が，自己の債務の履行または履行の提供をしないで請求すること(民§533参照)。

8. 同一の双務契約から生ずる両債務の履行場所が異なる場合，同時履行の抗弁は認められるか。

□□□ (答)認められる。

9. 双務契約に基づく一方の債権が第三者に譲渡された場合，一方の債務につき債務引受がされた場合は，それぞれ同時履行の抗弁は存続するか。

□□□
21-18-エ
(答)いずれの場合も存続する。債権譲渡や債務引受があったとしても，債務の同一性が失われるわけではないからである。

10. 双務契約に基づく一方の債権につき更改が行われた場合は，同時履行の抗弁は存続するか。

□□□ (答)同時履行の抗弁は消滅する。更改によって債務の同一性が失われるからである。

11. 当事者の一方が先履行義務を負うときには，当該先履行義務者は，同時履行の抗弁を主張することができるか。

□□□ (答)主張することはできない。先履行義務を負う者の相手方の債務は，履行期が到来していないので，先履行義務者が同時履行の抗弁権を有しないのは当然である。

12. 先履行義務者が履行しないでいる間に，相手方の債務が履行期に達した場合には，相手方の請求に対して先履行義務者も同時履行の抗弁を主張することができるか。

□□□ (答)一般論としては肯定してよい。

テーマ1　契約総論

13. 売買契約の売主が債務の本旨に従った自己の履行の提供をして買主に売買代金の支払いを請求したが，買主は受領しなかった。その後，売主が自己の履行を提供しないで買主に対して代金の支払いを請求した場合，買主は同時履行の抗弁を主張することができるか。

□□□
23-11-5
21-18-ウ

(答)同時履行の抗弁を主張することができる(大判明44.12.11，最判昭34.5.14)。この問題は，一度履行の提供をすれば，相手方の同時履行の抗弁は消滅するのかという問題でもある。判例は消滅しないとする立場である。すなわち，売主が再び代金請求をする場合には，自己の履行を提供しなければならないとする。その理由は，売主が一度履行の提供をした後に，目的物を転売したり，財産状態が悪くなったとしても，買主は無条件に代金を支払わなければならなくなり不公平であるというものである。一方，このような不利益こそ，適法な提供を受けながらそれを受領しなかった当事者が甘受すべきものであるとして，判例の立場に反対の学説も有力である。

14. チェックポイント13の例で，売主が契約を解除する場合には，再び履行の提供をする必要はあるか。

□□□

(答)再び履行の提供をする必要はない。契約を解除して清算しようとする場合には，一度履行の提供をして，相手方の同時履行の抗弁を封じればよい。契約を解除する場合は，自己の債務を免れるとともに，相手方の債務も消滅するので，相手方に同時履行の抗弁を認めないとしても，公平に反することはないからである。

15. 裁判上同時履行の抗弁が適法に主張された場合，どのような判決がされるか。

□□□
23-11-3
　後段

(答)被告に対して，原告の給付と引換えに給付すべき判決がされる。

135

16. １個の双務契約から生じた債務の一方が履行不能により損害賠償債務となった場合，他方債務と損害賠償債務とは同時履行の関係となるか。

□□□ （答）同時履行の関係となる（民§533かっこ書）。１個の双務契約から生じた債務である以上，何らかの事情によってその内容に変化が生じたとしても，債権関係そのものに同一性が存在する限り，同時履行の抗弁は存続する。

17. 法律行為が取り消された場合の当事者の原状回復義務は同時履行の関係となるか。

□□□ （答）契約の解除による双務契約の各当事者の原状回復義務は同時履行の関係に立つ（民§546，533）。無効，取消しについては，民法533条を準用する旨の規定はないが，同時履行の抗弁は，公平の理念によって認められた制度であることからすると，無効，取消しの場合にも同条の準用を認めるのが妥当である（最判昭47.9.7参照）。

18. 抵当権の被担保債権の弁済と抵当権設定登記の抹消とは，同時履行の関係となるか。

□□□ （答）同時履行の関係にはならない（最判昭57.1.19）。

19. 受取証書の交付と弁済とは同時履行の関係となるか。また，債権証書の返還と弁済とは同時履行の関係となるか。

□□□ （答）受取証書の交付と弁済とは同時履行の関係となるが（民§486），債権証書の返還と弁済とは同時履行の関係とはならない（民§487）。

20. 敷金の返還と賃借不動産の明渡義務とは同時履行の関係となるか。

□□□ （答）同時履行の関係とはならない（最判昭49.9.2）。賃借人の家屋明渡
21-18-ア　　債務が先履行である（民§622の２－Ⅰ参照）。

21. 建物買取請求権（借地借家§13）が行使された場合の，建物の引渡し，移転登記義務と代金支払義務とは同時履行の関係となるか。

□□□ （答）同時履行の関係となる。なお，建物買取請求権が行使された場合

の土地の引渡義務と代金支払義務も同時履行の関係となる（大判昭18.2.18）。借地人は，建物が建っている土地のみを返還して，建物の引渡しだけを拒絶することは不可能に近いから，建物の引渡しを拒絶することができることの反射的効果として，土地の引渡しも拒むことができる。ただし，それによって得る利益（地代相当額）は不当利得として，借地権設定者に返還すべきである。

22. 造作買取請求権（借地借家§33）が行使された場合の，建物の明渡義務と代金支払義務とは同時履行の関係となるか。

☐☐☐ （答）同時履行の関係とはならない（最判昭29.7.22）。

23. 債権に同時履行の抗弁が付いていることは，当該債権の消滅時効の進行の妨げとならないか。

☐☐☐ （答）消滅時効の進行の妨げとはならない。同時履行の抗弁の付いた債権の債権者は，自己が履行の提供をすれば，いつでも抗弁を除去することができるからである。

危険負担

24. 当事者双方の責めに帰することができない事由によって債務を履行することができなくなったときは，（　　　　）。

☐☐☐ （答）債権者は，反対給付の履行を拒むことができる（民§536-Ⅰ）。
23-16-3

25. 注文者Ａと請負人Ｂとが請負契約を締結した場合において，Ａ及びＢ双方の責めに帰することができない事由によって仕事の全部の完成が不能となったときは，Ｂは，Ａに対して報酬を請求することはできるか。

□□□
23-19-イ
（答）請求することはできるが，Ａは，支払いを拒むことができる（民§536-Ⅰ）。チェックポイント24でいう「債権者」とは，不能となった債務の債権者のことであり，本例において不能となったのは，仕事完成の債務なので，債権者は注文者であるＡである。その債権者Ａが，反対給付（報酬の支払い）を拒むことができると民法536条1項は規定している。なお，本例の場合でも，一定の要件を満たすときは，請負人は，注文者が受ける利益の割合に応じた報酬を請求することができる場合がある（民§634，テーマ4のチェックポイント8参照）。

26. 債権者の責めに帰すべき事由によって債務を履行することができなくなったときは，（　①　）。この場合において，（　②　）は，自己の債務を免れたことによって利益を得たときは，これを（　③　）。

□□□
23-19-ウ
（答）①債権者は，反対給付の履行を拒むことができない，②債務者，③債権者に償還しなければならない（民§536-Ⅱ）。

第三者のためにする契約

27. 第三者のためにする契約を締結する時点において，第三者（受益者）が存在している必要はあるか。

□□□
18-18-ア
（答）必要はない。第三者のためにする契約は，その契約の成立の時に第三者が現に存しない場合または第三者が特定していない場合であっても，有効に成立する（民§537-Ⅱ）。

28. ＡＢ間において，Ｂが，第三者Ｃに対してある給付をする旨の契約がされた場合，Ｃは，誰に対して受益の意思表示をすべきか。

□□□
18-18-イ，
ウ
（答）債務者（諾約者）であるＢに対してすべきである（民§537-Ⅲ）。この意思表示は，黙示の意思表示でもよい（大判昭18.4.16）。

テーマ1　契約総論

29. 第三者のためにする契約において，第三者に，ある負担付で諾約者が給付をする旨の契約をすることはできるか。

□□□
18-18-エ

（答）できる。第三者のためにする契約は，第三者(受益者)に権利を取得させるだけでなく，付随的な負担を伴うものとしてもよい(大判大8.2.1)。なお，この場合，第三者は，負担を拒絶して利益だけを享受することはできない。

30. ＡＢ間において，Ｂが，第三者Ｃに対してある給付をする旨の契約がされ，Ｃが受益の意思表示をしたが，ＢがＣへの債務を履行しない場合，Ａは，契約を解除することはできるか。

□□□

（答）受益者Ｃの承諾を得なければ，解除することはできない(民§538-Ⅱ)。

31. ＡＢ間において，Ｂが，第三者Ｃに対してある給付をする旨の契約がされ，Ｃが受益の意思表示をしたが，その契約の際に，ＡがＢを欺罔していた。Ｃは，Ａの欺罔行為について善意・無過失であり，かつ，受益の意思表示もしている。Ｂは，ＡＢ間の契約の取消しをもって，Ｃに対抗することができるか。

□□□
18-18-オ

（答）対抗することができる。諾約者は，第三者のためにする契約に基づく抗弁をもって，受益者に対抗することができる(民§539)からである。なお，第三者のためにする契約における第三者は，たとえ善意・無過失であっても，第三者保護規定(民§93-Ⅱ，94-Ⅱ，95-Ⅳ，96-Ⅲ)における第三者に該当することはない(権利の外観を信頼して取引に入った者ではないから)ので，第三者保護規定によって保護されることはない。

契約上の地位の移転

32. 契約当事者の一方が，契約上の地位を第三者に移転するための要件をいえ。

□□□

（答）第三者との間で契約上の地位を譲渡する旨の合意をし，その契約の相手方の承諾を得ること(民§539の2)。

139

契約の解除

33. 契約の解除の意義及びその法的性質をいえ。

☐☐☐ (答)契約の解除とは，契約が締結された後に，その一方の当事者の意思表示によって，有効に成立している契約の効力を遡及的に解消し，履行されていない債務は履行する必要がないものとし，既に履行されているものについては，お互いに返還することとして，法律関係を清算すること。その法的性質は，相手方のある単独行為である。

34. 契約の解除権は，どのような原因で発生するか。

☐☐☐ (答)契約によって発生する場合と，法律の規定によって発生する場合とがあり(民§540- I 参照)，契約によって発生する解除権を約定解除権，法律の規定によって発生する解除権を法定解除権という。約定解除権には，手付(民§557)や買戻特約(民§579)があり，法定解除権には，契約一般に共通する解除権の発生原因として債務不履行による解除権(民§541以下)，売買契約における売主の担保責任等各種の契約に特有の解除権(民§564，641，651等)などがある。

35. 解除の意思表示を撤回することはできるか。

☐☐☐ (答)解除の意思表示は，相手方への到達によって効力を生じた後は，撤回することができない(民§540- II)。ただし，相手方の承諾を得れば撤回することができる。

36. 契約から生じた債権が譲渡された場合，譲受人は契約を解除することができるか。

☐☐☐ (答)契約当事者の地位の譲渡(民§539の 2)を伴わない限り，解除することはできない。解除権は譲渡人にある。

37. 催告による契約の解除権の発生の要件をあげよ。

☐☐☐ (答)民法541条。

30-18-ア,
イ ① 当事者の一方がその債務を履行しないこと

22-18-ア ② 相手方が相当の期間を定めて履行の催告をすること

テーマ1　契約総論

③　催告期間内に履行がされないこと
④　催告期間を経過した時における債務不履行がその契約及び取引
　上の社会通念に照らして軽微でないこと
　　以上の要件を満たして解除権を取得した者が，契約を解除するに
は，改めて解除の意思表示をする必要があるが，債務の履行と同時
に，催告期間内に履行しないことを条件とする解除の意思表示をす
ることは有効であるとされ（大判大6.6.27），そのような意思表示が
され，催告期間内に履行がなければ，改めて解除の意思表示をする
ことなく，契約は解除される。

**38. 当事者の一方がその債務を履行しないことが，債務者の責めに帰すべき事
　由によらない場合でも，他方の当事者は，契約を解除することはできるか。**

□□□　(答)当事者の一方がその債務を履行しないことが，催告による解除の
　　　　要件の1つであるが，債務を履行しないことについて債務者に帰責
　　　　事由があることは要件とされない。したがって，当事者の一方がそ
　　　　の債務を履行しないという事実があれば，他の要件を満たす限り，
　　　　他方の当事者は契約を解除することができる。

**39. 期限の定めのない債務の履行がない場合において，債権者が解除権を発生
　させるためには，債務者を遅滞に陥れるための催告と解除権を発生させるた
　めの催告を二重にする必要があるか。**

□□□　(答)二重の催告をする必要はない（大判大6.6.27）。

**40. 履行遅滞による解除権の発生のための催告が，不相当に短い場合または履
　行の期間を定めていない場合は，解除権は発生するか。**

□□□　(答)催告後相当期間を経過すれば，解除権は発生する。不相当に短い
22-18-エ　　催告や履行の期間を定めない催告を無効とすると，債権者が期間の
　　　　不相当な催告を何回繰り返しても解除権を生じないことになるが，
　　　　不履行債務者の利益をそれほど保護すべき理由はないからである。

141

41. 催告によらないで契約の全部を解除することができる場合をあげよ。

□□□ (答)民法542条1項。

29-16-エ
　　① 債務の全部の履行が不能であるとき
　　② 債務者がその債務の全部の履行を拒絶する意思を明確に表示したとき
　　③ 債務の一部の履行が不能である場合または債務者がその債務の一部の履行を拒絶する意思を明確に表示した場合において，残存する部分のみでは契約をした目的を達することができないとき
　　④ 契約の性質または当事者の意思表示により，特定の日時または一定の期間内に履行をしなければ契約をした目的を達することができない場合において，債務者が履行をしないでその時期を経過したとき
　　⑤ ①～④に掲げる場合のほか，債務者がその債務の履行をせず，債権者が催告をしても契約をした目的を達するのに足りる履行がされる見込みがないことが明らかであるとき

42. 催告によらないで契約の一部を解除することができる場合をあげよ。

□□□ (答)民法542条2項。
　　① 債務の一部の履行が不能であるとき
　　② 債務者がその債務の一部の履行を拒絶する意思を明確に表示したとき

43. チェックポイント37の要件を満たす場合，またはチェックポイント41もしくは42に該当する場合であっても，債権者が契約を解除することができないのは，どのような場合か。

□□□ (答)債務の不履行が債権者の責めに帰すべき事由によるものであるとき（民§543）。

44. 解除権の不可分性について述べよ。

□□□ (答)当事者の一方が数人ある場合は，解除は，その全員からまたはその全員に対してのみすることができる。この場合，当事者のうちの

30-18-エ

142

テーマ1　契約総論

　　1人について解除権が消滅したときは，他の者についても解除権が消滅する（民§544）。

45. 契約が解除されると，履行されていない部分の給付については，当事者は，（　①　）。既に履行された部分の給付については，各当事者は，（　②　）を負う。この場合において，金銭を返還するときは，（　③　）を付さなければならず，金銭以外の物を返還するときは，（　④　）をも返還しなければならない。解除権の行使は，（　⑤　）を妨げない。

□□□ （答）①給付する義務を免れる，②その相手方を原状に復させる義務
30-18-オ 　　　（民§545-Ⅰ本文），③その受領の時から利息，④その受領の時以後
22-18-イ 　　　に生じた果実（民§545-ⅡⅢ），⑤損害賠償の請求（民§545-Ⅳ）。

46. 解除の効果につき，解除によって，その直接の効果として契約自体から生じた法律効果は初めにさかのぼって消滅するとするのが（　①　）であり，判例の立場である。この説によると，既に履行された部分の返還は（　②　）を原状回復義務にまで拡大し，遡及効の制限は，（　③　）及び（　④　）を併存させるための特則だと説明される。

□□□ （答）①直接効果説，②不当利得返還義務，③第三者を保護するため，
　　　④損害賠償請求権。

47. 解除の効果は，契約の作用を阻止するにとどまるとするのが（　①　）である。この説によると，解除の直接の効果は（　②　）である。第三者の保護については（　③　）によって処理することになり，民法545条1項ただし書は当然のことを規定したにすぎないとする。また，解除によって原状回復の債権・債務関係が発生し，その履行によってはじめて契約関係は消滅するとするので，（　④　）の併存も当然の規定となる。

□□□ （答）①間接効果説，②原状回復義務の発生，③対抗関係，④損害賠償
　　　請求権。

143

48. 民法545条１項ただし書によって第三者が保護されるためには（　　　）を必要とする。

□□□ （答）対抗要件。
18-15-ア

49. 契約の解除権の消滅原因をあげよ。

□□□ （答）①相当の期間を定めて催告をする場合（民§547），②解除権者の行為等によって消滅する場合（民§548），③履行遅滞の場合において，解除権発生後，その行使前に遅延賠償をそえて本来の給付をする場合，④解除権の放棄，⑤解除権の消滅時効。

50. 定型取引，定型約款及び定型約款準備者の意義をいえ。

□□□ （答）定型取引とは，ある特定の者が不特定多数の者を相手方として行
2-17-イ う取引であって，その内容の全部または一部が画一的であることがその双方にとって合理的なもの（民§548の２−Ⅰ柱書かっこ書）。

定型約款とは，定型取引において，契約の内容とすることを目的としてその特定の者により準備された条項の総体のこと（民§548の２−Ⅰ柱書かっこ書）。

定型約款準備者とは，定型取引を行うため，定型約款を準備した「ある特定の者」のこと（民§548の２−Ⅰ②かっこ書）。

51. 定型約款を用いた定型取引について，実際には個別の条項について合意がされていなくても，定型約款準備者と契約の相手方との間に個別の条項について合意がされたものとみなされるための要件をいえ。

□□□ （答）定型取引を行うことの合意（これを「定型取引合意」という（民§
2-17-ア 548の２−Ⅰ柱書かっこ書））をすることのほか，次のいずれかの要件を満たすこと（民§548の２−Ⅰ）。

① 定型約款を契約の内容とする旨の合意をすること

② 定型約款準備者があらかじめその定型約款を契約の内容とする旨を相手方に表示すること

テーマ1　契約総論

テーマ
1

52. チェックポイント51の要件を満たして，**本来は合意をしたものとみなされた定型約款の条項であっても，合意をしなかったものとみなされるのは，当該定型約款の条項がどのようなものである場合か。**

□□□ (答)定型約款の条項のうち，相手方の権利を制限し，または相手方の義務を加重する条項であって，その定型取引の態様及びその実情並びに取引上の社会通念に照らして，民法1条2項に規定する基本原則（信義誠実の原則）に反して相手方の利益を一方的に害すると認められるもの（民§548の2-Ⅱ）。

53. **定型取引を行い，または行おうとする定型約款準備者に課される定型約款の内容の表示義務について述べよ。**

□□□ (答)既に相手方に対して定型約款を記載した書面を交付し，またはこ
2-17-ウ 　 れを記録した電磁的記録を提供していたときを除いて，定型取引合意の前または定型取引合意の後相当の期間内に相手方から請求があった場合には，遅滞なく，相当な方法でその定型約款の内容を示さなければならない（民§548の3-Ⅰ）。

54. **定型約款準備者が定型取引合意の前において，定型約款の内容の開示請求を拒んだときの効果をいえ。**

□□□ (答)定型約款の個別の条項についての合意擬制の効果は生じない。た
2-17-エ 　 だし，一時的な通信障害が発生した場合その他正当な事由がある場合は，合意擬制の効果は生ずる（民§548の3-Ⅱ）。

145

55. 定型約款準備者が定型約款を変更することによって，変更後の定型約款の条項について合意があったものとみなされ，個別に相手方と合意をすることなく契約の内容を変更することができるのは，当該変更がどのようなものである場合か。

☐☐☐ （答）民法548条の4第1項各号に掲げられた次の場合。

    ① 定型約款の変更が，相手方の一般の利益に適合するとき

    ② 定型約款の変更が，契約をした目的に反せず，かつ，変更の必要性，変更後の内容の相当性，民法548条の4の規定により定型約款の変更をすることがある旨の定めの有無及びその内容その他の変更に係る事情に照らして合理的なものであるとき

56. チェックポイント55の定型約款の変更をする場合における定型約款準備者の周知義務について述べよ。

☐☐☐ （答）定型約款準備者は，チェックポイント55の定型約款の変更をする
2-17-オ　ときは，その効力発生時期を定め，かつ，定型約款を変更する旨及び変更後の定型約款の内容並びにその効力発生時期をインターネットの利用その他の適切な方法により周知しなければならない（民§548の4-Ⅱ）。チェックポイント55の②による定型約款の変更については，効力発生時期が到来するまでに周知をしなければ，その効力を生じない（民§548の4-Ⅲ）。

146

テーマ1

参考過去問

1. 次の対話は，契約の成立に関する教授と学生との間の対話である。教授の質問に対する次のアからオまでの学生の解答のうち，誤っているものはどれか（H15-20改）。

教授：　東京に住むAは，京都に住むBに対し，撤回をする権利を留保しないで「今月末までに返事をいただきたい。」との承諾の期間を定めて，売買契約の申込みをしたが，その申込みがBに到達した後に気が変わって，その申込みを撤回する旨の通知を出した場合，Aの申込みの効力はどうなりますか。

学生：ア　撤回をする権利を留保しないで承諾の期間を定めて契約の申込みをした場合には，その申込みを撤回することはできないので，Aの申込みは，承諾の期間内は有効です。

教授：　Aが承諾の期間を定めないで契約の申込みをした場合，Aは，その申込みを撤回することができますか。

学生：イ　承諾の期間を定めないで契約の申込みをした場合には，Aは，Bからの承諾の通知を受け取る前であればいつでも，その申込みを撤回することができます。

教授：　Bが，Aの承諾の期間を定めた契約の申込みに対し，その期間内に到達するように郵便で承諾の通知を出した場合，契約は，どの時点で成立しますか。

学生：ウ　意思表示は，到達しなければ効力が生じませんので，Bからの承諾の通知がAに到達した時点で，AB間に契約が成立することになります。

教授：　Bの承諾の通知が承諾の期間を過ぎて到達した場合，契約は成立しますか。

学生：エ　承諾の期間内にBからの承諾が到達しなければ，原則として，Aの契約の申込みは効力を失うので，契約は成立しないことに

147

　　　　　なります。

　教授：　では，Bからの承諾の通知が郵便で出されており，Aが，その
　　　　　消印を見て，承諾の通知が郵便事情で遅れたもので，通常であれ
　　　　　ば承諾の期間内に到達するはずのものであることを知った場合に
　　　　　は，どうですか。

　学生：オ　その場合，Aは，Bに対し，承諾の通知が承諾の期間を過ぎ
　　　　　て到達した旨の延着の通知を出すことが必要で，これを怠ると，
　　　　　承諾の通知は，承諾の期間内に到達したものとみなされて，契
　　　　　約は成立したことになります。

誤っているのはイ，オである。

ア　○　撤回をする権利を留保することなく，承諾期間を定めてした契約の申
込みは，撤回することができないので(民§523-Ⅰ)，たとえ申込みを撤回す
る旨の通知をしても，当該申込みは承諾期間内は有効である。

イ　×　Aの申込みは対話者間の申込みではないので，本肢の申込みは，撤回
をする権利を留保した場合を除いて，Aが承諾の通知を受けるのに相当な期
間を経過するまでは撤回することができない(民§525-Ⅰ)。なお，Aの申込
みが対話者間でされた場合について，チェックポイント2参照のこと。

ウ　○　チェックポイント5参照。

エ　○　承諾期間の定めがあるときは，その期間内に承諾が申込者に到達する
ことが契約成立の要件なので(民§523-Ⅱ)，承諾期間内に承諾が到達しなけ
れば，契約は成立しない。

オ　×　本肢の記述は，改正前の民法522条によると正しいが，通信手段が発
達した現代においては，承諾の通知が延着する可能性は低いことから，同条
の規定は削除された。したがって，延着のリスクは承諾者が負うべきであり，
本肢の場合は契約は成立しない。

2．次のアからオまでの記述のうち，「その権利」が目的物の留置権であ
る場合には正しい記述となるが，目的物の引渡債務についての同時履行
の抗弁権である場合には誤った記述となるものはどれか(H9-13)。

　ア　相手方の債務が弁済期にないときには，その権利を主張することが

148

テーマ1 契約総論

できない。
　イ　所有者は，相当の担保を提供して，その権利の消滅を請求することができる。
　ウ　その権利は，その成立後に目的物を譲り受けた者にも主張することができる。
　エ　その権利が引渡請求に対する抗弁として主張されても，引換給付の判決はされない。
　オ　その権利に基づき，目的物の競売を申し立てることができる。

正解は，イ，ウ，オである。

ア　いずれにおいても正しい記述である。留置権も同時履行の抗弁権も相手方の債務が弁済期にあることが要件とされる。

イ　留置権については正しいが（民§301），同時履行の抗弁権については同様の規定がない。

ウ　留置権は物権なので目的物が第三者に移転された後も存続する。これに対して同時履行の抗弁権は，双務契約の当事者間において主張することができるものであり，目的物が譲渡されても，契約当事者たる地位が譲受人に移転するわけではないので，その者に対しては履行を拒むことはできない。

エ　いずれにおいても誤った記述である。いずれの権利も訴訟上抗弁として主張されれば，引換給付判決がされる。

オ　留置権には，目的物の競売権がある。ただし，これは優先弁済を受けるための競売権ではなく，目的物を永く留置することから留置権者を解放するための形式的競売である。これに対して，同時履行の抗弁権は単に履行の拒絶ができるにすぎない権利であって，競売権はない。

3．「土地の売買契約を売主Ａが買主Ｂの履行遅滞を理由として解除した場合，当該契約上の債権債務は，当該契約の成立の当初にさかのぼって消滅し，当該土地の所有権は売主Ａにとどまっていたことになる。」という見解がある。次のアからオまでの記述のうち，この見解から導かれるものはどれか（Ｈ9-7改）。
　ア　買主Ｂが当該土地の所有権移転登記を経由していた場合，その登記

149

の抹消手続をする義務を負うのは，解除の性質上，当然のことであって，民法545条1項本文は，このことを注意的に規定したものである。

イ　買主Bが当該土地の所有権移転登記を経由していた場合，その登記の抹消手続をする義務を負うのは，民法545条1項本文という特別の規定があるからである。

ウ　買主BがCに当該土地を転売した場合，売主Aが当該土地についての買主Bへの移転登記の抹消手続を請求することができるかどうかは，BからCへの転売の時期にかかわらず，Cの登記の有無によって決まるが，このことは，民法545条1項ただし書とは別の問題である。

エ　売主Aは，買主Bに対して債務不履行による損害賠償を請求することができるが，これは，民法545条4項という特別の規定があるから認められるものである。

オ　売主Aが買主Bに対して債務不履行による損害賠償を請求することができるのは，原状回復の一環として当然のことであって，民法545条4項は，このことを注意的に規定したものである。

本問の見解から導かれるものは，ア，エである。

本問は，契約の解除の効果に関する直接効果説の立場から導かれる結論を問うものである（チェックポイント46，47参照）。

ア　**本問の見解から導かれる。**　直接効果説では，解除の効果は遡及的無効であると解するので，所有権はBに移転しなかったことになり，その旨の登記は無効なものとなる。したがって，Bが抹消登記義務を負うのは民法の規定によるまでもなく当然のことになる。

イ　**本問の見解から導かれない。**　アが本問の見解から導かれる以上，それと対立するイは，本問の見解から導かれない。

ウ　**本問の見解から導かれない。**　直接効果説によれば，解除前の第三者は民法545条1項ただし書によって保護される。つまり，解除により契約が遡及的に無効となるため，転得者も無権利者になるはずであるが，それでは第三者が保護されないので，民法545条1項ただし書によって特に遡及効を制限して第三者を保護するとするものである。また，解除後の第三者（つまり，転売の時期が解除後である場合）の保護は，対抗関係で処理する。以上のことから，第三者の保護と民法545条1項ただし書とは別の問題であるとする

テーマ1　契約総論

本肢は，本問の見解（直接効果説）からは導かれず，間接効果説の立場である。

エ　**本問の見解から導かれる。**　直接効果説によれば，契約は遡及的に消滅することになり，これを徹底させると，消滅した契約関係から債務不履行による損害賠償請求権を認めることは困難である。そこで，契約の解除と損害賠償請求権の併存とを認めるために民法545条4項はあると直接効果説は説明する。

オ　**本問の見解から導かれない。**　間接効果説から導かれる見解である。

4．双務契約における債務の同時履行に関する次のアからオまでの記述のうち，判例の趣旨に照らし誤っているものはどれか（H21-18改。イは省略した）。

　ア　建物の賃貸借終了に伴う賃貸人の敷金返還債務と賃借人の建物明渡債務とは，同時履行の関係に立つ。

　ウ　売主が買主に対して目的物引渡債務についての弁済の提供をした後に代金の支払請求をした場合には，その提供が継続されていないときであっても，買主は，同時履行の抗弁を主張することができない。

　エ　売主は，売買代金債権を第三者に譲渡したとしても，それによって買主に対する同時履行の抗弁権を失わない。

　オ　業務執行組合員から出資の履行を請求された組合員は，他の組合員が出資の履行をしていないことを理由として同時履行の抗弁を主張することはできない。

誤っているものは，ア，ウである。

ア　×　チェックポイント20参照。

ウ　×　チェックポイント13参照。

エ　○　チェックポイント9参照。

オ　○　組合は，双務契約の一種であるが，独立性を有する団体を成立させるという意味では，合同行為としての性質が強い。そこで，同時履行の抗弁に関する民法533条は適用されないと解されている。

151

5. 解除に関する次のアからオまでの記述のうち，判例の趣旨に照らし誤っているものはどれか（H22-18改）。

ア　土地の売買契約において，登記手続の完了までに当該土地について発生する公租公課は買主が負担する旨の合意があったが，買主がその義務の履行を怠った場合において，当該義務が契約をした主たる目的の達成に必須とはいえないときは，売主は，特段の事情がない限り，当該義務の不履行を理由として契約を解除することができない。

イ　土地の売買契約が解除された場合には，売主は，受領していた代金の返還に当たり，その受領の時からの利息を付さなければならないが，買主は，引渡しを受けていた土地の返還に当たり，その引渡しの時からの使用利益に相当する額を返還することを要しない。

ウ　共有の土地について，共有者全員が貸主となって賃貸借契約が締結されている場合において，借主が賃料の支払債務の履行を怠ったときは，持分の過半数を有する共有者の一人は，当該債務不履行に基づき，単独で当該賃貸借契約の解除権を行使することができる。

エ　土地の買主が代金の支払をしたが，売主が契約で定められた日までに当該土地の引渡しをしないことから，買主が売買契約を解除するために売主に対して引渡しの催告をした場合において，当該催告において履行の期間を定めていなかったときも，相当の期間経過後であれば，買主は，当該契約を解除することができる。

オ　他人の不動産の売主が当該不動産の引渡義務は履行したが，所有権を取得する義務を履行しなかったため，買主が売買契約を解除した場合において，当該不動産の所有者からの追奪により買主が当該不動産の占有を失っていたときは，買主は，解除に伴う原状回復義務として，当該不動産の返還に代わる価格返還の義務を負う。

誤っているものは，イ，オである。

ア　○　本肢における「当該義務が契約をした主たる目的の達成に必須とはいえない」とは，債務不履行がその契約及び取引上の社会通念に照らして軽微であるということであり，そのような場合には，民法541条ただし書の規定により，契約を解除することはできない（チェックポイント37の④参照）。

イ　×　本肢における「使用利益」とは，民法545条3項の「果実」のことで

テーマ1　契約総論

あり，買主はこれを返還する義務がある（チェックポイント45の④参照）。

ウ　〇　共有物の賃貸借契約の解除の意思決定は，「共有物の管理に関する事項」に該当するので，各共有者の持分の価格の過半数をもって決するのであり（民§252本文），民法544条1項の規定（解除権の不可分性）は適用されない（最判昭39.2.25）。

エ　〇　チェックポイント40参照。

オ　×　他人物売買が解除された場合，目的物の給付を受けた買主は，原状回復義務の履行として，目的物を返還する義務を負うが，本肢のように，買主が，真の所有者の追奪によって，目的物の占有を失い，これを売主に返還することができなくなった場合は，その返還不能の原因は，売主が目的物の所有権を移転すべき義務を履行しなかったことによるのであり，買主の責めに帰すべき事由によるのではない。このような場合においては，買主は，原状回復義務の履行としての目的物の返還に代わる価格返還の義務を負わない（最判昭51.2.13）。

6．定型約款に関する次のアからオまでの記述のうち，正しいものはどれか（R2-17改）。

ア　定型約款準備者と相手方が定型約款を契約の内容とする旨の合意をした場合であっても，定型約款の個別の条項の一部について，相手方がその内容を認識していなかったときは，その条項については合意をしたものとはみなされない。

イ　ある特定の者が不特定多数の者を相手方として行う取引であっても，その内容の一部のみが当事者双方にとって画一的であることが合理的であるにすぎない場合には，その取引は，定型取引に該当しない。

ウ　定型約款準備者は，定型取引合意の際に相手方に対して定型約款を記載した書面を交付していた場合であっても，定型取引合意の後相当期間内に相手方から請求があったときは，定型約款の内容を示さなければならない。

エ　定型約款準備者が定型取引合意の前に相手方から定型約款の内容を示すことを請求されたにもかかわらず，正当な事由がないのにその請求を拒んでいたときは，定型約款の個別の条項が合意されたものとみ

153

なされることはない。

オ　定型約款の変更が相手方の一般の利益に適合する場合には，定型約款準備者が適切な方法による周知をしなかったときであっても，定型約款準備者が定めた効力発生時期に効力を生ずる。

正しいものは，エ，オである。

ア　×　チェックポイント51参照。本肢では，定型約款を契約の内容とする旨の合意がされているので，相手方が個別の条項の一部を認識していなくても，当該条項についても，合意が擬制される。

イ　×　チェックポイント50参照。定型取引は，その内容の「全部または一部」が画一的であることがその双方にとって合理的なものをいうので（民§548の2－Ⅰ柱書かっこ書），取引の内容の一部のみが当事者双方にとって画一的であることが合理的なものであっても，定型取引に該当する。

ウ　×　チェックポイント53参照。

エ　○　チェックポイント54参照。

オ　○　チェックポイント56参照。本肢の定型約款の変更は，チェックポイント55の①による変更に当たり，周知をしなくても，効力発生時期に効力を生ずる。

テーマ 2

売　買

Check Point

手　付

1．買主が売主に手付を交付したときは，買主は（　①　）し，売主は（　②　）して，契約の解除をすることができる。ただし，（　③　）は，この限りでない。

2-18-ア,イ,ウ
24-17-オ

（答）①その手付を放棄，②その倍額を現実に提供，③その相手方が契約の履行に着手した後（民§557-Ⅰ）。なお，売主は，手付の倍額を現実に提供する必要があるが，買主が受領することまでは要せず（大判大3.12.8），買主が受領を拒否しても，売主は供託をする必要はない（大判昭15.7.29）。また，契約の「履行に着手する」とは，債務の内容たる給付の実行に着手すること，すなわち，客観的に外部から認識し得るような形で履行行為の一部をなし，または履行の提供をするために欠くことのできない前提行為をした場合を指す（最判昭40.11.24）。

2．手付による解除をした場合，損害賠償請求はできるか。

（答）できない（民§557-Ⅱ）。

3．手付の交付された売買において，債務不履行によって契約を解除したときは，損害賠償の請求ができるか。

（答）できる。たとえ手付が交付されていても，債務不履行による契約

テーマ2　売　買

の解除を否定するものではなく，債務不履行によって契約を解除すれば，一般原則どおり損害賠償請求はできる（民§545-Ⅳ）。

売買契約に関する費用の負担

4．売買契約に関する費用は誰が負担するか。

□□□　（答）当事者双方が等しい割合で負担する（民§558）。

24-17-ア

売買契約における売主の義務

5．売買契約が成立したときの売主の義務をいえ。

□□□　（答）①財産権移転義務と②担保責任。

23-17-エ　　財産移転義務とは，売買の目的となっている財産権を買主に移転する義務であり，登記等の対抗要件を必要とする場合はこれを備えさせ（民§560），証拠書類があればこれを引き渡す義務をも含む。また，他人の権利をもって売買の目的としたときは，その権利を取得して買主に移転する義務を含む（民§561）。

　　担保責任とは，売主が引き渡した目的物が契約の内容に適合しないものである場合，または売主が移転した権利が契約の内容に適合しないものである場合に，売主が買主に対して負うべき責任のことである。

売主の担保責任

6．売買契約において，引き渡された目的物が種類，品質または数量に関して契約の内容に適合しないものであるときは，買主は，売主に対してどのような権利を有するか。

□□□　（答）追完請求権（民§562），代金減額請求権（民§563），損害賠償請求権及び解除権（民§564）。

157

7．チェックポイント6の場合における買主の追完請求権について述べよ。

□□□　(答)買主は，売主に対し，目的物の修補，代替物の引渡しまたは不足分の引渡しによる履行の追完を請求することができる。目的物の修補，代替物の引渡し，不足分の引渡しのいずれを請求するかの選択権は買主にあるが，売主は，買主に不相当な負担を課するものでないときは，買主が請求した方法と異なる方法による履行の追完をすることができる(民§562-Ⅰ)。

8．チェックポイント6の場合における買主の代金減額請求権について述べよ。

□□□　(答)買主が相当の期間を定めて履行の追完の催告をし，その期間内に履行の追完がないときは，買主は，その不適合の程度に応じて代金の減額を請求することができる(民§563-Ⅰ)。ただし，次に掲げる場合には，催告をすることなく，直ちに代金の減額を請求することができる(民§563-Ⅱ)。

① 　履行の追完が不能であるとき

② 　売主が履行の追完を拒絶する意思を明確に表示したとき

③ 　契約の性質または当事者の意思表示により，特定の日時または一定の期間内に履行をしなければ契約をした目的を達することができない場合において，売主が履行の追完をしないでその時期を経過したとき

④ 　①～③に掲げる場合のほか，買主が催告をしても履行の追完を受ける見込みがないことが明らかであるとき

9．チェックポイント6の場合において，契約不適合が買主の責めに帰すべき事由によるものである場合は，買主は，履行の追完請求または代金減額請求をすることはできるか。

□□□　(答)いずれもできない(民§562-Ⅱ，563-Ⅲ)。

10．チェックポイント6の場合において，契約不適合が売主の責めに帰することができない事由によるものであるときは，買主が売主に対して損害賠償の請求をすることはできるか。

テーマ2 売 買

□□□（答）できない。引き渡された目的物が種類，品質または数量に関して契約の内容に適合しないものである場合における買主の売主に対する損害賠償の請求は，民法415条の規定によるものなので（民§564参照），「債務者の責めに帰することができない事由によるものであるとき」（民§415-Ⅰただし書）は，することができない。

テーマ
2

11. 売主が買主に移転した権利が契約の内容に適合しないものである場合（権利の一部が他人に属する場合においてその権利の一部を移転しないときを含む）は，買主は，売主に対してどのような権利を有するか。

□□□（答）追完請求権（民§565，562），代金減額請求権（民§565，563），損害賠償請求権及び解除権（民§565，564）。すなわち，移転した権利が契約不適合の場合の売主の担保責任の内容は，引き渡された目的物の種類等が契約不適合である場合と同様である。

12. 売主の担保責任について，特に期間の制限があるものは，どのような契約不適合がある場合か。また，その期間の制限の内容をいえ。

□□□
30-18-ウ
（答）期間の制限があるのは，売主が種類または品質に関して契約の内容に適合しない目的物を買主に引き渡した場合。この場合，「買主がその不適合を知った時から1年以内」にその旨を売主に通知することが担保責任追及の要件とされる。この通知をしないと，買主は，追完請求・代金減額請求・損害賠償請求・解除の各権利を喪失する（民§566本文）。ただし，目的物の引渡しの時に売主に悪意または重過失があるときは，期間の制限はない（民§566ただし書）。

159

13. 売買の目的物の種類または品質について契約不適合があるときに，買主がその不適合を知った時から「1年以内にその旨を売主に通知する」ことの効果をいえ。

☐☐☐ (答)通知をすることによって，買主の売主に対する担保責任を追及する権利が保存される。すなわち，1年以内に通知することによって買主の権利は保存されるのであり，追完請求・代金減額請求・損害賠償請求・解除の各権利の行使をも1年以内に行使せよという趣旨ではない。1年以内に通知することによって保存された権利は，消滅時効の一般原則(民§166-Ⅰ，主観的起算点から5年，客観的起算点から10年)に従い消滅時効にかかるので，その消滅時効が完成するまでに行使すればよい。

14. チェックポイント13で示した「1年以内にその旨を売主に通知する」ことによって保全された買主の権利の消滅時効の客観的起算点をいえ。

☐☐☐
28-6-ア
(答)買主が売買の目的物の引渡しを受けた時から進行すると解される(最判平13.11.27)。したがって，買主が目的物の引渡しを受けて10年以上が経過した後に初めて目的物の種類または品質についての契約不適合に気づいたときは，その時から1年以内にその旨を売主に通知したとしても，売主が消滅時効を援用すれば，買主は担保責任を追及することはできない。

15. 売主が買主に目的物(売買の目的として特定したものに限る)を引き渡した場合において，その引渡しがあった時以後にその目的物が当事者双方の責めに帰することができない事由によって滅失し，または損傷したときは，買主は，(①)をすることができない。この場合において，買主は，(②)。

☐☐☐ (答)①その滅失または損傷を理由として，履行の追完の請求，代金の減額の請求，損害賠償の請求及び契約の解除，②代金の支払いを拒むことができない(民§567-Ⅰ)。

　　すなわち，特定物売買においては，目的物の引渡しの時を基準として，危険が買主に移転する。

160

テーマ2 売買

16. 売主が契約の内容に適合する目的物をもって，その引渡しの債務の履行を提供したにもかかわらず，買主がその履行を受けることを拒み，または受けることができない場合において，その履行の提供があった時以後に当事者双方の責めに帰することができない事由によってその目的物が滅失し，または損傷したときは，買主は，担保責任を追及することはできるか。また，買主は，代金の支払いを拒むことはできるか。

□□□ (答)担保責任の追及をすることはできず，また，代金の支払いを拒むこともできない(民§567-Ⅱ)。

17. 競売による買受人が担保責任を追及することができるのは，どのような場合か。

□□□ (答)買受人が取得した目的物の数量に関して不適合がある場合及び移転された権利に関する不適合がある場合。すなわち，不適合が目的物の種類または品質に関するものであるときは，担保責任は生じない(民§568-Ⅳ)。

18. チェックポイント17の場合において，誰が担保責任を負うか。また，その責任の内容をいえ。

□□□ (答)第1次的には，売主の立場である債務者(民§568-Ⅰ)。債務者が無資力であるときは，第2次的に，代金の配当を受けた債権者(民§568-Ⅱ)。

債務者に対しては，契約の解除または代金減額請求をすることができ(民§568-Ⅰ)，代金の配当を受けた債権者に対しては，その代金の全部または一部の返還を請求することができる(民§568-Ⅱ)。

19. 競売による買受人が，債務者または競売を申し立てた債権者に対して損害賠償を請求することはできるか。

☐☐☐ (答)原則としてできないが，債務者が物もしくは権利の不存在を知りながら申し出なかったときは，当該債務者に対して，損害賠償の請求ができる。また，債権者が物もしくは権利の不存在を知りながら競売を請求したときは，買受人は，当該債権者に対して，損害賠償の請求をすることができる(民§568-Ⅲ)。

20. 債権の売主は，売買の目的である債権に契約不適合があるときは，担保責任を負うか。また，売買の目的である債権の債務者の資力は契約不適合といえるか。

☐☐☐ (答)売買の目的とされた債権そのものについて契約不適合があれば，債権の売主は担保責任を負う。しかし，売買の目的とされた債権の債務者に資力がなかったとしても，そのことが当然に契約不適合にあたるというわけではなく，債権の売主は債務者の資力については当然には担保しない。担保する旨の特約をした場合に限って担保する(民§569参照)。

21. 契約の内容に適合しない先取特権，質権または抵当権が存する不動産を買い受けた買主が，売主に対して費用の償還を請求することができるのは，買主がどのような行為をした場合か。

☐☐☐ (答)買主が費用を支出してその不動産の所有権を保存した場合(民§570)。「費用を支出してその不動産の所有権を保存した」とは，抵当権消滅請求(民§379〜)をして担保権を消滅させた場合のほか，買主が利害関係ある第三者として弁済した場合をいう。なお，売買代金が不動産の客観的価値から担保権の被担保債権を控除して定められたときは，「契約の内容に適合しない」担保権が存する不動産とはいえず，買主は，費用を支出してその不動産の所有権を保存しても，売主に対してその費用の償還を請求することはできない。

テーマ2　売買

22. 担保責任を負わないとする特約をした場合であっても，売主が責任を免れない場合をいえ。

□□□　（答）①売主が契約不適合を知りながら買主に告げなかった場合，②売
19-20-エ 　　　主が自ら売買の目的物に第三者のために抵当権等の物権を設定し，
　　　　　　または売買の目的物を第三者に譲渡した場合（民§572）。

23. Aは，Bの承諾を得ないで，自己のものであるとして，B所有の絵画をCに売却した。その後，BがAを相続した場合，Bは，絵画の引渡義務の履行を拒むことはできるか。

□□□　（答）できる。他人物売買がされた場合において，権利者が売主を相続
21-23-イ 　　　したときは，権利者は売主としての義務ないし地位を承継すること
　　　　　　から，目的物の引渡義務も承継するはずであるが，判例（最判昭
　　　　　　49.9.4）は，このような場合でも，権利者は信義則に反するような特
　　　　　　別の事情のない限り，その履行義務を拒否することができるとする。

売買契約における買主の義務−代金支払義務

24. 売買代金の支払期限に関する民法の規定をいえ。

□□□　（答）引渡しについて期限があるときは，代金支払についても同一期限
　　　　　　を付したものと推定される（民§573）。

25. 売買代金の支払場所に関する民法の規定をいえ。

□□□　（答）目的物の引渡しと同時に代金を支払うべきときは，その引渡しの
24-17-エ 　　　場所において支払わなければならない（民§574）。なお，目的物の
　　　　　　引渡しと代金の支払いが同時履行の関係でないときは，弁済の場所
　　　　　　に関する一般規定である民法484条1項が適用され（大判昭2.12.27），
　　　　　　代金の支払債務は，同項の「その他の弁済」にあたるので，債権者
　　　　　　（代金債権の債権者，すなわち，売主）の現在の住所が代金の支払場
　　　　　　所となる。

26. 引渡し前の売買の目的物が果実を生じた場合，その果実は誰に帰属するか。

□□□ (答)売主(民§575-Ⅰ)。引渡しのないことが当事者の遅滞に基づく場合であっても，売主が果実を取得する(大判大13.9.24)。ただし，売主が代金支払や供託を受けたときは，遅滞にあると否とを問わず，以後の果実収取権を失う(大判昭7.3.3)。売主に二重の利得を認めるべきではないからである。

27. 買主は，どの時点から利息を支払わなければならないか。

□□□ (答)引渡しを受けた日から。ただし，代金の支払いについて期限があるときは，期限到来の時から(民§575-Ⅱ)。

28. 買主が代金の支払いを拒絶できる場合をあげよ。

□□□
19-14-エ
(答)①売買の目的物について権利を主張する者があることその他の事由により，買主が買い受けた権利の全部もしくは一部を取得することができず，または失うおそれがあるとき(民§576本文)，②買い受けた不動産について契約の内容に適合しない先取特権・質権・抵当権の登記がある場合において，買主の抵当権消滅請求等の手続が終るまで(民§577-Ⅰ前段・Ⅱ)。なお，この場合，売主は，買主に対し，遅滞なく抵当権消滅請求をすべき旨を請求することができる(民§577-Ⅰ後段)。

29. チェックポイント28の場合において，売主は，買主に対してどのような請求をすることができるか。

□□□
24-17-イ
(答)売主は，買主に対して代金の供託を請求することができる(民§578)。なお，売主が民法578条の規定によって買主に代金の供託請求をしたにもかかわらず，買主が供託をしないときは，買主は代金の支払拒絶権を失う(大判昭14.4.15)。

164

テーマ2 売 買

買戻し特約

30. 買戻し特約の意義をいえ。

24-17-ウ
（答）不動産の売買契約と同時に，買戻期間を定めて，その期間内に，売主が，受領した代金（別段の合意をした場合にあっては，その合意により定めた金額）と契約費用とを買主に返還すれば，売買契約の解除ができる旨の特約のこと（民§579前段）。買戻しは，売買契約を締結する際に，売主に解除権を留保するもので，約定解除の一種である。なお，買戻権が行使されて売買契約が解除された場合において，当事者が別段の意思表示をしなかったときは，不動産の果実と代金の利息とは相殺したものとみなす（民§579後段）。

31. 買戻し特約における買戻期間について述べよ。

（答）10年を超えることができない。もし，これより長い期間を定めたときは10年とする。買戻期間を定めたときは，後日伸長することができない。買戻期間を定めなかったときは，5年以内に買戻権を行使しなければならない（民§580）。

テーマ **2**

参考過去問

1. 解約手付けが授受された売買契約に関する次のアからオまでの記述の
うち，判例の趣旨に照らして正しいものはどれか（H13-17改）。
ア　売主が売買契約を解除するには，買主に対し，手付けの倍額を償還
する旨を告げてその受領を催告するのみでは足りず，その現実の提供
をしなければならない。
イ　売買契約が合意解除されたときは，手付金受領者は，その手付けを
相手方に返還することを要しない。
ウ　買主が売買代金の履行期前に売買代金を提供したとしても，履行の
着手があったことにはならないので，売主は，売買契約を解除するこ
とができる。
エ　履行の着手の前後を問わず履行の終了するまでは解約手付けによる
解除権を行使することができる旨の特約がある場合には，当事者の一
方は，相手方が履行に着手した後であっても，売買契約を解除するこ
とができる。
オ　当事者の一方は，自らが履行に着手した場合には，相手方が履行に
着手していないときでも，売買契約を解除することができない。

正しいものは，ア，エである。

ア　○　チェックポイント1参照。

イ　×　売買契約が合意解除されれば，契約は遡及的に消滅するため，手付金
を受領した者が手付金を相手方に返還すべきことは当然である。

ウ　×　買主による売買代金の提供は，履行の着手があったことにほかならな
い。相手方が履行に着手していないことが手付による解除の要件の1つであ
る（チェックポイント1参照）。

エ　○　手付に関する規定は任意規定なので，本肢のような特約は有効である
とされている。

166

テーマ2 売買

オ ✕ たとえ自らが履行に着手していても，相手方が履行に着手していない
ときは，手付による解除をすることはできる（チェックポイント1参照）。

2．売買及び強制競売における担保責任に関する次のアからオまでの記述
のうち，正しいものはどれか（H13-16改）。
ア 他人の権利を売買の目的とした場合において，売主が当該権利を取
得して買主に移転することができないときは，買主は，売買契約の当
時，当該権利が他人のものであることを知っていたときでも，売買契
約を解除することができる。
イ 売買の目的である土地の一部に他人が所有する土地が含まれていた
ことにより，買主が当該他人の土地を取得することができなかった場
合において，買主は，売買契約当時，当該土地の一部が他人の土地で
あることを知っていたときでも，売買契約を解除することができる。
ウ 売買の目的である土地に抵当権が設定されていた場合において，買
主が第三者弁済をして当該抵当権を消滅させたときは，売買代金が当
該土地の客観的価格から当該抵当権の被担保債権額を控除して定めら
れたときでも，買主は，売主に対し，第三者弁済に係る費用の償還を
請求することができる。
エ 強制競売の目的である権利の一部が他人に属していたことにより，
買受人が当該権利の一部を取得することができなかった場合において，
債務者が無資力であるときは，買受人は，代金の配当を受けた債権者
に対し，その代金の全部又は一部の返還を請求することができる。
オ 強制競売の目的物に品質に関して契約の内容に適合しないものがあ
る場合において，買受人が売却許可決定がされた当時，当該品質に関
する契約不適合があることを知らなかったときは，当該不適合を知っ
ていながら申し出なかった債務者に対し，損害賠償を請求することが
できる。

正しいものはア，イ，エである。

ア ○ 他人物売買がされた場合において，売主が権利を取得して買主に移転
することができないことは，債務不履行なので，債務不履行の一般原則に従

って処理される。本肢のように売主に債務不履行(本肢は履行不能の例である)があれば，買主の善意・悪意を問わず，また，売主の帰責事由を問わず，買主は契約を解除することができる(テーマ1のチェックポイント41参照)。

イ 〇 売買の目的物の一部が他人に属する場合において，買主がその他人に属する目的物の一部を取得できない場合は，売主が移転した権利が契約の内容に適合しない場合として処理する(民§565かっこ書，チェックポイント11参照)。この場合，買主は，民法542条の規定による解除権の行使をすることもできるので(民§565，564)，土地の一部を取得できないことにより，契約をした目的を達することができないときは，買主は契約を解除することができる(民§542-Ⅰ③)。買主が悪意であることは解除権行使の妨げとはならない。

ウ × チェックポイント21参照。

エ 〇 チェックポイント18参照。

オ × 売買の目的物の品質に関して契約の内容に適合しないものがある場合でも，競売による買受人は，担保責任を追及することはできない(チェックポイント17参照)。なお，チェックポイント18及び19を併せて参照しておくこと。

3．売買に関する次のアからオまでの記述のうち，判例の趣旨に照らし正しいものはどれか(H24-17改)。

　　ア　土地の売買契約の締結のために要した土地の測量費用は，別段の意思表示がないときは，買主がその全額を負担する。

　　イ　買い受けた土地について契約の内容に適合しない抵当権の登記がある場合には，買主は，抵当権消滅請求の手続が終わるまで，売買代金の支払を拒むことができるが，これに対して売主が売買代金の供託を請求したにもかかわらず買主が供託をしなかったときは，買主は，売買代金の支払を拒むことができなくなる。

　　ウ　不動産の売買契約と同時にした買戻しの特約により売主が売買契約を解除しようとする場合において，当事者が別段の意思を表示しなかったときは，売主は，売買代金に利息を付して返還しなければならない。

エ　特定物売買の目的物の引渡し後に代金を支払うべき場合において，代金の支払場所につき別段の意思表示がないときは，買主は，売主の現在の住所において代金の支払をしなければならない。

オ　買主が売主に手付を交付した場合において，売主が売買契約を解除するためにした手付の倍額の償還の受領を買主が拒んだときは，売主は，手付の倍額の金銭を供託しなければならない。

正しいものは，イ，エである。

ア　×　売買の目的である土地の測量費用は，売買契約に関する費用であり，当事者双方が等しい割合で負担する(チェックポイント4参照)。

イ　○　買い受けた不動産について契約の内容に適合しない抵当権の登記がある場合の買主の代金支払拒絶権についてはチェックポイント28の②，その場合の売主による代金の供託請求及び買主が供託をしないときの効果についてはチェックポイント29を参照のこと。

ウ　×　買戻権の行使に際して当事者が別段の意思表示をしなかったときは，代金の利息は，不動産の果実と相殺したものとみなされるので(チェックポイント30参照)，売主は，売買代金の利息を返還する必要はない。

エ　○　チェックポイント25参照。

オ　×　チェックポイント1参照。

テーマ 3

消費貸借，使用貸借，賃貸借

Check Point

消費貸借

1．書面または電磁的記録によらない消費貸借は，どのような契約か。

27-19-ア
20-17-ア
前段

(答)当事者の一方(借主)が種類，品質及び数量の同じ物をもって返還をすることを約して，相手方(貸主)から金銭その他の物を受け取ることによって成立する契約である(民§587)。すなわち，要物・片務契約である。また，借主が利息を支払う旨の特約がある場合は有償契約であり，そのような特約がない場合は無償契約である。

2．書面または電磁的記録でする消費貸借は，どのような契約か。

(答)諾成・双務契約である(民§587の2-Ⅰ Ⅳ)。なお，利息を支払う特約の有無により有償契約か無償契約かが決まる点は，書面等によらない消費貸借と同じである。

3．消費貸借に基づく債務を旧債務とする準消費貸借の成立は認められるか。

(答)認められる(民§588参照)。

テーマ3　消費貸借，使用貸借，賃貸借

4．利息を支払う特約がある消費貸借においては，貸主は，借主が（　　）以後の利息を請求することができる。

□□□
2-19-ウ
27-19-イ
19-4-ア

(答)金銭その他の物を受け取った日(民§589-Ⅱ)。借主は，金銭等を受け取った日からそれを運用するなどの利益を得るからである。なお，消費貸借は，無利息が原則であり，貸主は，特約がない限り，借主に対して利息を請求することはできない(民§589-Ⅰ)。

5．相手方に債務不履行がなくても，消費貸借の当事者の一方が契約を解除することができる場合はあるか。

□□□
2-19-ア

(答)書面または電磁的記録でする消費貸借であって，借主が貸主から金銭その他の物を受け取るまでであれば，借主は，貸主に債務不履行がなくても契約を解除することができる(民§587の2-Ⅱ前段・Ⅳ)。この場合でも，貸主は，契約を解除することはできないことに注意すること。

6．チェックポイント5の場合において，貸主は，借主に対して何らかの請求をすることはできるか。

□□□

(答)その契約の解除によって損害を受けたときは，借主に対し，その賠償を請求することができる(民§587の2-Ⅱ後段・Ⅳ)。

7．書面または電磁的記録でする消費貸借は，（　①　）前に当事者の一方が（　②　）を受けたときは，その効力を失う。

□□□
27-19-ウ

(答)①借主が貸主から金銭その他の物を受け取る，②破産手続開始の決定(民§587の2-ⅢⅣ)。

171

8．消費貸借の当事者が返還の時期を定めなかった場合の貸主の返還請求及び借主の返還について述べよ。

2-19-イ,
エ
27-19-オ
20-17-ウ
前段
20-17-エ
前段,
オ前段
19-17-ウ

（答）貸主は，相当の期間を定めて返還の催告をすることができる（民§591-Ⅰ）。当該期間の経過後に貸主は借主に返還を請求することができる。なお，貸主が期間を明示せずに返還の催告をしたときであっても，借主が催告を受けた時から返還の準備をするのに相当な期間を経過したときは，借主は，返還義務について遅滞の責任を負う（大判昭5.1.29）。

これに対して，借主は，返還の時期の定めの有無にかかわらず，いつでも返還をすることができる（民§591-Ⅱ）。ただし，返還の時期の定めがある場合において，借主がその時期の前に返還をしたことによって，貸主が損害を受けたときは，借主に対し，その賠償を請求することができる（民§591-Ⅲ）。

使用貸借

9．使用貸借は，どのような契約か。

24-18-エ

（答）当事者の一方（貸主）がある物を引き渡すことを約し，相手方（借主）がその受け取った物について無償で使用及び収益をして契約が終了したときに返還をすることを約することによって，その効力を生ずる契約（民§593）。すなわち，諾成・双務・無償の契約である。消費貸借が借りた物と種類，品質及び数量の同じ物を返還する契約であるのに対して，使用貸借は，借りた物そのものを返還する契約であるという点が異なる。また，消費貸借が有償となることがあるのに対して，使用貸借は常に無償契約である。

10．使用貸借の借主は，借用物を第三者に使用収益させることはできるか。

（答）貸主の承諾を得なければ，第三者に使用収益させることはできない（民§594-Ⅱ）。承諾を得ないで第三者に使用収益させた場合，貸主は契約を解除することができる（民§594-Ⅲ）。

テーマ3 消費貸借, 使用貸借, 賃貸借

11. 当事者が使用貸借の期間を定めなかった場合における使用貸借の終了時期をいえ。

□□□ (答)使用及び収益の目的を定めたときは, 借主がその目的に従い使用及び収益を終えることによって終了する(民§597-Ⅱ)。

12. 使用貸借の当事者の地位は, 相続の対象となるか。

□□□ (答)貸主の地位は相続の対象となるが, 借主の地位は相続の対象とな
24-18-イ らない。すなわち, 使用貸借は, 借主の死亡によって終了する(民§597-Ⅲ)。

13. 使用貸借の期間の定めがある場合において, 借主は, 貸主に債務不履行がなくても, 使用貸借を解除することはできるか。

□□□ (答)できる。使用貸借の期間の定めの有無にかかわらず, 借主は, い
25-19-ア つでも契約の解除をすることができる(民§598-Ⅲ)。
19-17-オ

14. 使用貸借の貸主が, 借主に債務不履行がなくても, 契約を解除することができる場合をいえ。

□□□ (答)① 借用物受取り前の解除
24-18-ウ, 貸主は, 借主が借用物を受け取るまで, 契約の解除をするこ
オ とができる。ただし, 書面による使用貸借については, この限りでない(民§593の2)。
② 使用貸借の期間の定めはないが使用及び収益の目的の定めがある場合
貸主は, 定めた目的に従い借主が使用及び収益をするのに足りる期間を経過したときは, 契約の解除をすることができる(民§598-Ⅰ)。
③ 使用貸借の期間並びに使用及び収益の目的を定めなかった場合
貸主は, いつでも契約の解除をすることができる(民§598-Ⅱ)。

173

15. 契約の本旨に反する使用または収益によって生じた（　①　）及び（　②　）は，貸主が目的物の返還を受けた時から（　③　）に請求しなければならない。

☐☐☐　(答)①損害の賠償，②借主が支出した費用の償還，③1年以内(民§600-Ⅰ)。この1年の期間は除斥期間とされており，この1年の期間とは別に損害賠償請求権または費用の償還請求権の消滅時効は進行する。

16. チェックポイント15における損害賠償請求権の消滅時効の客観的起算点はいつか。

☐☐☐　(答)契約の本旨に反する使用または収益によって借用物に損害が生じた時。したがって，長期にわたって使用貸借がされた場合には，貸主が返還を受けた時点においては，損害賠償請求権は時効消滅していることがある。そこで，貸主が返還を受けた時から1年間は時効の完成は猶予される(民§600-Ⅱ)。

賃貸借の意義，存続期間等

17. 賃貸借は，どのような契約か。

☐☐☐　(答)当事者の一方(貸主)がある物の使用及び収益を相手方にさせることを約し，相手方(借主)がこれに対してその賃料を支払うこと及び引渡しを受けた物を契約が終了したときに返還することを約することによって，その効力を生ずる契約(民§601)。すなわち，諾成・双務・有償契約である。使用収益した物を返還する点で使用貸借と共通するが，借りた物と種類，品質及び数量の同じ物を返還する消費貸借と異なる。

18. 短期賃貸借とは，どのような賃貸借のことか。また，その期間をいえ。

☐☐☐　(答)処分の権限を有しない者が，単なる管理行為としてすることができる賃貸借のこと(民§602柱書前段参照)。その期間は，山林10年，その他の土地5年，建物3年，動産6か月である。契約でこれより

テーマ3　消費貸借，使用貸借，賃貸借

長い期間を定めたときでも，その期間は，これらの期間とされる（民§602柱書後段）。なお，更新は可能である（民§603）。

19. 民法602条の「処分の権限を有しない者」とは，どのような者か。

□□□　（答）被保佐人（民§13-Ⅰ⑨参照），権限の定めのない代理人（民§103），不在者の財産管理人（民§28），相続財産管理人（民§918-Ⅲ，943-Ⅱ，950-Ⅱ，953），後見監督人の付された後見人（民§864）など。これらの者は，財産の管理行為をすることはできるが，処分の権限がないので，長期にわたる賃貸借をすることは認められず，短期賃貸借に限ってすることができる。

20. 賃貸借の存続期間をいえ。

□□□　（答）50年を超えることができない。契約によってこれより長い期間を
22-10-ア　定めたときであっても，その期間は50年とする（民§604-Ⅰ）。更新
前段　　は可能であり，その期間は，更新の時から50年を超えることができない（民§604-Ⅱ）。なお，建物所有を目的とする土地の賃貸借（借地権）及び建物の賃貸借に関しては，借地借家法の規定に従う。

賃貸人としての地位の移転

21. Aは，Bに甲不動産を賃貸していたが，甲不動産をBが賃借している状態で，Cに甲不動産を売却した。甲不動産の所有権の移転によって，甲不動産の賃貸人としての地位は，AからCに移転するか。

□□□　（答）賃貸借が対抗要件を備えたものである場合は，賃貸人たる地位は，
28-18-イ，甲不動産の譲渡により当然にAからCに移転する（民§605の2-Ⅰ）。
ウ　　　賃貸借が対抗要件を備えたものでない場合は，AとCとの合意によって，賃貸人たる地位をCに移転させることができる（民§605の3前段）。いずれの場合も，賃貸人たる地位の移転には，賃借人であるBの承諾は不要である。

175

22. チェックポイント21の事例で，賃貸人たる地位がCに移転する場合において，賃貸人たる地位をAに留保するための要件をいえ。

□□□ （答）民法605条の2第2項前段参照。なお，賃貸人たる地位がAに留保されると，Bは，転借人の立場となる。

① A及びCが，賃貸人たる地位をAに留保する旨の合意をすること

② 甲不動産をCがAに賃貸する旨の合意をすること

23. チェックポイント22の要件を満たして，賃貸人たる地位がAに留保された場合において，AとCとの間の賃貸借が終了したときは，賃貸人たる地位は誰に帰属するか。

□□□ （答）C（民§605の2-Ⅱ後段）。

24. 民法605条の2第1項または2項後段の規定による賃貸人たる地位の移転があった場合において，不動産の譲受人が賃貸人たる地位を賃借人に対抗するには，当該不動産について所有権の移転の登記をする必要があるか。

□□□ （答）登記をする必要がある（民§605の2-Ⅲ）。
29-8-エ
28-18-エ

25. 民法605条の2第1項または2項後段の規定による賃貸人たる地位の移転があった場合において，賃借人は，費用の償還請求または敷金の返還請求は，譲渡人または譲受人のいずれに対してすべきか。

□□□ （答）譲受人またはその承継人に対してすべき（民§605の2-Ⅳ）。チェックポイント21の例でいうと，Bは，費用償還請求または敷金の返還請求は，Cに対してすべきことになる。なお，本例で，賃貸借契約が終了した後に，AがCに甲不動産を譲渡した場合は，CがAの敷金返還債務について免責的債務引受をしたなどの事情がない限り，Bは，Aに敷金の返還を請求すべきである（最判昭48.2.2）。
28-18-オ
18-19-ウ，
オ

テーマ3　消費貸借，使用貸借，賃貸借

賃貸人及び賃借人の義務

26. 賃貸人が賃借物の修繕義務を負わない場合はあるか。また，賃借人は賃借物の修繕をすることはできるか。

□□□　(答)賃貸人は，賃貸物の使用及び収益に必要な修繕をする義務を負うが，賃借人の責めに帰すべき事由によってその修繕が必要となったときは，この限りでない(民§606-Ⅰ)。

　　　賃借人は，賃借物の修繕が必要である場合において，賃貸人に修繕が必要である旨を通知し，または賃貸人がその旨を知ったにもかかわらず，賃貸人が相当の期間内に必要な修繕をしないとき，または急迫の事情があるときに，自ら修繕をすることができる(民§607の2)。

27. 賃借人が賃借物について必要費を支出したときは，(　①　)ができ，有益費を支出したときは，(　②　)ができる。

□□□　(答)①賃貸人に対し，直ちにその償還を請求すること(民§608-Ⅰ)，
②賃貸借終了時に民法196条2項の規定に従って償還の請求をすることができる(民§608-Ⅱ本文)。ただし，有益費の償還請求については，裁判所は賃貸人の請求によって相当の期限を許与することができる(民§608-Ⅱただし書)。

28. 賃借人が支出した費用の償還は，いつまでに請求する必要があるか。

□□□
25-18-ア
　(答)賃貸人が目的物の返還を受けた時から1年以内(民§622, 600-Ⅰ)。
賃借人が契約の本旨に反する使用収益をしたことによって生じた損害の賠償を賃貸人が請求するときも，賃貸人が目的物の返還を受けた時から1年以内に請求しなければならない(民§622, 600-Ⅰ)。
なお，チェックポイント15, 16を併せて参照のこと。

177

29. 賃借人が有益費を支出した建物の増築部分が，賃借物の返還以前に滅失したときは，有益費償還請求権は消滅するか。

25-18-オ

（答）特段の事情のない限り，消滅する（最判昭48.7.17）。増築部分が返還以前に滅失（その滅失の理由のいかんを問わない）したときには，賃貸人が利得すべき増加価値もすでに消滅しているから，有益費償還請求権も消滅すると解されるからである。このことは，賃借人が有益費償還請求権を行使したのち，返還以前に増築部分が滅失した場合でも変りはない。

30. 賃借人が賃料の減額を請求することができる場合，及び賃料が減額される場合をそれぞれいえ。

（答）減額請求をすることができるのは，耕作または牧畜を目的とする土地の賃貸借であって，不可抗力によって賃料より少ない収益を得たとき。この場合は，賃借人は，その収益の額に至るまで，賃料の減額を請求することができる（民§609）。

賃料が減額されるのは，賃借人の責めに帰することができない事由によって賃借物の一部が滅失その他の事由により使用及び収益をすることができなくなったとき。この場合は，賃料は，その使用及び収益をすることができなくなった部分の割合に応じて，減額される（民§611-Ⅰ）。

賃借権の譲渡，賃借物の転貸

31. 賃借人が賃貸人に無断で賃借権を譲渡し，または賃借物を転貸することはできるか。

22-10-イ
前段

（答）できない（民§612-Ⅰ）。ただし，賃借人と譲受人または転借人との間では，譲渡契約または転貸借契約は有効であり，賃借人は遅滞なく賃貸人の承諾を取り付ける義務を負う（最判昭34.9.17）。

178

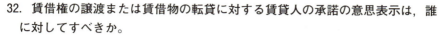

32. 賃借権の譲渡または賃借物の転貸に対する賃貸人の承諾の意思表示は，誰に対してすべきか。
　□□□（答）賃借人でも譲受人または転借人でもよい（最判昭31.10.5）。なお，賃貸人は，いったん与えた賃借権の譲渡または賃借物の転貸に対する承諾を撤回することはできない（最判昭30.5.13）。

33. 賃貸人に無断で転貸借がされた後，賃貸人が転借人に対して賃料を請求することはできるか。
　□□□（答）できる。この場合，賃貸人による転貸借に対する事後の黙示の承諾があったものとされる。
　18-19-イ

34. 賃貸借の無断譲渡・転貸がされたときの効果をいえ。
　□□□（答）賃貸人は，賃貸借契約を解除することができる（民§612-Ⅱ）。ただし，無断譲渡・転貸の契約がされただけで，譲受人または転借人による現実の使用収益がされていない場合には，賃貸人は解除することはできない（大判昭13.4.16）。また，無断譲渡・転貸がされても，賃借人の行為が賃貸人に対する背信的行為と認めるに足らない特段の事情があるときは，賃貸人の解除権は制限される（最判昭28.9.25）。

35. Bは，Aが所有する土地を賃借して，当該土地上に建物を所有しているが，Cに対して負う債務を担保するために，当該建物にCのための譲渡担保権を設定し，Cは，当該建物の引渡しを受けて使用収益をしている。この場合，Bによる受戻権の行使が可能な状態にある間でも，Aは，賃借権の無断譲渡または無断転貸を理由として土地賃貸借契約の解除をすることはできるか。
　□□□（答）できる。本例のような場合は，たとえ譲渡担保権が実行されていない間であっても，土地の賃貸人は，民法612条の規定により，賃貸借契約を解除することができる（最判平9.7.17）。
　28-15-エ

36. 賃借人が適法に賃借物を転貸したときは，転借人は，（　①　）を限度とし
て，（　②　）義務を負う。この場合においては，転借人は（　③　）。

☐☐☐ (答)①賃貸人と賃借人との間の賃貸借に基づく賃借人の債務の範囲，
②賃貸人に対して転貸借に基づく債務を直接履行する，③賃料の前
払をもって賃貸人に対抗することができない(民§613-Ⅰ)。

37. 転借料の支払期後に，賃貸人が転借人に転借料の支払を請求した場合，転
借人には支払う義務はあるか。

☐☐☐ (答)転貸人(賃借人)に転借料を支払っていれば，支払う義務はない。
民法613条1項後段の「前払」とは，転借料の支払期を基準とする
とされている。転借料の支払期前に転借人が転借料を転貸人(賃借
人)に支払った場合において，賃貸人が転借料の支払期前に請求す
ると，転借人としては，支払済みである(前払)との主張はできず，
賃貸人に支払う義務がある。

38. 適法に転貸借がされた場合において，賃借料が転借料よりも高いとき，賃
借料が転借料よりも安いとき，それぞれ賃貸人はどの額の賃料を転借人に請
求できるか。

☐☐☐
23-18-イ
(答)賃借料が転借料よりも高いときは，転借料の範囲で請求できる。
転借人は転借料の範囲だけの債務しか負っていないからである。賃
借料が転借料よりも安いときは，賃借料の範囲で請求できる。賃貸
人は賃借料の範囲での債権しかもっていないからである。

39. 適法に転貸借がされた場合において，賃貸人は転借人に対して，目的物の
使用及び収益に必要な修繕をする義務を負うか。また，転借人が必要費を支
出した場合，賃貸人は，転借人に対して直接償還義務を負うか。

☐☐☐
25-18-イ
23-18-ア
(答)いずれの義務も負わない。民法613条1項前段は，適法に転貸借
がされた場合には，転借人が賃貸人に直接義務を負う旨を規定する
だけで，賃貸人と転借人との間に契約関係が成立する旨を規定する
ものではない。したがって，賃貸人は，転借人に何ら義務を負わな
い。

テーマ3　消費貸借，使用貸借，賃貸借

40. 適法に転貸借契約が成立している場合において，賃貸借契約が次の事由で終了した場合，これを転借人に対抗することはできるか。
　① 　合意解除された場合
　② 　賃借人の債務不履行によって解除された場合
　③ 　賃貸借契約の期間の満了による場合
　④ 　賃借権の放棄の場合

□□□
23-18-ウ

（答）① 　対抗することはできない（民§613-Ⅲ本文）。
　　　② 　対抗することができる（民§613-Ⅲただし書）。
　　　③ 　対抗することができる。
　　　④ 　対抗することはできない。

41. 適法に転貸借契約が成立している場合において，賃借人の債務不履行により契約を解除するときは，賃貸人は転借人に履行を催告する必要はあるか。

□□□
（答）催告する必要はない（最判昭37.3.29）。したがって，例えば，賃借人が賃料を滞納しているときは，賃貸人は転借人に催告して延滞賃料の支払いの機会を与えなくても，契約を解除することができる（最判平6.7.18）。

42. 賃貸人の承諾がある転貸借契約がある場合において，賃貸借契約が賃借人の債務不履行によって解除された場合，転貸借はいつ終了するか。

□□□
（答）原則として，賃貸人が転借人に対して目的物の返還を請求した時に，転貸人の転借人に対する債務の履行不能により終了する（最判平9.2.25）。判例は，転貸人の転借人に対する債務の履行不能が，賃貸人からの目的物の返還請求によって現実化したときに，はじめて転貸借契約は終了するという立場である。賃貸借契約と転貸借契約とは別個の契約であることなどを理由とする。これに対して，賃貸借契約の解除により，当然に転貸借も終了するという見解もある。

43. 適法に建物の転貸借がされている場合において，転借人の失火により当該建物が減失したときは，転貸人は原賃貸人に対して債務不履行に基づく損害賠償責任を負うか。

□□□
29-16-オ

(答)賃貸人の承諾を得て転貸借がされた場合でも，賃借物が転借人の過失によって減失毀損したときは，転貸人(賃借人)は，自己に帰責事由がなくても，原賃貸人に対して，債務不履行に基づく損害賠償責任を負う(大判昭4.6.19)。

賃貸借の終了等

44. 期間の定めのない賃貸借は，いつ終了するか。

□□□
25-10-エ
後段
25-19-イ
18-13-オ

(答)各当事者は，いつでも解約の申入れをすることができ，解約の申入れがされると，目的物の種類に応じて，一定の期間が経過した後に，賃貸借は終了する(民§617-Ⅰ)。

なお，期間の定めのある賃貸借にあっては，当事者の一方または双方がその期間内に解約をする権利を留保したときに限って，民法617条の規定によって解約の申入れをすることができる(民§618)。

45. 解約の申入れ，契約の解除，存続期間の満了以外の事由で，賃貸借が終了することはあるか。

□□□

(答)賃借物の全部が減失その他の事由により使用及び収益をすることができなくなった場合には，賃貸借は，これによって終了する(民§616の2)。また，賃貸人の地位と賃借人の地位とが同一人に帰属すると，当該賃貸借に転貸借があるなど，賃貸借が第三者の権利の目的となっている場合を除いて，混同によって賃貸借は消滅する(民§520)。

テーマ3　消費貸借，使用貸借，賃貸借

46. 賃借人に賃料延滞などの債務不履行がある場合，賃貸人は，賃借人に履行を催告することなく賃貸借契約を解除することはできるか。

□□□ （答）原則として催告は必要である。賃料不払いのときは，他に特段の事情がない限り，民法541条所定の催告は必要とされる（最判昭35.6.28）。なお，債務不履行の程度が著しく賃貸借の継続が困難と考えられるほど信頼関係が破壊されたときは，催告を要せず解除ができるとする判例（最判昭27.4.25）がある。

47. 賃借人が，契約の解除の一般原則によらないで，賃貸借を解除することができる場合をあげよ。

□□□ （答）①耕作または牧畜を目的とする土地の賃貸借であって，不可抗力によって引き続き2年以上賃料より少ない収益を得たとき（民§610）。②賃借物の一部が滅失その他の事由により使用及び収益をすることができなくなった場合において，残存する部分のみでは賃借人が賃借をした目的を達することができないとき（民§611-Ⅱ）。

48. 賃貸借契約の解除に遡及効はあるか。

□□□ （答）遡及効はない（民§620前段）。

49. 賃借人は，賃借物を受け取った後にこれに生じた損傷（（　①　）並びに（　②　）を除く）がある場合において，賃貸借が終了したときは，その損傷を（　③　）義務を負う。ただし，その損傷が（　④　）であるときは，この限りでない。

□□□ （答）①通常の使用及び収益によって生じた賃借物の損耗，②賃借物の経年変化，③原状に復する，④賃借人の責めに帰することができない事由によるもの（民§621）。

50. 賃貸借契約が賃料不払いのため適法に解除された後に，賃借人が賃貸人に対して有していた債権を自働債権とし，賃料債務を受働債権とする相殺の意思表示をした場合，解除の効力に影響はあるか。なお，解除当時，賃借人は自働債権を有する事実を知らなかったものとする。

□□□
25-18-エ

(答)解除の効力に影響はない。相殺の意思表示は，双方の債務が互いに相殺に適するようになった時にさかのぼってその効力を生ずるが（民§506-Ⅱ），この遡及効は相殺の債権債務それ自体に関するものであり，本例の相殺の意思表示以前に既に有効にされた賃貸借契約の解除の効力には何らの影響を与えるものではない。そして，このことは相殺の自働債権者がその債権を有していることを知らなかったため，相殺の時期を失した場合も同様である（最判昭32.3.8）。

51. Aからアパートを賃借していたBが死亡し，C及びDがBの賃借権を共同相続した場合，Aは，C及びDのうち一方のみに対して，相続開始後の賃料全額を請求することはできるか。

□□□
21-16-エ

(答)できる。数人が共同して賃借人としての地位を有する場合は，共同賃借人の賃借物から受ける使用利益は不可分であることから，反対の事情がない限り，賃料債務は不可分債務とされる（大判大11.11.24）。したがって，賃貸人であるAは，C及びDが共同賃借人となった時(それは，相続開始後である)以降の賃料については，CまたはDのうちの一方のみに対して，その全額を請求することができる（民§430，436）。

52. 敷金の交付がされている賃貸借が継続している間に，賃借人は賃貸人に対して，敷金を延滞した賃料の支払債務の弁済に充てることを請求することはできるか。

□□□
29-18-エ

(答)できない（民§622の2-Ⅱ後段）。これに対して，賃貸人は，賃借人が賃貸借に基づいて生じた金銭の給付を目的とする債務を履行しないときは，敷金をその債務の弁済に充てることができる（民§622の2-Ⅱ前段）。

テーマ3　消費貸借，使用貸借，賃貸借

53. 建物所有を目的とする土地の賃借権及び建物の賃借権に関する登記以外の
　　対抗要件をそれぞれいえ。

□□□
18-13-ア
前段

（答）建物の所有を目的とする土地の賃借権，すなわち，借地権につい
　　ては，借地上に借地権者が登記された建物を有すること（借地借家
　　§10-Ⅰ）。建物の賃借権，すなわち，借家権については，引渡し
　　（借地借家§31-Ⅰ）。

テーマ3

参考過去問

1. Aは，Bに対し，甲建物を賃貸していたが，Bは，3か月前から賃料を全く支払わなくなった。この事例に関する次のアからオまで記述のうち，判例の趣旨に照らして誤っているものはどれか（H14-14改）。

ア　Aは，Bに対し，相当期間を定めて延滞賃料の支払の催告をした上，賃貸借契約を解除する旨の意思表示をしたが，その後，Bが延滞賃料を支払ったので，Bの承諾を得て，解除を撤回する旨の意思表示をした。この場合，解除の撤回は有効である。

イ　Aは，Bに対し，期間を定めずに延滞賃料の支払を催告したが，相当期間が経過してもBが延滞賃料を支払わなかったので，賃貸借契約を解除する旨の意思表示をした。この場合，解除は無効である。

ウ　Bは，Aの承諾を得て甲建物をCに転貸していたところ，Aは，Cに対してBの延滞賃料の支払の機会を与えないまま，Bに対し，相当期間を定めて延滞賃料の支払の催告をした上，賃貸借契約を解除する旨の意思表示をした。この場合，Aは，Cに対し，解除の効果を主張することはできない。

エ　Aは，Bに対し，相当期間を定めて延滞賃料の支払を催告した。Bは，催告の期間経過後に延滞賃料及び遅延損害金を支払ったが，その後，Aは，Bに対し，賃貸借契約を解除する旨の意思表示をした。この場合，解除は無効である。

オ　Aは，Cからその所有する甲建物を賃借し，これをCの承諾を得ずにBに転貸していたところ，Cが，この事実を知り，3か月前から，Bに対し，甲建物の明渡しを求めてきた。そこで，Bは，Aから相当期間を定めた延滞賃料の支払の催告とともに，支払のない限り賃貸借契約を解除する旨の意思表示があったが，延滞賃料を支払わず，相当期間が経過した。この場合，解除は無効である。

テーマ3 消費貸借，使用貸借，賃貸借

誤っているものは，イ，ウである。

ア ○ 契約解除の意思表示は，撤回することができないが（民§540-Ⅱ），これは相手方の利益を考慮して，解除権者の一方的な意思表示による撤回を禁止したものであり，相手方の承諾を得てする撤回まで禁止するものではない。

イ × 期間の定めのない催告であっても，相当期間が経過すれば，解除権は発生するとされる（最判昭31.12.6）。したがって，本肢の解除は有効である。

ウ × チェックポイント41参照。

エ ○ 本肢においては，Bが延滞賃料及び遅延損害金を支払ったことによって，Aの契約解除権は消滅している（テーマ1のチェックポイント49の③参照）。したがって，その後にされた解除の意思表示は無効である。

オ ○ 本肢においては，転借人Bは，賃貸人Cから甲建物の明渡しを求められているので（転貸を承諾しない賃貸人は賃貸借契約を解除しなくても，転借人に明渡請求ができる），「目的物について権利を主張する者があるため，権利を失うおそれがあるとき」に該当するので，その危険の限度において賃料の支払いを拒むことができる（民§559，576）。この場合のBのAに対する賃料の延滞は違法なものとはいえないので，Aに対する債務不履行は成立しない。したがって，Aは解除権を取得することはないので，本肢の解除は無効である。

2．A所有の甲建物をAから賃借したBがAの承諾を得て甲建物をCに転貸した場合に関する次のアからオまでの記述のうち，判例の趣旨に照らし正しいものはどれか（H17-20改）。

ア　Cは，Aに対し，賃料の支払義務を負うが，Aからの請求に対しては，Bの賃借料とCの転借料のうち，いずれか低い方の金額を支払えば足りる。

イ　Aは，Cに対し，甲建物の使用及び収益に必要な修繕をする義務を負う。

ウ　Bの賃料支払債務の不履行を理由にAB間の賃貸借契約を解除する場合には，Aは，あらかじめCに対して賃料の支払を催告しなければならない。

エ　CがAから甲建物の所有権を譲り受けた場合には，これにより，B

187

　　　　Ｃ間の転貸借関係は，消滅する。
　　オ　ＡＢ間で甲建物の賃貸借契約を合意解除した場合であっても，この
　　　ために，甲建物の転貸借に関するＣの権利は，消滅することはない。

正しいものは，ア，オである。

ア　○　チェックポイント38参照。

イ　×　チェックポイント39参照。

ウ　×　チェックポイント41参照。

エ　×　賃貸人の地位と転借人の地位とが同一人に帰した場合であっても，転
　　貸借は，当事者間にこれを消滅させる合意の成立しない限り，消滅しない
　　（最判昭35.6.23）。

オ　○　チェックポイント40の①参照。

3．Ａが自己所有の甲建物をＢに賃貸して引き渡した場合に関する次のア
　からオまでの記述のうち，判例の趣旨に照らし正しいものはどれか（Ｈ
　18-19改）。

　　ア　Ａが甲建物をＣに譲渡したが，まだＣが甲建物について所有権の移
　　　転の登記をしていないときは，Ｂは，Ａに対して賃料を支払わなけれ
　　　ばならない。

　　イ　ＢがＡに無断でＤに賃借権を譲渡し，Ｄが居住を開始したときは，
　　　Ａは，Ｄに対して賃料の支払を請求することができる。

　　ウ　Ｂが甲建物について有益費を支出した後に，Ａが甲建物をＣに譲渡
　　　したときは，有益費の償還請求は，Ａに対してしなければならない。

　　エ　Ｂが死亡してその妻Ｅと子ＦがＢの権利義務を相続し，ＥとＦが甲
　　　建物に居住しているときは，Ａは，Ｆに対してＢが死亡した後の賃料
　　　の全額の支払を請求することができる。

　　オ　ＡＢ間の賃貸借契約が終了した後に，Ａが甲建物をＣに譲渡したと
　　　きは，Ｂは，Ｃに対して，ＢがＡに差し入れた敷金の返還を請求する
　　　ことができる。

正しいものは，イ，エである。

テーマ3　消費貸借，使用貸借，賃貸借

ア　×　対抗要件を備えた賃貸借（本問は，建物賃貸借であり，建物は引き渡されているので，対抗要件は備えられている（チェックポイント53参照））における不動産の賃貸人が賃貸借の目的である不動産を譲渡すれば，賃貸人たる地位は当然に譲受人に移転する（チェックポイント21参照）。この場合，譲受人（新賃貸人）が，賃借人に賃貸人たる地位を主張するには，登記を要する（チェックポイント24参照）。しかし，賃借人の側から登記を受けていない不動産の譲受人を新賃貸人として賃料を支払うことは差し支えない。したがって，Bは，Cに対して賃料を支払うことができる。なお，Bは，Aに対して支払うこともできる。

イ　○　無断で賃借権の譲渡がされた場合でも，当該譲渡は無効ではなく，賃貸人による解除権が発生する余地があるだけであり（民§612-Ⅱ），事後に賃貸人の承諾が得られれば，賃借権の譲渡ははじめから有効なものとなる。本肢は，賃貸人Aが，無断で賃借権を譲り受けたDに対して賃料の支払いを請求することができるとするが，賃借権の譲渡に対する承諾は黙示に行われてもよく，AがDに対して，賃料の支払いを請求する行為は，事後の黙示的な承諾と考えられるので（チェックポイント33参照），これを妨げる理由はない。このDに対する賃料の支払い請求（事後の承諾）によって，Bが賃貸借契約から離脱し，Dが賃借人となる。

ウ　×　チェックポイント25参照。

エ　○　チェックポイント51参照。

オ　×　チェックポイント25の後半参照。Bは，Aに対して，敷金の返還を請求すべきである。

4．転貸借における原賃貸借の賃貸人（原賃貸人）と転借人との法律関係に関する次のアからオまでの記述のうち，判例の趣旨に照らし正しいものはどれか（H23-18改）。

ア　原賃貸人の承諾を得て建物の転貸借が行われた場合には，転借人は，原賃貸人に対し，雨漏りの修繕など，建物の使用及び収益に必要な行為を求めることができる。

イ　原賃貸人の承諾を得て転貸借が行われた場合には，原賃貸人は，転借人に対し，原賃貸借の賃料額と転貸借の賃料額のうち低い方の額を

限度として，賃料を直接請求することができる。

ウ　原賃貸人の承諾を得て転貸借が行われた場合において，その後に原賃貸借が合意解除されたときは，原賃貸人は，転借人に対し，目的物の返還を求めることができる。

エ　建物所有を目的とする土地の賃貸借において，借地権者が地上建物を第三者に譲渡するに当たり，その第三者が土地の転借をしても原賃貸人に不利となるおそれがないのにその承諾が得られない場合には，借地権者は，原賃貸人の承諾に代わる許可を裁判所に申し立てることができる。

オ　原賃貸人に無断で転貸借が行われた場合には，転借人は，原賃貸人の承諾を得られるまでの間，転貸人（原賃借人）からの賃料の支払請求を拒むことができる。

正しいものは，イ，エである。

ア　×　チェックポイント39参照。

イ　○　チェックポイント38参照。

ウ　×　賃貸人は，合意解除をもって転借人に対抗することはできないので（チェックポイント40の①），本肢の場合，賃貸人は，転借人に目的物の返還を請求することはできない。

エ　○　借地借家法19条1項前段のとおり。

オ　×　土地または建物の賃借人は，賃借物に対する権利に基づき自己に対して明渡しを請求することができる第三者からその明渡しを求められた場合には，それ以後，賃料の支払いを拒絶することができる（最判昭50.4.25）。民法559条により同法576条の規定が賃貸借に準用される結果である。無断転貸がされたときは，賃貸人は，賃貸借契約を解除しなくても，転借人に明渡しを請求できるが（最判昭26.5.31），先の判例の趣旨から，転借人は，転貸人からの賃料の支払い請求に対して，賃貸人から明渡しを請求された時以後の賃料の支払いを拒むことができる。賃貸人の承諾が得られるまで賃料の支払いを拒むことができるのではない。

5．建物の賃借人による賃貸人の負担に属する必要費又は有益費の償還請

テーマ3　消費貸借，使用貸借，賃貸借

求に関する次のアからオまでの記述のうち，判例の趣旨に照らし正しいものはどれか（H25-18改）。

ア　賃借人が支出した必要費の償還は，賃貸人が目的物の返還を受けた時から1年以内に請求しなければならないが，この1年の期間とは別に，賃借人が必要費を支出した時から消滅時効が進行する。

イ　賃借人が適法に賃借物を転貸した場合において，必要費を支出した転借人は，転貸人のほか，賃貸人に対しても，直接にその償還請求権を行使することができる。

ウ　賃借人は，必要費を支出した場合であっても，賃借物を留置することはできない。

エ　賃借人が，自己の必要費償還請求権と賃貸人の賃料債権との相殺によって，賃料不払を理由とする契約解除を妨げるためには，解除の意思表示がされる前に相殺の意思表示をしなければならない。

オ　賃借人が有益費を支出した建物の増築部分が，賃貸借の終了後，賃借物の返還前に，賃貸人又は賃借人のいずれの責めにも帰すべきでない事由によって滅失した場合であっても，その滅失が有益費償還請求権の行使の後に生じたものであるときは，有益費償還請求権は，消滅しない。

正しいものは，ア，エである。

ア　○　チェックポイント28参照。

イ　×　チェックポイント39参照。

ウ　×　賃借人が賃貸人の負担に属する必要費を支出した場合における費用償還請求権は，賃借物に関して生じた債権といえるので，賃借人はその償還を受けるまで賃借物を留置することができる。

エ　○　チェックポイント50参照。賃貸借契約が適法に解除された後に，賃借人が賃料債務を受働債権とする相殺をしても，解除の効果が覆ることはないので，賃借人が相殺をもって賃料債務の不履行という解除の原因を除去するには，解除権が行使される前に相殺をする必要がある。

オ　×　チェックポイント29参照。

191

6．Aは，その所有する甲土地をBに賃貸し，その後，Cに対して甲土地を譲渡した。次の対話は，この事例に関する教授と学生との対話である。教授の質問に対する次のアからオまでの学生の解答のうち，判例の趣旨に照らし誤っているものはどれか（H28-18改）。

教授：　そもそも，賃借人Bは，賃貸人Aに対して，自己の賃借権に対抗力を付与すべく，賃借権の登記をするように請求することができるでしょうか。

学生：ア　契約で別段の定めをしない限り，賃借権の登記をするように請求することはできません。

教授：　それでは，AがCに甲土地を譲渡したのは，Bが賃借権について対抗要件を具備した後であったとします。この場合には，Aが有していた賃貸人たる地位は，Bの承諾がなくても当然にCに移転するのでしょうか。

学生：イ　賃貸人たる地位は，賃借人の承諾がなくても，当然に譲受人に移転します。

教授：　Bが賃借権について対抗要件を具備していない場合であっても，甲土地の譲渡に先立ってAとCが合意することにより，譲渡の際，Aが有している賃貸人たる地位を，Bの承諾なく，Cに移転させることができるでしょうか。

学生：ウ　賃貸人たる地位は，賃貸借の目的物の譲渡人と譲受人が合意したとしても，賃借人の承諾がない以上は，移転させることができません。

教授：　次に，甲土地の譲渡に伴ってAの賃貸人たる地位がCに移転した場合を前提として質問します。甲土地についてAからCに対する所有権の移転の登記がされていない場合にも，BはCからの賃料の支払の請求を拒むことができないのでしょうか。

学生：エ　この場合には，Bは，Cからの賃料請求を拒むことができます。

教授：　最後に，BがAに対して交付していた敷金について質問します。甲土地の譲渡に伴ってAの賃貸人たる地位がCに移転し，AからCに対する所有権の移転の登記もされた場合には，Bは，誰に対して，敷金の返還を請求することになりますか。

テーマ3　消費貸借，使用貸借，賃貸借

> 学生：オ　賃貸人たる地位は移転していますが，敷金の返還については，
> 　　　　　敷金契約を締結した相手方であるAに対して請求することになり
> 　　　　　ます。

誤っているものは，ウ，オである。

ア　○　賃借権は債権であり，債権には登記請求権は認められないので，賃借
権の登記をする旨の合意がない場合は，賃借人は賃貸人に登記をするよう請
求することはできない（大判大10.7.11）。

イ　○　ウ　×　チェックポイント21参照。

エ　○　チェックポイント24参照。

オ　×　チェックポイント25参照。

> 7．消費貸借契約に関する次のアからオまでの記述のうち，判例の趣旨に
> 　照らし誤っているものはどれか。なお，当該消費貸借契約の締結は，商
> 　行為に当たらないものとする（R 2 -19改）。
> 　ア　書面でする消費貸借契約の貸主は，借主に対して目的物を交付する
> 　　までは，契約の解除をすることができる。
> 　イ　借主は，消費貸借契約において返還の時期が定められていた場合で
> 　　あっても，いつでも返還をすることができる。
> 　ウ　消費貸借契約において利息に関する特約がなかった場合は，貸主は，
> 　　借主に対して法定利率による利息を請求することができる。
> 　エ　消費貸借契約において返還の時期が定められていなかった場合にお
> 　　いて，貸主が期間を明示せずに返還の催告をしたときであっても，借
> 　　主が催告を受けた時から返還の準備をするのに相当な期間を経過した
> 　　ときは，借主は，返還義務について遅滞の責任を負う。
> 　オ　貸主から引き渡された物が種類又は品質に関して契約の内容に適合
> 　　しないものであるときは，借主は，その物の価額を返還することがで
> 　　きる。

誤っているものは，ア，ウである。

ア　×　チェックポイント 5 参照。

193

イ ○ チェックポイント 8 参照。
ウ × チェックポイント 4 参照。
エ ○ チェックポイント 8 参照。
オ ○ 民法590条 2 項のとおり。

テーマ 4

その他の契約

Check Point

贈　与

1. 書面によらない贈与は，（　①　）。ただし，（　②　）については，この限りでない。
   □□□ （答）①各当事者が解除をすることができる，②履行の終わった部分（民§550）。

2. 不動産の書面によらない贈与において，目的物の引渡しがあった場合，または登記がされた場合において，それぞれ解除をすることはできるか。
   □□□ （答）いずれの場合も，履行が終わったとして解除をすることはできない。

3. 農地の書面によらない贈与について，引渡しはあったが農地法所定の許可のない間において，解除をすることはできるか。
   □□□ （答）解除することができる（最判昭41.10.7）。ただし，農地法所定の許可申請書の作成があれば，書面による贈与とみなされるので（最判昭37.4.26），その後は解除をすることができない。

4. 定期の給付を目的とする贈与は，（　　　）によって，その効力を失う。
   □□□ （答）贈与者または受贈者の死亡（民§552）。なお，定期金の給付を目的とする贈与が確定期限付であると不確定期限付であるとを問わず，

贈与者または受贈者の死亡によって当該贈与は失効する(大判大6.11.5)。

5．死因贈与は，いつでも撤回することができるか。

19-23-エ
後段

(答)死因贈与は，その性質に反しない限り，遺贈に関する規定が準用され(民§554)，遺言の撤回に関する民法1022条も，その方式に関する部分を除いて準用されるが(最判昭47.5.25)，負担の履行期が贈与者の生前と定められた負担付の死因贈与である場合において，受贈者が負担の全部またはこれに類する程度の履行をした場合には，特段の事情がない限り，同条の規定は準用されず(最判昭57.4.30)，当該負担付の死因贈与の撤回は認められない。

請 負

6．請負は，どのような契約か。

30-19-ウ
後段

(答)当事者の一方(請負人)がある仕事を完成することを約し，相手方(注文者)がその仕事の結果に対してその報酬を支払うことを約することによって，その効力を生ずる契約である(民§632)。すなわち，諾成・双務・有償の契約である。

7．注文者は，いつ報酬を支払わなければならないか。

(答)仕事の目的物の引渡しと同時に支払わなければならない。ただし，物の引渡しを要しないときは，請負人が仕事を完成した後に支払えばよい(民§633，624-Ⅰ)。

8. 仕事が一部しか完成していない場合でも，請負人が報酬を請求することができるのは，どのような場合か。

☐☐☐ (答)次に掲げる場合において，請負人が既にした仕事の結果のうち可分な部分の給付によって注文者が利益を受ける場合。この場合は，その部分を仕事の完成とみなして，請負人は，注文者が受ける利益の割合に応じて報酬を請求することができる(民§634)。

① 注文者の責めに帰することができない事由によって仕事を完成することができなくなったとき。

② 請負が仕事の完成前に解除されたとき。

9. 請負人の責めに帰すべき事由によって仕事を完成することができなくなった場合でも，請負人は，報酬を請求することができる場合はあるか。

☐☐☐ (答)請負人が既にした仕事の結果のうち可分な部分の給付によって注文者が利益を受けるのであれば，注文者が受ける利益の割合に応じて報酬を請求することができる。民法634条1号の「注文者の責めに帰することができない事由」には，「当事者双方の責めに帰することができない事由」と「請負人の責めに帰すべき事由」があり，いずれの場合も，チェックポイント8の要件を満たせば，請負人は，同条所定の報酬請求権を有する。

10. 請負人が契約の内容に適合しない仕事の目的物を注文者に引き渡したとき (その引渡しを要しない場合にあっては，仕事が終了した時に仕事の目的物が契約の内容に適合しないとき)は，注文者は，請負人に対してどのような請求をすることができるか。

☐☐☐
19-20-ア,
ウ後段
(答)売主の担保責任(民§562〜564)に準じて，追完請求，報酬減額請求，損害賠償請求，及び契約の解除をすることができる(民§636参照)。請負は有償契約なので，民法559条の規定により，売主の担保責任に関する規定(民§562〜566)が請負人の担保責任に包括的に準用される。

テーマ4 その他の契約

11. 請負人の仕事に契約不適合があっても，注文者が請負人に対して担保責任を追及することができないのは，どのような場合か。

□□□
19-20-オ

（答）請負人が種類または品質に関して契約の内容に適合しない仕事の目的物を注文者に引き渡したとき（その引渡しを要しない場合にあっては，仕事が終了した時に仕事の目的物が種類または品質に関して契約の内容に適合しないとき）であって，その契約不適合が，注文者の供した材料の性質または注文者の与えた指図によって生じたものである場合（民§636本文）。ただし，請負人がその材料または指図が不適当であることを知りながら告げなかったときは，この限りでない（民§636ただし書）。

12. 請負人の担保責任の期間の制限について述べよ。

□□□

（答）請負人が種類または品質に関して契約の内容に適合しない仕事の目的物を注文者に引き渡したとき（その引渡しを要しない場合にあっては，仕事が終了した時に仕事の目的物が種類または品質に関して契約の内容に適合しないとき）は，その不適合を知った時から1年以内にその旨を請負人に通知しないときは，注文者は，その不適合を理由として，担保責任を追及することができない（民§637-Ⅰ）。ただし，契約不適合について，仕事の目的物の引渡しの時または仕事が終了した時に，請負人がその不適合を知り，または重大な過失によって知らなかったときは，期間の制限はない（民§637-Ⅱ）。

13. 注文者の解除権について述べよ。

□□□
30-19-ア
後段
25-19-ウ
23-19-エ

（答）請負人が仕事を完成しない間は，いつでも損害を賠償して契約の解除ができる（民§641）。

199

14. 注文者が破産手続開始の決定を受けたときは，（　①　）は，契約の
（　②　）をすることができる。ただし，請負人による契約の解除については，
（　③　）は，この限りでない。

□□□　(答)①請負人または破産管財人，②解除，③仕事を完成した後(民§
642-Ⅰ)。

15. 工作物の請負契約において，材料の主要部分を注文者が供給した場合は，
完成した工作物は誰の所有に属するか。

□□□　(答)完成と同時に注文者に帰属する(大判昭7.5.9)。

16. 工作物の請負契約において，材料の主要部分を請負人が供給した場合は，
完成した工作物は誰の所有に属するか。

□□□　(答)いったん請負人に帰属した後，引渡しによって注文者に帰属する
(大判大3.12.26)。

17. 建物建築の請負人が材料を提供したが，工事の進行に応じて注文者によっ
て代金が支払われている場合は，完成した建物の所有権は誰に帰属するか。

□□□　(答)引渡しがなくても，完成と同時に原始的に注文者に帰属するとさ
れている(最判昭44.9.12)。

委 任

18. 委任は，どのような契約か。また，受任者は復受任者を選任することはで
きるか。

□□□
30-19-ウ
前段
(答)当事者の一方(委任者)が法律行為をすることを相手方に委託し，
相手方(受任者)がこれを承諾することによって，その効力を生ずる
契約(民§643)。諾成契約であり，原則として片務，無償契約であ
るが，委任者が受任者に報酬を支払う場合は，双務，有償契約とな
る。
　　受任者は，委任者の許諾を得たとき，またはやむを得ない事由が
あるときは，復受任者を選任することができる(民§644の2-Ⅰ)。

テーマ4　その他の契約

なお，代理権を付与する委任において，受任者が代理権を有する復受任者を選任したときは，復受任者は，委任者に対して，その権限の範囲内において，受任者と同一の権利を有し，義務を負う（民§644の2-Ⅱ）。

19. 報酬を支払う特約のない委任契約の受任者は，善管注意義務を負うか。

□□□　（答）負う。委任契約が有償であると無償であるとを問わず，受任者は善管注意義務を負う（民§644）。無償寄託の受寄者は善管注意義務を負わないことと比較すること（民§659）。

20. 受任者が委任事務を処理することによって金銭その他の物を取得した場合，その物は当然に委任者に帰属するか。

□□□　（答）当然には帰属しない。受任者が委任者の代理人として法律行為をすれば，効果は直接委任者に帰属するが，自己の名をもって法律行為をすれば，権利等はいったん受任者に帰属し，その後，受任者は委任者にそれを移転する義務を負う（民§646-Ⅱ）。

21. 有償委任（成果等に対して報酬を支払う旨の合意がある場合を除く）の場合，委任者は，いつ受任者に報酬を支払わなければならないか。

□□□　（答）受任者が委任事務を履行した後に支払う（民§648-Ⅱ本文）。

22. 受任者の責めに帰すべき事由によって委任事務の履行をすることができなくなった場合は，受任者は，委任者に対して既にした履行の割合に応じた報酬を請求することはできるか。

□□□　（答）できる。受任者は，①委任者の責めに帰することができない事由
23-19-ア　によって委任事務の履行をすることができなくなったとき，または②委任が履行の中途で終了したときは，既にした履行の割合に応じて報酬を請求することができる（民§648-Ⅲ）。①の「委任者の責めに帰することができない事由」には，「受任者の責めに帰すべき事由」も含まれる。

201

23. 委任事務の履行により得られる成果等に対して報酬を支払う旨の合意がされた場合の、報酬の支払について述べよ。

(答)その成果が引渡しを要するときは、報酬は、その成果の引渡しと同時に、支払わなければならない(民§648の2-Ⅰ)。また、成果等に対して報酬を支払う旨の合意がある場合において、委任事務の一部の処理が不能になったときは、受任者の報酬請求権については、請負に関する民法634条の規定(チェックポイント8参照)を準用する(民§648の2-Ⅱ)。

24. 受任者は、委任事務を処理するため自己に過失なく損害を受けたときは、委任者に故意または過失がない場合でも、損害賠償の請求をすることはできるか。

(答)できる(民§650-Ⅲ)。民法650条3項の損害賠償義務は、委任者の故意・過失を要件としない無過失責任である。

25. 委任を任意解除(民§651-Ⅰ)した当事者が、相手方に対して損害を賠償しなければならない場合をいえ。

(答)①相手方に不利な時期に委任を解除したとき、または②委任者が受任者の利益(専ら報酬を得ることによるものを除く)をも目的とする委任を解除したとき。ただし、①②のいずれの場合でも、やむを得ない事由があったときは、この限りでない(民§651-Ⅱ)。

26. 委任契約を解除した場合、遡及効はあるか。

(答)遡及効はない(民§652)。非遡及的に契約関係を解消させるものであるので、民法651条は「解除」の文言を用いているが、その性質は告知である。

27. 委任の終了原因をあげよ。

(答)委任者または受任者の死亡または破産手続開始の決定、受任者の後見開始の審判(民§653)。このほか、委任事務の終了、委任事務の履行不能、終期の到来、解除条件の成就、解除(民§651)等があ

202

テーマ4　その他の契約

　　　　る。

28. 委任が終了した場合において，急迫の事情があるときは，（　①　）は，委任者またはその相続人もしくは法定代理人が（　②　）まで，必要な処分をしなければならない。

□□□　（答）①受任者またはその相続人もしくは法定代理人，②委任事務を処理することができるに至る（民§654）。

29. 委任の終了の対抗要件をいえ。

□□□　（答）相手方に委任の終了事由を通知すること。委任の終了事由は，これを相手方に通知したとき，または相手方がこれを知っていたときでなければ，これをもってその相手方に対抗することができない（民§655）。

寄　託

30. 寄託は，どのような契約か。

□□□
20-17-ア
後段
　（答）当事者の一方（寄託者）がある物を保管することを相手方（受寄者）に委託し，相手方がこれを承諾することによって成立する契約（民§657）。諾成契約であり，報酬の特約があるときは有償・双務契約となり，特約がないときは無償・片務契約となる。

31. 無償寄託における受寄者の保管義務をいえ。

□□□　（答）自己の財産に対するのと同一の注意義務（民§659）。有償寄託の場合は，善管注意義務を負うことと比較すること。

32. 寄託物について権利を主張する第三者が受寄者に対して（　①　），または（　②　）をしたときは，受寄者は，遅滞なくその事実を寄託者に通知しなければならない。ただし，（　③　）は，この限りでない。

□□□　（答）①訴えを提起し，②差押え，仮差押えもしくは仮処分，③寄託者が既にこれを知っているとき（民§660-Ⅰ）。

203

33. 第三者が寄託物について権利を主張する場合，受寄者は，原則として，誰に対して寄託物を返還しなければならないか。

□□□ （答）寄託者の指図がない限り，寄託者に対しその寄託物を返還しなければならない（民§660-Ⅱ本文）。

34. 第三者が寄託物について権利を主張する場合において，受寄者が寄託物を寄託者に対して返還する必要がないのはどのような場合か。

□□□ （答）寄託物について権利を主張する第三者に寄託物を引き渡すべき旨を命ずる確定判決（確定判決と同一の効力を有するものを含む）があったときであって，その第三者に寄託物を引き渡したとき（民§660-Ⅱただし書）。

35. 受寄者が，民法660条2項の規定により，寄託者に寄託物を返還しなければならない場合において，受寄者が寄託物を寄託者に引き渡したことにより，権利を主張する第三者に損害が生じたときは，受寄者は，当該第三者に対してその賠償をする必要はあるか。

□□□ （答）賠償する必要はない（民§660-Ⅲ）。権利を主張した第三者が，たとえ真の権利者であっても，当該第三者が受けた損害は，当該第三者が寄託者に対して直接請求することによって解決することを意図し，寄託者と第三者との間の寄託物をめぐる紛争に受寄者が巻き込まれないようにするためである。

36. 寄託者が，契約の解除の一般原則によらないで，契約を解除することができる場合をいえ。

□□□
25-19-オ
24-18-ウ
20-17-イ
後段,
ウ後段
（答）受寄者が寄託物を受け取るまでは，契約を解除することができる。この場合において，受寄者は，その契約の解除によって損害を受けたときは，その賠償を請求することができる（民§657の2-Ⅰ）。なお，この場合の寄託は，有償であるか無償であるかを問わない。

204

テーマ4　その他の契約

37. 受寄者が，契約の解除の一般原則によらないで，契約を解除することができる場合をいえ。

☐☐☐ (答)① 書面によらない無償寄託の受寄者は，寄託物を受け取るまでは，契約を解除することができる(民§657の2-Ⅱ)。

② 有償寄託及び書面による無償寄託の受寄者は，寄託物を受け取るべき時期を経過したにもかかわらず，寄託者が寄託物を引き渡さない場合において，相当の期間を定めてその引渡しの催告をし，その期間内に引渡しがないときは，契約の解除をすることができる(民§657の2-Ⅲ)。

38. 寄託者による寄託物の返還請求について述べよ。

☐☐☐ (答)返還時期の定めの有無にかかわらず，寄託者は，いつでもその返還を請求することができる(民§662-Ⅰ)。受寄者は，返還時期の前に返還を請求されたことによって損害を受けたときは，寄託者に対し，その賠償を請求することができる(民§662-Ⅱ)。

39. 受寄者による寄託物の返還について述べよ。

☐☐☐ (答)当事者が寄託物の返還の時期を定めなかったときは，受寄者はいつでもその返還をすることできる(民§663-Ⅰ)。返還時期の定めがあるときは，受寄者はやむを得ない事由がある場合でなければ，その期限前に返還をすることはできない(民§663-Ⅱ)。

組　合

40. 組合契約とは，どのような契約か。

☐☐☐
26-19-ア
21-18-オ
(答)各当事者が出資をして共同の事業を営むことを約することによって成立する契約(民§667-Ⅰ)。諾成，双務，有償の契約である。なお，出資は，労務を目的とすることができる(民§667-Ⅱ)。

205

41. 組合員は，他の組合員が出資義務を履行しないことを理由に，自己の出資義務の履行を拒むことはできるか。また，他の組合員がその責めに帰することができない事由によって出資をすることができなくなったときは，自己の出資義務の履行を拒むことはできるか。

□□□ (答)いずれも拒むことはできない。民法667条の2第1項により，同法533条(同時履行の抗弁)及び536条(債務者の危険負担等)の適用が除外されているからである。また，組合員は，他の組合員が組合契約に基づく債務の履行をしないことを理由として，組合契約を解除することができない(民§667の2-Ⅱ)。

42. 組合員の1人について意思表示の無効または取消しの原因があるときは，組合契約の効力はどうなるか。

□□□ (答)意思表示の無効または取消しの原因がある組合員以外の組合員の間においては，組合契約は，その効力を妨げられない(民§667の3)。この場合，意思表示に無効または取消しの原因があった組合員のみが離脱し，組合は他の組合員を構成員として存続する。

43. 組合員の債権者は，組合員に対して有する債権に基づいて，組合財産を差し押さえることはできるか。

□□□ (答)できない(民§677)。

44. 組合の業務は，(　①　)をもって決し，(　②　)がこれを執行する。

□□□
26-19-イ
(答)①組合員の過半数，②各組合員(民§670-Ⅰ)。なお，組合契約で業務の決定及び執行を一部の組合員または第三者に委任することができ(民§670-Ⅱ)，委任を受けた者(業務執行者)が数人定められたときは，組合の業務は，その過半数で決定し，各業務執行者がこれを執行する(民§670-Ⅲ)。なお，業務執行者に業務の執行を委任した場合であっても，組合の業務については，総組合員の同意によって決定し，または総組合員が執行することができる(民§670-Ⅳ)。

テーマ4　その他の契約

45. 組合の常務は，（　①　）ときを除いて，（　②　）が単独で行うことができる。

□□□　(答)①その完了前に他の組合員または業務執行者が異議を述べた，②各組合員または各業務執行者(民§670-Ⅴ)。

46. 各組合員が，組合の業務を執行する場合において，他の組合員を代理するための要件をいえ。

□□□　(答)組合員の過半数の同意を得ること(民§670の2-Ⅰ)。ただし，業
26-19-ウ　　務執行者がいる場合は，業務執行者が1人であるときは，その者が
18-20-イ　　組合員を代理することができ，業務執行者が数人あるときは，業務
　　　　　　執行者の過半数の同意を得た者が組合員を代理することができる
　　　　　　(民§670の2-Ⅱ)。なお，各組合員または各業務執行者は，組合の
　　　　　　常務を行うときは，単独で組合員を代理することができる(民§670
　　　　　　の2-Ⅲ)。

47. 組合員の損益分配の割合について述べよ。

□□□　(答)組合契約において，その損益の分配に関する事項が定められてい
18-20-ウ　　れば，それに従う。損益分配の割合が定められていないときは，そ
　　　　　　の割合は，各組合員の出資の価額に応じて定める(民§674-Ⅰ)。ま
　　　　　　た，利益または損失についてのみ分配の割合を定めたときは，その
　　　　　　割合は，利益及び損失に共通であるものと推定される(民§674-Ⅱ)。
　　　　　　なお，ある組合員が利益の分配を受けない旨を定めることは無効で
　　　　　　あるが，ある組合員が損失を分担しないことを定めることは，組合
　　　　　　契約の性質に反しない(大判明44.12.26)。

48. 組合の債権者は，組合に対する債権に基づいて，各組合員の個人財産に対して強制執行をすることができるか。

□□□　(答)組合財産に対して強制執行をすることができるとともに，各組合
　　　　　　員の個人財産に対しても，強制執行をすることができる(民§675参
　　　　　　照)。

49. やむを得ない事由があっても，任意の脱退を許さない旨の組合契約における約定は，有効か。

□□□
26-19-オ
18-20-エ

（答）無効である（最判平11.2.23）。なお，脱退した組合員は，任意脱退（民§678）の場合であると，死亡，除名等の法定脱退（民§679）の場合であるとを問わず，持分について金銭によって払戻しを受けることができる（民§681）。

テーマ4

参考過去問

1. 請負人Aは，注文者Bの注文に基づき建物を建築してBに引き渡し，Bは，この建物をCに売却して引き渡したが，この建物の品質は建築時において契約の内容に適合しないものであった。B及びCは，各引渡時においていずれもこの建物の品質に関する契約不適合の事実を知らなかった。この事例における民法上の担保責任に関する次のアからオまでの記述のうち，正しいものはどれか（H19-20改）。

　ア　AはBに特定物である建物を引き渡すことにより債務を履行したことになるから，Bは，Aに対し，履行の追完を請求することはできないが，損害賠償の請求をすることはできる。

　イ　BのCに対する担保責任の除斥期間は，Cに建物を引き渡した時から進行する。

　ウ　Cは，建物に契約不適合があることにより契約をした目的を達することができないときは，Bとの契約を解除することができるが，Bは，建物に契約不適合があることにより契約をした目的を達することができないときでも，Aとの契約の解除をすることはできない。

　エ　担保責任の規定は任意規定であるから，BC間で締結された担保責任を負わない旨の特約は有効であり，Bが契約不適合を知りながらCに告げなかったとしても，Bは，Cに対して担保責任を負わない。

　オ　BがAに与えた指図により契約不適合が生じた場合であっても，Aがその指図が不適当であることを知りながら告げなかったときは，Aは，Bに対して担保責任を負う。

正しいものは，オのみである。

ア　×　Bは，Aに対して履行の追完請求をすることができ，また，民法415条の要件を満たせば損害賠償の請求もすることができる（チェックポイント10参照）。

イ × 売買の目的物に品質に関して契約不適合がある場合における担保責任の除斥期間は，買主が目的物に契約不適合があることを知った時から1年である（テーマ2のチェックポイント12参照）。

ウ × 本肢の場合は，BもCも契約を解除することができる（チェックポイント10，テーマ2のチェックポイント6参照）。

エ × テーマ2のチェックポイント22参照。

オ ○ チェックポイント11参照。

2．委任契約に関する次のアからオまでの記述のうち，正しいものはどれか（H14-15改）。

　ア　委任契約においては，有償の場合と無償の場合とで，受任者の注意義務の程度は異ならない。

　イ　委任契約には，第三者による義務の履行を禁止する規定はないので，受任者は，いつでも第三者をして委任事務を処理させることができる。

　ウ　委任契約は，原則として無償とされているが，有償の場合，受任者は，報酬の支払があるまでは委任事務の履行を拒絶することができる。

　エ　委任契約において受任者が委任事務の処理のため過失なくして損害を被った場合，委任者は，無過失であっても，受任者に対する損害賠償の責任を負う。

　オ　委任契約は，いつでも解除することができるが，相手方にとって不利な時期に解除をするには，やむを得ない事由がなければならない。

正しいものは，ア，エである。

ア ○ チェックポイント19参照。

イ × 受任者は，委任者の許諾を得たとき，またはやむを得ない事由があるときでなければ，復受任者を選任することはできない（チェックポイント18参照）。

ウ × チェックポイント21参照。報酬の支払いがないことを理由に委任事務の履行を拒絶することはできない。

エ ○ チェックポイント24参照。

オ × たとえ相手方にとって不利な時期であっても，その損害を賠償すれば，

テーマ4　その他の契約

解除をすることができる(チェックポイント25の①参照)。

3．次の対話は，請負と委任(報酬を支払う特約があるものとする)に関す
る教授と学生との対話である。教授の質問に対する次のアからオまでの
学生の解答のうち，誤っているものはどれか(H23-19改)。

教授：　まず，契約で合意された役務の提供が完了しなかった場合の報
　　　　酬請求権について，請負と委任とで，どのような違いがあるかを
　　　　考えてみましょう。委任における受任者は，委任事務の履行が中
　　　　途で終了した場合には，報酬を請求することができますか。

学生：ア　はい。この場合の受任者は，既にした履行の割合に応じて報
　　　　酬を請求することができます。

教授：　請負では，どうでしょうか。請負人は，仕事の完成が不可能に
　　　　なったことについて自己に帰責事由がない場合には，報酬を請求
　　　　することができますか。

学生：イ　仕事の完成が不可能になったことについて請負人に帰責事由
　　　　がない場合であっても，注文者にも帰責事由がないときは，請
　　　　負人は，報酬を請求することができません。

教授：　注文者に帰責事由があるときは，判例によれば，どうなります
　　　　か。

学生：ウ　仕事の完成が不可能になったことについて請負人に帰責事由
　　　　がなく，注文者に帰責事由がある場合には，請負人は，報酬を
　　　　請求することができます。

教授：　それでは，注文者や委任者が任意に契約を解除するための要件
　　　　については，どうでしょうか。まず，請負では，どうですか。

学生：エ　請負における注文者は，仕事の完成前においては，相手方に
　　　　不利な時期に契約を解除することができませんが，相手方に不
　　　　利な時期でなければ，損害を賠償して契約を解除することがで
　　　　きます。

教授：　委任では，民法は，どう規定していますか。

学生：オ　委任について，民法は，受任者の利益のためにも委任がされ
　　　　た場合であっても，委任者は，委任事務が履行された場合と同

テーマ
4

211

額の報酬を支払うことにより，いつでも契約を解除することが
できるとしています。

誤っているものは，イ，エ，オである。

ア　○　チェックポイント22の②参照。

イ　×　本肢のように請負契約の当事者双方に帰責事由がないときは，請負人
は，報酬を請求することはできる。ただし，注文者はこれを拒むことができ
る（テーマ1のチェックポイント25参照）。

ウ　○　本肢の場合，注文者は反対給付の履行を拒むことはできないので（テ
ーマ1のチェックポイント26参照），請負人は報酬を請求することができる。

エ　×　チェックポイント13参照。請負人に不利な時期に解除することができ
ないということはない。

オ　×　本肢のような場合でも，委任者は委任契約を解除することができるが，
委任者は，受任者が不利益を受ける場合は，その損害の賠償をすれば足り
（チェックポイント25の②参照），委任事務が履行された場合と同額の報酬を
支払うことが解除の要件とされるわけではない。

テーマ 5

事務管理，不当利得，不法行為

Check Point

事務管理

1．事務管理の意義を簡単に述べよ。

(答)法律上の義務がないのに，他人の事務を処理すること（民§697-Ⅰ参照）。事務管理は契約ではないので，委任とはその性質を異にするが，事務管理者と本人との関係は，受任者と委任者との関係に類似する。つまり，事務管理をすることによって事務管理者は義務を負うことになり（民§697～701），また，権利を取得することになる（民§702）。

2．事務管理における「他人のため」というときの「他人」に，法人は含まれるか。

(答)含まれる。公法人も含まれるとされる（大判明36.10.22）。

3．事務管理者は，善管注意義務を負うか。

24-19-2　(答)原則として，善管注意義務を負う。ただし，本人の身体・名誉または財産に対する急迫の危害を免れさせるために事務管理（緊急事務管理）をしたときは，悪意または重過失があった場合に限り，損害賠償の責任を負う（民§698参照）。

テーマ5　事務管理，不当利得，不法行為

4．管理者には報酬請求権はあるか。

□□□　(答)報酬請求権は，認められないとされている。

24-19- 3

5．事務管理者が事務遂行の過程で，本人に過失なく損害を受けた場合，損害賠償請求は認められるか。

□□□　(答)認められない。民法701条は650条3項(委任契約における受任者は委任者に過失がなくても損害賠償を請求することができるとする規定)を準用していないからである。本人に過失があれば，一般原則どおり損害賠償請求をすることはできる。

6．事務管理者は本人に管理を始めたことを報告する義務を負うか。

□□□　(答)負う。ただし，本人が知っていれば報告する必要はない(民§699)。

7．事務管理者は，任意に事務処理を中止することはできるか。

□□□　(答)事務管理者は，本人またはその相続人もしくは法定代理人が管理をすることができるようになるまで管理を継続しなければならないので(民§700本文)，任意に事務処理を中止することはできない。ただし，事務管理の継続が本人の意思に反し，または本人に不利であることが明らかであるときは，事務管理を中止しなければならない(民§700ただし書)。

8．事務管理者が本人の名でした法律行為の効果は，当然に本人に及ぶか。

□□□　(答)当然には及ばない(最判昭36.11.30)。事務管理によって事務管理者に当然に代理権が生ずるものではないので，本人の名で法律行為をしたとしても，無権代理となるだけであり，本人の追認によって，効果は本人に帰属するとすべきである。

テーマ
5

215

不当利得

9. 不当利得の意義を簡単にいえ。

□□□ (答)法律上の原因なく，他人の財産または労務によって受けた利益の
こと(民§703参照)。法律行為が取り消された場合において，当該
法律行為に基づいて給付されたものや，法律行為が無効である場合
において，当該無効な法律行為に基づいて給付されたものなどが不
当利得の例である。

10. 不当利得の成立要件をあげよ。

□□□ (答)①他人の財産または労務によって利益を受けたこと，②そのため
に他人に損失を与えたこと，③受益と損失との間に因果関係がある
こと，④法律上の原因がないこと(民§703参照)。

11. 不当利得の受益者の返還義務の範囲をいえ。

□□□ (答)受益者が善意であるときは，現存利益(民§703)，悪意であると
29-19-ア・
イ
きは，受けた利益に利息を付し，なお損害があるときはその賠償を
しなければならない(民§704)。現存利益の範囲については，第
1部テーマ2のチェックポイント45参照。なお，善意の受益者であ
っても，利得に法律上の原因がないことを認識した後に，利益が消
滅したときは，不当利得返還義務の範囲は減少しない(最判平
3.11.19)。また，悪意の受益者が損害賠償を負うとする規定(民§
704後段)は，悪意の受益者が不法行為の要件を充足する限りにおい
て不法行為責任を負うことを注意的に規定したものにすぎず，悪意
の受益者に対して不法行為責任とは異なる特別の責任を負わせたも
のではないので(最判平21.11.9)，不法行為の要件を充足しないとき
は，悪意の受益者であっても，損失者の損害を賠償する責任を負わ
ない。

**12. 非債弁済の意義をいえ。また，非債弁済者は，弁済受領者に弁済したもの
の返還を請求することはできるか。**

□□□ (答)債務がないにもかかわらず，給付がされる場合のこと。実際には，

216

テーマ5　事務管理，不当利得，不法行為

債務を負っていないのに負っているものと思って弁済した場合など
がこれにあたる。非債弁済がされた場合，当該弁済の受領者の受け
た利得は，法律上の原因を欠く不当利得となるので，弁済者は，原
則として，受領者に対して不当利得返還請求をすることができる。

13. **非債弁済がされた場合において，返還請求が認められない場合として民法
が規定している特則をあげよ。**

□□□　(答)①債務の不存在を知って弁済がされた場合(民§705)，②期限前
に弁済がされた場合(民§706本文)，③他人の債務を自己の債務と
誤信して弁済した場合において，一定の事実が生じた場合(民§
707-Ⅰ)。

14. **チェックポイント13の①の場合において，弁済者が強制執行を避けるため
に弁済した場合や，他人の強迫によって弁済した場合は，返還請求は認めら
れるか。**

□□□　(答)認められる。民法705条が適用されるためには，弁済が任意に行
われることを要するので，本例のような場合には返還請求を認める
べきである(大判大6.12.11)。本条の趣旨は，弁済を強制される事情
がないのに債務の不存在を知りながらあえて弁済する者を保護しな
いことにあるので，弁済を不合理でないとする事情があれば返還請
求は認められる。

15. **チェックポイント13の②の場合，弁済を受領した債権者は，債務者に何ら
返還する義務を負わないか。**

□□□　(答)期限到来前に債務の弁済をすることは債務者の自由なので，法律
上の原因を欠くものとはいえず，しかも債務者は債務を免れるので，
債権者は何ら返還義務を負わないのが原則である。ただし，債務者
が期限未到来の事実を知らないで弁済したときは，債権者は，期限
前の弁済によって，弁済期まで弁済を受けたものを利用することに
よって事実上利益(中間利息)を受けるので，債権者は，その利益を
返還しなければならない(民§706ただし書)。

16. **チェックポイント13の③における「一定の事実」とは何か。**

☐☐☐ （答）債権者が善意で証書を滅失させ，もしくは損傷し，担保を放棄し，または時効によってその債権を失ったという事実（民§707-Ⅰ参照）。例えば，BがAに対して負う債務を，自分が負っているものと誤信したCが，自己の債務の弁済として，Aに弁済をすると，それは非債弁済なので，CはAに対して返還請求をすることができるが，ここで示した「一定の事実」が生ずると，返還請求ができなくなる。

17. **チェックポイント16で掲げた例において，CにAに対する不当利得返還請求権が認められないときは，Cは，どのような権利行使ができるか。**

☐☐☐ （答）本来の債務者であるBに対して求償権を行使することができる（民§707-Ⅱ）。

18. **不法な原因によって給付をした者は，その返還を請求することができるか。**

☐☐☐ （答）できない（民§708本文）。例えば，賭博に負けた者が払った金銭は，賭博契約自体が公序良俗違反により無効であるため，債務がないのに弁済したことになり，返還請求できるはずであるが，これを認めると反社会的行為をした者を法が保護することになるため返還請求を認めないとするものである。ただし，不法な原因が受益者のみにある場合は，返還請求ができる（民§708ただし書）。

不法行為

19. **不法行為の一般的成立要件をいえ。**

☐☐☐ （答）①故意または過失によって，②他人の権利または法律上保護される利益を違法に侵害し（行為の違法性），③その行為によって損害が生じたこと（民§709）。また，④加害行為と損害との間に因果関係があり，⑤加害者に責任能力があることも要件である。

20. **不法行為による損害賠償請求訴訟において，加害者に故意または過失があったことを証明する義務（立証責任）を負うのは，誰か。**

テーマ5　事務管理，不当利得，不法行為

□□□　(答)一般的に被害者である。

21. 不法行為によって生ずる損害で，加害者によって賠償されるべき損害には，消極的損害や精神的損害は含まれるか。

□□□　(答)いずれも含まれる。なお，消極的損害とは，不法行為がなければ得られたであろう利益(いわゆる「得べかりし利益」または「逸失利益」)のことである。また，精神的損害とは，被害者の感じた苦痛・不快感のことである(民§710)。

22. 責任能力の意義をいえ。

□□□　(答)自分が行為をした結果，自分に法律上の責任が生ずることを弁識することができる能力のこと。

23. 責任無能力者とされるのは，どのような者か。

□□□　(答)①　行為当時，その行為の責任を弁識するに足りる知能を備えていない未成年者(民§712)。ただし，未成年者はすべて責任能力がないのではなく，判例ではおおむね小学校卒業前後の年齢にある子を基準として責任能力の有無を判断している。

　　　②　精神上の障害により自己の行為の責任を弁識する能力を欠く状態にある者(民§713本文)。ただし，故意または過失によって一時的に自己の行為の責任を弁識する能力を欠く状態を招いた者は，責任を免れない(民§713ただし書)。

24. 加害者本人に責任能力がないときは，誰が責任を負うか。

□□□　(答)加害者の監督義務者やこれに代わって監督をする者(代理監督者)が責任を負う(民§714-Ⅰ本文・Ⅱ)。監督義務者とは，親権者や成年後見人であり，代理監督者とは，保育士・教員・精神病院の医師などである。なお，これらの者が義務を怠らなかったとき，その義務を怠らなくても損害が生ずべきであったときは，責任を免れる(民§714-Ⅰただし書・Ⅱ)。

219

25. 法人も，民法710条による非財産的損害について，損害賠償請求ができるか。

□□□ (答)できるとする判例(最判昭39.1.28)がある。権利能力なき社団・財団も，法人に準じて損害賠償の請求ができると解される。

26. 不法行為によって，ある人が殺害された場合，その近親者は，何条を根拠として損害賠償の請求をすることができるか。財産的損害と精神的損害に分けて述べよ。

□□□
22-19-ア，エ

(答)財産的損害については，民法709条を根拠として損害賠償請求をすることができる。例えば，BがAに扶養されていた場合において，AがCの不法行為によって死亡した場合，Bは，財産的損害を受けるので，民法709条の規定によって，Cに財産的損害の賠償を請求することができる。

　精神的損害については，被害者の父母，配偶者及び子について，民法711条を根拠として損害賠償請求権(慰謝料)が認められる。ただし，同条の「父母，配偶者及び子」について判例(最判昭49.12.17)は，これら以外の近親者であっても，適用を拡大して損害賠償請求権を認めている。

27. 不法行為によって，ある人が障害を受けた場合，その近親者は，何条を根拠として損害賠償の請求をすることができるか。財産的損害と精神的損害に分けて述べよ。

□□□ (答)財産的損害については，民法709条を根拠として損害賠償請求をすることができる。

　精神的損害については，民法711条の文理上は，生命侵害の場合にのみ近親者が慰謝料請求ができるように思われるが，判例(最判昭33.8.5)は，被害者が死亡した場合だけではなく，傷害を受けた場合であっても，民法709条と710条に基づいて自己の権利として慰謝料を請求することができるとする。

220

28. 被害者の死亡によって被害者自身が有していた損害賠償請求権は，相続人に承継されるか。
22-19-ア
18-23-ア,
イ,ウ,エ
（答）財産的損害の賠償請求権も，精神的損害の賠償請求権も，いずれも相続の対象となる（財産的損害につき大判大15.2.16，精神的損害につき最判昭42.11.1）。なお，相続性を否定する見解も有力である。

29. 不法行為における過失相殺と債務不履行における過失相殺との違いをいえ。
（答）次の点が異なる（民§418，722-Ⅱ参照）。
① 不法行為の場合は，被害者に過失があっても，賠償額の減額はできるが，賠償責任まで否定することはできない（債務不履行の場合，免責まで可能）。
② 債務不履行の場合の過失相殺は必要的であるのに対して，不法行為の場合の過失相殺は任意的である。

30. 過失相殺をするのに被害者に責任能力は必要とされるか。
28-19-オ
（答）被害者が未成年者である場合，過失相殺をするには，その者に責任能力まで必要とされるものではなく，事理を弁識する知能があれば足りるとされている（最判昭39.6.24）。

31. 被害者に事理弁識能力すらないような場合において，被害者の保護者に過失があった場合，その者の過失を斟酌して過失相殺をすることはできるか。
（答）判例（最判昭34.11.26）は，被害者本人の過失だけでなく，広く「被害者側の過失」をも包含する趣旨と解するのが相当として，過失相殺を認める。しかし，「被害者側の過失」とは，被害者と身分上ないしは生活関係上一体をなすと認められるような関係にある者の過失をいうとして，保育園の保育士の過失を斟酌することは否定されている（最判昭42.6.27）。

32. ある事業のために他人を使用する者は，（ ① ）損害を賠償する責任を負う。ただし，使用者が（ ② ）をしたときまたは（ ③ ）ときは，責任を負わない。

（答）①被用者がその事業の執行について第三者に加えた，②被用者の選任及びその事業の監督について相当の注意，③相当の注意をしても損害が生ずべきであった（民§715-Ⅰ）。

いわゆる使用者責任である。なお，使用者に代わって事業を監督する者（代理監督者）も責任を負わなければならない（民§715-Ⅱ）。

33. 使用者責任が認められる場合，被用者は責任を負うか。

（答）被用者も責任を負い，使用者と被用者の責任は連帯債務になると解されている。

34. 使用者や代理監督者が被害者に損害を賠償した場合，被用者に求償することはできるか。

（答）できる（民§715-Ⅲ）。ただし，被用者の不法行為について使用者にも一定の帰責事由がある場合には，使用者の全額求償を認めるのは被用者に酷であるので，そのような場合において判例・学説は，共通して使用者の被用者に対する求償を制限することを認めている。

35. 注文者は請負人が第三者に加えた損害について，賠償の責任はあるか。

（答）原則として責任はない。ただし，注文者が請負人に対してした注文または指図に過失があったときは，責任を負う（民§716）。

36. 土地の工作物の設置または保存に瑕疵があることによって他人に損害を生じたときは，（ ① ）。ただし，占有者が（ ② ）をしたときは，（ ③ ）。

21-19　（答）①その工作物の占有者は被害者に対して損害賠償の責任を負う，②損害の発生を防止するのに必要な注意，③所有者がその損害を賠償しなければならない（民§717-Ⅰ）。

土地の工作物に瑕疵があったために他人に損害を加えた場合，第1次的には占有者が責任を負い，占有者が免責事由を証明したとき

テーマ5　事務管理，不当利得，不法行為

は，所有者が責任を負う。したがって，所有者の責任は無過失責任
である。なお，工作物による損害が生じた原因について，その責任
を負うべき者がいるときは，占有者または所有者は，その者に対し
て求償権を行使することができる（民§717-Ⅲ）。

37. 不法行為に基づく損害賠償の方法の原則及びその特則をいえ。

□□□　（答）金銭賠償が原則である（民§722-Ⅰ，417）。名誉毀損の場合は，
裁判所は被害者の請求によって金銭賠償に代え，または金銭賠償と
ともに名誉を回復するのに適当な処分（謝罪広告等）を命ずることが
できる（民§723）。

**38. 不法行為による損害賠償請求権の短期の消滅時効の起算点及び時効期間を
いえ。**

□□□
22-19-イ
後段
（答）起算点は，被害者またはその法定代理人が，損害及び加害者を知
った時。消滅時効の期間は，原則として３年間であるが（民§724
①），人の生命または身体を害する不法行為による損害賠償請求権
については，５年である（民§724の２）。なお，不法行為の時から
20年不法行為による損害賠償請求権を行使しないときも，不法行為
による損害賠償請求権は，時効消滅する（民§724②）。

39. 不法行為者が履行遅滞に陥る時点はいつか。

□□□
22-19-ウ
後段
19-17-ア
（答）不法行為の時。

テーマ**5**

参考過去問

---

1. 次の文章は，事務管理及び委任に関する教授と学生との間の対話である。教授の質問に対する次のアからオまでの学生の解答のうち，誤っているものはどれか（H16-19改）。

教授： 事務管理における本人と事務管理者との間の法律関係を委任契約と比較しながらみていくことにしましょう。まず，事務管理者は，事務処理に当たってどのような注意義務を負いますか。

学生：ア 事務管理者と本人との間には契約関係はありませんが，一般に他人の事務を処理する者には自己の事務に対するよりも高度の注意を要求すべきですから，事務管理者は，善良な管理者の注意義務を負うものと解されます。したがって，注意義務の程度は，委任契約の受任者と異なりません。

教授： 事務管理者は，事務を処理したことによって損害を被った場合，その損害の賠償を本人に請求することができますか。

学生：イ 事務管理者は，本人に過失がない限り，本人に対して損害賠償を請求することができません。この点は，自己に過失がない限り，委任者に過失がなくても委任者に損害賠償を請求することができる委任契約の受任者とは異なります。

教授： 事務管理者は，事務処理の状況の報告に関して，どのような義務を負っていますか。

学生：ウ 事務管理者は，本人に対し，事務処理の状況を報告する義務はありません。この点も，委任者の請求があったときは，いつでも事務処理の状況を報告しなければならない委任契約の受任者とは異なります。

教授： 事務管理者は，報酬の支払を求めることができますか。

学生：エ 事務管理者には，法律に特別の定めがある場合を除き，報酬請求権はないと解されています。委任契約の受任者も，特約が

テーマ5　事務管理，不当利得，不法行為

　　　　　　　　ある場合を除き，委任者に報酬を請求することはできません。
　教授：　事務管理者は，任意に事務処理を中止することができますか。
　学生：オ　事務管理者は，管理を継続する義務を負っていませんから，
　　　　　任意に事務処理を中止することができます。また，委任契約の
　　　　　受任者も，いつでも委任契約を解除して，任意に事務処理を中
　　　　　止することができます。

誤っているものは，ウ，オである。

ア　○　受任者の注意義務については，テーマ4のチェックポイント19参照。
　事務管理者の注意義務については，チェックポイント3参照。

イ　○　受任者の損害賠償請求については，テーマ4のチェックポイント24参
　照。事務管理者の損害賠償請求については，チェックポイント5参照。

ウ　×　受任者は，委任者の請求があれば，いつでも委任事務処理の状況を報
　告しなければならない（民§645前段）。この規定は，事務管理に準用されて
　いる（民§701）。

エ　○　受任者は，特約がなければ委任者に対して報酬を請求することができ
　ない（民§648-Ⅰ）。事務管理者にも原則として報酬請求権はない（チェック
　ポイント4参照）。

オ　×　事務管理者の事務の継続義務について，チェックポイント7参照。こ
　れに対して，委任契約は，各当事者においていつでも解除することができる
　（民§651-Ⅰ）。

　　2．事務管理に関する次の1から5までの記述のうち，正しいものは，ど
　　れか（H24-19）。
　　　1　事務管理を始めた者は，本人の意思を知っている場合であっても，
　　　　その意思に従うよりも本人の利益に適合する方法があるときは，その
　　　　方法によって事務管理をしなければならない。
　　　2　本人の身体，名誉又は財産に対する急迫の危害を免れさせるために
　　　　事務管理をした場合には，事務管理を始めた者は，悪意があるときを
　　　　除き，これによって生じた損害を賠償する責任を負わない。
　　　3　事務管理を始めた者は，その旨を遅滞なく本人に通知したときは，

事務管理の終了後，本人に対し，相当の額の報酬を請求することができる。
　4　事務管理を始めた者は，本人のために有益な費用を支出した場合であっても，その事務管理が本人の意思に反するものであるときは，本人に対し，その費用の償還を請求することができない。
　5　事務管理を始めた者は，本人の請求がある場合には，いつでも事務管理の状況を報告しなければならない。

正しいものは，5である。

1　×　事務管理者は，本人の意思を知りえないときは，最も本人の利益に適合する方法によって事務管理をしなければならないが(民§697-Ⅰ)，本人の意思を知っているときは，その意思に従って事務管理をしなければならない(民§697-Ⅱ)。

2　×　チェックポイント3参照。悪意の場合だけでなく，重大な過失がある場合にも損害賠償責任を負う(民§698)。

3　×　チェックポイント4参照。

4　×　管理者が本人のために有益な費用を支出したときは，たとえその事務管理が本人の意思に反するものである場合でも，管理者は，費用の償還を請求することができる(民§702-Ⅰ)。ただし，その償還の範囲は，本人が現に利益を受けている限度に限定される(民§702-Ⅲ)。

5　○　民法701条で準用する同法645条のとおり。

　3．次の対話は，注文者並びに土地の工作物等の占有者及び所有者の不法行為責任に関する教授と学生との対話である。教授の質問に対する次のアからオまでの学生の解答のうち，判例の趣旨に照らし誤っているものはどれか(H21-19改)。
　教授：　Aは，自宅の周りにレンガ積みの塀を作ることにして，Bに工事を請け負わせました。ところが，Bが工事の際に手抜きをして，十分な強度の鉄骨を通していませんでした。Aは，その後この自宅をレンガ塀も含めてCに賃貸し，自分は転居しました。ところが，地震が生じた際，レンガ塀の強度不足から，レンガ塀が崩れ，

テーマ5　事務管理，不当利得，不法行為

　　　そこを通りかかったDが下敷きになって死亡しました。この設例を「基本設例」とします。そこで，AがDに対して不法行為責任を負うかどうかを考えてみましょう。ただし，民法第709条に基づく一般の不法行為責任については考えないこととします。まず，Aは，Dに対して，注文者としての責任を負うのでしょうか。

学生：ア　注文者であるAにレンガ塀の工事の注文又は指図について過失があれば，Aは，注文者としての損害賠償責任を負います。

教授：　仮にAが注文者としての責任を免れたとしても，レンガ塀の設置や保存に瑕疵があった場合，Aは，レンガ塀の所有者としてDに対して責任を負うことはありませんか。

学生：イ　その場合には，まず，CがDに対して土地の工作物の占有者としての責任を負うことになりますが，Cが損害の発生を防止するのに必要な注意をしたときは，Aが土地の工作物の所有者としての責任を負うことになります。

教授：　基本設例の一部を変えて，Aは，レンガ塀を含めて自宅をEから買ったものであり，このレンガ塀は，EがBに注文して造らせたものであったとします。この場合，Aは，レンガ塀の所有者としての責任を負うことがありますか。

学生：ウ　レンガ塀の設置又は保存についての瑕疵は，前所有者のEが所有していた際に生じたものですから，Aは，土地の工作物の所有者としての責任は負いません。

教授：　では，Aが，Eから建物及びレンガ塀を賃借しており，それをCに転貸していたとしましょう。この場合に，Aは，占有者としての責任を負うことがありますか。

学生：エ　転貸人であるAは，レンガ塀を占有していないので土地の工作物の占有者としての責任を負うことはありません。

教授：　最後の質問ですが，基本設例において，Aが土地の工作物の所有者の責任を負う場合，他の者に求償することができないでしょうか。

学生：オ　Aが土地の工作物の所有者の責任を負う場合，Aは，Bに対して求償権を行使することは可能です。

誤っているものは，ウ，エである。

ア　○　チェックポイント35参照。

イ　○　チェックポイント36参照。

ウ　×　工作物の所有者は，その設置または保存による瑕疵が前所有者の所有
　　していた際に生じた場合であっても，民法717条の責任を負う（大判昭3.6.7）。

エ　×　転貸人であるAは，転借人であるCの占有を介して占有をする間接占
　　有（代理占有）者であるが，判例（最判昭31.12.18）は，このような間接占有者
　　であっても，民法717条における占有者としてその責任を負うべきものとす
　　る。

オ　○　本問のように，土地の工作物の瑕疵が，工事を請け負ったBの手抜き
　　工事によるものであった場合は，所有者としての責任を負うAは，Bに対し
　　て求償権を行使することができる（民§717-Ⅲ）。

テーマ5　事務管理，不当利得，不法行為

不法行為に関して過去の出題と関連する主な判例

□□□ 1．交通事故により死亡した幼児の財産上の損害賠償額の算定については，幼児の損害賠償債権を相続した者が一方で幼児の養育費の支出を必要としなくなった場合においても，将来得べかりし収入額から養育費を控除すべきではない（最判昭53.10.20）。

□□□
28-19-エ
2．交通事故により死亡した者の相続人に対して給付された生命保険金は，不法行為による死亡に基づく損害賠償額から控除すべきでない（最判昭39.9.25）。

□□□ 3．交通事故の被害者が後遺障害により労働能力の一部を喪失した場合における逸失利益の算定に当たっては，事故後に別の原因により被害者が死亡したとしても，事故の時点で，死亡の原因となる具体的事由が存在し，近い将来における死亡が客観的に予測されていたなどの特段の事情がない限り，死亡の事実は就労可能期間の認定上考慮すべきものではない（最判平8.4.25）。

□□□ 4．交通事故の被害者が事故後に死亡した場合，後遺障害による財産上の損害の額の算定に当たっては，事故と被害者の死亡との間に相当因果関係がある場合に限り，死亡後の生活費を控除することができる（最判平8.5.31）。

□□□ 5．交通事故の被害者が事故のため介護を要する状態となった後に別の原因により死亡した場合には，死亡後の期間に係る介護費用を右交通事故による損害として請求することはできない（最判平11.12.20）。

□□□ 6．交通事故と医療事故とが順次競合し，そのいずれもが被害者の死亡という不可分の1個の結果を招来し，この結果について相当因果関係を有する関係にあって，運転行為と医療行為とが共同不法行為に当たる場合において，各不法行為者は被害者の被った損

テーマ5

229

害の全額について連帯責任を負うべきものであり，結果発生に対する寄与の割合をもって被害者の被った損害額を案分し，責任を負うべき損害額を限定することはできない。本件のような場合において，過失相殺は，各不法行為の加害者と被害者との間の過失の割合に応じてすべきものであり，他の不法行為者と被害者との間における過失の割合を斟酌してすることは許されない（最判平13.3.13）。

7．共同不法行為の加害者の各使用者が使用者責任を負う場合において，一方の加害者の使用者は，当該加害者の過失割合に従って定められる自己の負担部分を超えて損害を賠償したときは，その超える部分につき，他方の加害者の使用者に対し，当該加害者の過失割合に従って定められる負担部分の限度で，求償することができる。加害者の複数の使用者が使用者責任を負う場合において，各使用者の負担部分は，加害者の加害行為の態様及びこれと各使用者の事業の執行との関連性の程度，各使用者の指揮監督の強弱などを考慮して定められる責任の割合に従って定めるべきである（最判平3.10.25）。

8．責任を弁識する能力のない未成年者の行為により火災が発生した場合において，失火の責任に関する法律にいう重大な過失の有無は，未成年者の監督義務者の監督について考慮され，その監督義務者は，その監督について重大な過失がなかったときは，火災により生じた損害を賠償する責任を免れる（最判平7.1.24）。

9．交通事故により傷害を被った被害者に，首が長くこれに伴う多少の頸椎不安定症があるという身体的特徴があり，これが，交通事故と競合して被害者の頸椎捻挫等の傷害を発生させ，または損害の拡大に寄与したとしても，これを損害賠償の額を定めるに当たり斟酌することはできない（最判平8.10.29）。

テーマ5　事務管理，不当利得，不法行為

□□□
28-19-ウ

10. 夫の運転する自動車に同乗する妻が，その自動車と第三者の運転する自動車との衝突により損害を被った場合において，当該衝突につき夫にも過失があるときは，特段の事情のない限り，当該第三者の負担すべき損害賠償額を定めるにつき，夫の過失を民法722条2項にいう被害者の過失として斟酌することができる（最判昭51.3.25）。

□□□
31-19-ア

11. 未成年者が責任能力を有する場合であっても，監督義務者の義務違反と当該未成年者の不法行為によって生じた結果との間に相当因果関係が認められるときは，監督義務者につき民法709条に基づく不法行為が成立する（最判昭49.3.22）。
 ＊　この場合，監督義務者について民法714条1項に基づく不法行為が成立するのではないことに注意すること。

テーマ
5

□□□
31-19-ウ

12. 民法第714条1項所定の法定の監督義務者に当たらない者であっても，責任無能力者との身分関係等に照らし，第三者に対する加害行為の防止に向けてその者が当該責任無能力者の監督を現に行いその態様が単なる事実上の監督を超えているなどその監督義務を引き受けたとみるべき特段の事情が認められる場合には，法定の監督義務者に準ずべき者として，同項が類推適用される（最判平28.3.1）。

□□□
31-19-エ

13. 責任能力を有しない未成年者が，通常は人身に危険が及ぶものとはみられない行為によってたまたま人身に損害を生じさせた場合は，当該行為について具体的に予見可能であるなど特別の事情が認められない限り，その親権者は子に対する監督義務を尽くしていなかったとすべきではない（最判平27.4.9）。

□□□
31-19-オ

14. 精神障害者と同居する配偶者であるからといって，その者が民法714条1項にいう「責任無能力者を監督する法定の義務を負う者」に当たるとすることはできない（最判平28.3.1）。

231

テーマ 6

債権の目的, 効力

Check Point

債権の目的

1. 特定物債権の意義及び特定物債権の債務者の注意義務をいえ。

28-16-オ
23-16-2

(答)特定物債権とは, 特定物の引渡しを目的とする債権である。特定物とは, 物の個性に着目して定められたものである。
　特定物債権の債務者は, 引渡しをするまで, 契約その他の債権の発生原因及び取引上の社会通念に照らして定まる善良な管理者の注意をもって, その物を保存する義務(善管注意義務)を負う(民§400)。なお, 善管注意義務は, 実際に引き渡すまで要求される。ただし, 債務者が履行遅滞にあるときは, その後は不可抗力についても責任を負う(民§413の2-Ⅰ参照)。また, 債権者が受領遅滞にあるときは, 故意または重過失がある場合に限って, 債務者は責任を負う(民§413の2-Ⅱ参照)。

2. 種類債権の意義, 種類債権の特定の意義をいえ。

(答)種類債権とは, 不特定物債権ともいい, 不特定物の引渡しを目的とする債権のことである。
　種類債権の特定とは, 給付すべき目的物が具体的に定まることをいう。種類物には通常, 履行不能の観念を容れる余地はなく, 債務者は同種の物が市場に残存する限り, 他から調達して給付する義務を負うので, 債務者にとって酷なので, 債務者の責任が不当に重く

テーマ6　債権の目的，効力

なるのを軽減するために特定の制度がある。

3．種類債権が特定する時期をいえ。

□□□　(答)①債務者が物の給付をするのに必要な行為を完了した時(民§
401-Ⅱ前段)，または，②債権者の同意を得て給付すべき物を指定
した時(民§401-Ⅱ後段)。

4．チェックポイント3の①の物の給付をするのに必要な行為を完了した時とは，具体的にどの時点か。

□□□　(答)①　持参債務においては，債権者の住所において目的物を提供することと。

②　取立債務においては，給付すべき物を分離し，その旨を債権者に通知すること。

③　送付債務においては，送付が債務者の義務であれば，現実の提供により特定し，送付が好意に基づくものであれば，目的物の発送時に特定する。

5．種類債権の特定が生ずると，どのような効果が生ずるか。

□□□　(答)①　債務者は，契約その他の債権の発生原因及び取引上の社会通念に照らしてその引渡しをすべき時の品質を定めることができないときは，引渡しをすべき時の現状で特定した物を給付すれば足りる(民§483参照)。

②　債務者に特定した物についての善管注意義務が生ずる(民§400)。

③　特約がない限り，目的物の所有権が債権者に移転する(民§176)。

6．利息を生ずべき債権について別段の意思表示がないときは，その利率は，（ ① ）法定利率による。法定利率は，（ ② ）とする。法定利率は，（ ③ ）に見直される。

□□□ (答)①その利息が生じた最初の時点における(民§404-Ⅰ)，②年3パーセント(民§404-Ⅱ)，③法務省令で定めるところにより3年を1期として，1期ごと(民§404-Ⅲ)。なお，見直しの指標となるのは，過去5年間の銀行が行う短期貸付けの平均利率である(民§404-Ⅴ)。法定利率の見直しは，「基準割合」(民§404-Ⅴ参照)が1％以上変動したときに，1％刻みで行われる(民§404-Ⅳかっこ書参照)。

7．選択債権における選択権者をいえ。また，選択の効力発生時期をいえ。

□□□
27-16-ウ,エ
(答)選択権は債務者に属するのが原則である(民§406)。ただし，債権者または第三者に選択権を属させてもよい。選択は，債権の発生の時にさかのぼってその効力を生ずる(民§411本文)。

8．選択債権における選択権の移転について述べよ。

□□□
27-16-オ
(答)債権が弁済期にある場合で，相手方から相当の期間を定めて催告をしても選択権を有する当事者がその期間内に選択をしないときは，その選択権は相手方に移転する(民§408)。また，選択権者が第三者とされている場合において，第三者が選択権を行使できないとき，またはその意思を有しないときは，選択権は債務者に移転する(民§409-Ⅱ)。

9．選択の意思表示を撤回することはできるか。

□□□
27-16-ア
(答)当事者が選択したときは，相手方の承諾を得れば撤回することができる(民§407-Ⅱ)。第三者が選択した場合において，選択の意思表示を撤回するときは，債権者及び債務者双方の承諾が必要である。第三者が選択権を行使するときは，債権者または債務者に対する意思表示によってすれば足りる(民§409-Ⅰ)ことと比較すること。

テーマ6　債権の目的，効力

10. 債権の目的となる給付中，不能のものがある場合において，選択権を有する者が，その不能となった給付を選択することができないのは，どのような場合か。

□□□
27-16-イ
（答）選択権を有する者の過失によって給付が不能となった場合（民§410）。したがって，不能が選択権を有しない者の過失による場合及び当事者双方の過失によらない場合は，選択債権は特定することはなく，選択権を有する者は，不能となった給付を選択することができる。

債務不履行

11. 次の各債務が履行遅滞に陥る時期をいえ。

　　①確定期限付債務，②不確定期限付債務，③期限の定めのない債務，④期限の定めのない消費貸借契約による債務，⑤不法行為に基づく損害賠償債務，⑥雇用契約上の安全配慮義務違反を理由とする債務不履行に基づく損害賠償債務

□□□
2 -19-エ
29-16-イ
23-16- 1
22-19-ウ
前段
19-17-ア,
イ,エ
（答）①期限が到来した時（民§412-Ⅰ），②期限の到来した後に履行の請求を受けた時または債務者がその期限の到来したことを知った時のいずれか早い時（民§412-Ⅱ），③債務者が履行の請求を受けた時（民§412-Ⅲ）。④催告から相当期間を経過した時（民§591-Ⅰ），⑤不法行為時，⑥債権者が債務者に履行の請求をした時。この債務は，期限の定めのない債務とされる（民§412-Ⅲ，最判昭55.12.18）。

12. 債務不履行の意義をいえ。

□□□
（答）債務者が債務の本旨に従った履行をしないこと（このうち，履行期に履行が可能であるのに，履行期を過ぎた場合を履行遅滞といい，履行はされたが，不完全な履行しかされなかった場合を不完全履行という）または債務の履行が不能なこと（履行不能）（民§415-Ⅰ本文参照）。

13. 債務者が債務不履行に陥った場合，債権者はどのような手段をとることができるか。

(答)① 本来の給付の請求

履行遅滞または不完全履行で追完が可能である場合は，本来の給付（または本来の給付と同じ結果）が実現可能となるので，債権者がそれを望むときは，本来の給付を請求することができる。債務者が任意に履行しなければ，履行を強制する（民§414)こともできる。なお，債務の履行が契約その他の債務の発生原因及び取引上の社会通念に照らして不能であるときは，債権者は，その債務の履行を請求することができない（民§412の2-Ⅰ)。

② 契約の解除

債務が契約から生じたものであれば，債務不履行を理由として，当該契約を解除することができる（テーマ1のチェックポイント33以下参照）。

③ 損害賠償の請求

本来の給付を請求すると否とにかかわらず，また，契約を解除すると否とにかかわらず，損害賠償の請求をすることができる（民§415，545-Ⅳ，412の2-Ⅱ)。なお，契約を解除しないで損害賠償を請求する場合は，自己の債務は免れないことに注意すること。

14. 債務者に債務不履行があるときは，債務者は常に損害賠償に応ずる必要があるか。

(答)常に損害賠償に応ずる必要があるわけではない。債務不履行が契約その他の債務の発生原因及び取引上の社会通念に照らして債務者の責めに帰することができない事由によるものであるときは，債権者は，損害賠償の請求はできないので（民§415-Ⅰただし書），債務者において，自己に帰責事由がないことを立証すれば，損害賠償責任を免れる。

テーマ6　債権の目的，効力

15. 債務不履行による損害賠償の範囲をいえ。

□□□　(答)相当因果関係の範囲(民§416)。具体的には，債務不履行によっ
29-16-ア　て通常生ずべき損害と，特別の事情によって生じた損害のうち，当
事者がその事情を予見すべきであった損害の範囲。なお，特別の事
情によって生じた損害を予見すべき「当事者」とは，債務者のみと
する見解が判例・通説である。また，予見可能性の判断時期につい
ては，債務の履行期(債務不履行時)を基準とする(大判大7.8.27)。

**16. 中間利息控除の意義をいえ。また，中間利息控除をするときに，適用すべ
き利率は何を基準とするか。**

□□□　(答)中間利息控除とは，逸失利益の将来の利息による増額分を控除す
ることをいう。中間利息控除をするときは，適用すべき利率は，法
定利率により，また，適用すべき法定利率は，当該損害賠償請求権
が生じた時点における法定利率による(民§417の2-Ⅰ)。また，将
来において負担すべき費用についての損害賠償の額を定める場合に
おいて，その費用を負担すべき時までの利息相当額を控除するとき
の適用利率も同様である(民§417の2-Ⅱ)。

**17. 債務の不履行または(　①　)に関して(　②　)は，裁判所は，これを考慮
して，(　③　)を定める。**

□□□　(答)①これによる損害の発生もしくは拡大，②債権者に過失があった
とき，③損害賠償の責任及びその額(民§418)。

テーマ
6

237

18. 金銭債務の不履行における要件に関する特則をいえ。

□□□
28-16-ア

(答)① 履行遅滞であることを証明すれば，損害を証明しなくても，一定額の損害賠償を請求できる（民§419-Ⅱ）。

損害賠償を請求するには損害の発生及び損害額を証明しなければならないという原則に対する特則である。

② 損害賠償について，債務者は不可抗力をもって抗弁とすることができない（民§419-Ⅲ）。

債務者の帰責事由の存在が債務不履行における損害賠償の要件とされる原則（チェックポイント14参照）に対する特則である。したがって，金銭債務については，履行不能はありえず履行遅滞だけがある。

19. 金銭債務の不履行における効果に関する特則をいえ。

□□□
28-16-エ
19-4-エ

(答)損害賠償の額は，原則として債務者が遅滞の責任を負った最初の時点における法定利率による（民§419-Ⅰ本文）。もし，約定利率がこれより高い場合は約定利率による（民§419-Ⅰただし書）。債権者は，履行遅滞があれば，実損害の有無を問わないで当然に法定利率または約定利率による賠償を請求できるが，他方，それ以上の損害が生じたことを証明しても，その賠償を請求することはできない。

20. 元本と利息の支払を遅滞した場合，利息について遅延損害金が生ずるか。

□□□

(答)利息債権も金銭債権であるが，遅延した利息債務には，民法405条が適用され，同法419条の適用は排除される。すなわち，利息が1年分以上延滞した場合には，一定の要件において債権者が元本に組み入れることができるが（民§405），利息債務に当然に遅延損害金が付されるのではない。

21. 損害賠償額の予定について簡単に述べよ。

□□□
28-16-イ,
ウ

(答)債権者は，債務不履行の事実さえあれば，損害の発生及びその数額を証明しなくても，予定された賠償額の請求ができるとする契約のこと（民§420-Ⅰ参照）。当事者は，金銭でないものを損害の賠償

テーマ6　債権の目的，効力

に充てるべき旨を定めることもできる（民§421）。

22. 損害賠償額の予定をしている場合において，債務者に債務不履行があるときは，債権者は履行の請求または解除の請求をすることができるか。

□□□（答）できる（民§420-Ⅱ）。賠償額の予定は，履行請求権または解除請求権の放棄をその内容とするものではない。

23. 損害賠償者の代位について述べよ。

□□□（答）債務者が，損害賠償として債権の目的である物または権利の価額を全部支払った場合に，債権者に代わって，その物または権利について当然に債権者に代位する制度（民§422）。

24. 代償請求権の意義をいえ。

□□□（答）履行不能と同一の原因によって債務者が利益を得た場合において，債権者が，自己が受けた損害の限度で，債務者に対し，その権利の移転またはその利益の償還を請求する権利のこと（民§422の2）。例えば，債務者が建物の引渡し義務を負っていた場合において，当該建物が火災によって焼失したことにより，債務者が火災保険金を得たときは，債権者は，自己が受けた損害の限度で，債務者に対して，当該保険金の移転を請求することができる。

テーマ
6

受領遅滞

25. 受領遅滞の意義を簡単に述べよ。

□□□（答）債務の履行につき，受領その他債権者の協力を必要とする場合で，債務者が債務の本旨に従った提供をしたにもかかわらず，債権者が債務の履行を受けることを拒み，または受領することができない状態のこと。

239

26. 受領遅滞の効果をいえ。

□□□
23-16-5

(答)債務者の注意義務が軽減される。すなわち，債務者は，履行の提供をした時からその引渡しをするまで，自己の財産に対するのと同一の注意をもって，その物を保存すれば足りる（民§413-Ⅰ）。また，受領遅滞によって，履行の費用が増加したときは，その増加額は，債権者の負担となる（民§413-Ⅱ）。

債権者代位権

27. 債権者代位権行使の要件をいえ。

□□□
26-16-ア
前段

(答)① 債権者が自己の債権を保全する必要があること（原則として債務者の無資力。ただし，被保全債権が特定債権である場合は，債務者の無資力は要件とならない）。

② 債務者が自己に属する権利（以下「被代位権利」という）を自ら行使しないこと。

③ 原則として被保全債権の弁済期が到来していること。ただし，保存行為であれば，弁済期前であっても，代位権の行使が認められる（民§423-Ⅱただし書）。

④ 被保全債権が強制執行によって実現することができる権利であること（民§423-Ⅲ）。

28. 債権者代位権の本来的な目的は何か。

□□□

(答)債務者の責任財産の保全を目的とする。債権の内容の終局的実現の基礎となるのは，債務者が所有する財産であり，債務者の財産は，債権の実質的価値を保持するうえで重要な意味をもつ。このような観点から見た債務者の財産を一般に「責任財産」という。

29. 債務者が自ら被代位権利を行使した場合において，その権利行使が不適当であるときは，債権者は債権者代位権を行使することはできるか。

□□□
29-17-エ

(答)できない（最判昭28.12.14）。これを許すと債務者は，債権者によって不当な干渉を受けることになるからである。債務者の訴訟方法

240

テーマ6　債権の目的，効力

が不適当な場合には，債権者は補助参加(民訴§42)あるいは当事者参加(民訴§47)によって自己の権利保全を図るほかはない。

30. 債権者が債権者代位権を行使するためには，その前提として債務者に権利行使を催告する必要はあるか。

☐☐☐ (答)必要はない。なお，債務者の権利不行使の理由は問わない。

31. 債権者代位権の被代位権利とすることができない権利には，どのようなものがあるか。

☐☐☐ (答)債務者の一身専属権(民§423-Ⅰただし書前段)。差押えを禁じられた債権(民§423-Ⅰただし書後段)。

32. 離婚による財産分与請求権は，債権者代位権の被代位権利となりうるか。

☐☐☐ (答)財産分与請求権は，行使上の一身専属権なので，原則として債権者代位権の被代位権利とならないが，財産分与の協議等が成立し，具体的に財産分与に基づく金銭の支払請求権が発生していれば，通常の金銭債権と同様，債権者代位権の被代位権利となる(最判昭58.10.6参照)。

33. 遺留分侵害額の請求をする権利は，債権者代位権の被代位権利となりうるか。

☐☐☐ (答)遺留分侵害額の請求をする権利は，行使上の一身専属性を有するので，原則として被代位権利とならない。ただし，遺留分権利者が，これを第三者に譲渡するなど，権利行使の確定的意思を有することを外部に表明したと認められる特段の事情がある場合には，債権者代位権の被代位権利とすることができるものと解される(最判平13.11.22参照)。

テーマ
6

241

34. 離婚に伴う財産分与の協議ないし審判等が成立する前の時点で，財産分与を受けるべき者が，将来生ずべき財産分与請求権を保全するために，分与をすべき者に属する権利を代位行使することはできるか。

□□□ （答）できない（最判昭55.7.11）。協議等が成立し，財産分与請求権が具
24-22-ウ 体的な請求権として形成された後であれば，これを被保全債権として債権者代位権を行使することができる。

35. 債権者代位権における被保全債権は，代位の目的となる被代位権利の発生前に発生している必要はあるか。

□□□ （答）必要はない。詐害行為取消権の被保全債権が，詐害行為の前の原因に基づいて生じた債権に限られること（民§424-Ⅲ参照）と比較すること。

36. AがBに対して100万円の金銭債権を有し，BがCに対して200万円の金銭債権を有している場合において，AがBのCに対する債権を代位行使する場合において，その代位行使の範囲について制限はあるか。

□□□ （答）本例のように，被代位権利の目的が可分であるときは，債権者は，
26-16-イ 自己の債権の額の限度においてのみ，被代位権利を行使することが
前段
26-16-エ できる（民§423の2）。したがって，本例において，Aが代位行使
前段 することができるのは，100万円の限度に限られる。

37. チェックポイント36の事例におけるAによるBのCに対する債権の代位行使によって，AのBに対する債権の消滅時効の完成は猶予され，または時効の更新はされるか。

□□□ （答）時効の完成猶予も更新もされない。現実に権利行使されているのはBのCに対する債権であり，AのBに対する債権は被保全債権であるにすぎないので，AのBに対する債権の消滅時効の完成が当然に猶予され，または時効が更新されるわけではない。

38. チェックポイント36の事例において，AはCに対して金銭を直接自己に引き渡すよう請求することはできるか。

テーマ6　債権の目的，効力

□□□
29-17-オ
（答）できる。動産の引渡請求権を代位行使する場合も，債権者は，第三債務者に対し，その動産を自己に直接引き渡すよう請求することができる（民§423の3前段）。このように，第三債務者が代位権を行使した債権者に対してその支払いまたは引渡しをしたときは，被代位権利は，これによって消滅する（民§423の3後段）。

39. チェックポイント36の事例において，AがCから直接金銭の引渡しを受けた場合，Aはその金銭を直接自己の債権の弁済に充てることはできるか。

□□□
（答）できない。引渡しを受けた金銭は債務者Bに帰属し，すべての債権者のための共同担保として，責任財産に組み込まれるからである。Aは代位権の行使によって優先弁済権を取得するのではなく，単に代位権の行使に費やした費用につき先取特権を有するにすぎない（民§306①）。

40. チェックポイント36の事例において，AがCから直接金銭の引渡しを受けた場合，AはBに対して金銭を返還する義務を負うか。また，金銭の返還債務と自己のBに対して有する債権とを相殺することはできるか。

□□□
27-18-イ
（答）Bに対して金銭の返還義務を負う。また，相殺は可能である。相殺することによって，Aは事実上の優先弁済を受ける結果となる。

41. 債権者が被代位権利を行使したときは，相手方（第三債務者）は，（　　　）をもって，債権者に対抗することができる。

□□□
（答）債務者に対して主張することができる抗弁（民§423の4）。

42. チェックポイント36の事例において，AがBのCに対する債権を代位行使した場合であっても，Bは，Cに対して権利を行使することはできるか。

□□□
29-17-イ
（答）できる。CもBに対して履行することができる。すなわち，債権者代位権が行使されても，債務者は，自ら被代位権利の取立てその他の処分をすることは妨げられないし，第三債務者も債務者に対して履行をすることは妨げられない（民§423の5）。

243

43. 債権者代位権は訴えをもって行使する必要はあるか。また，訴えによって債権者代位権を行使したときは，債権者は何をする必要があるか。

□□□
26-16-オ
前段

(答)必ずしも訴えをもって行使する必要はない。訴えによる場合は，第三債務者だけを被告とすればよい。また，訴えによって債権者代位権を行使したときは，債権者は，遅滞なく，債務者に対し，訴訟告知をしなければならない(民§423の6)。

44. 被保全債権は金銭債権である必要はあるか。

□□□
22-16-ア

(答)必ずしも金銭債権でなくてもよい。責任財産の保全という趣旨からは，被保全債権は金銭債権でなければならないと考えられるが，登記請求権などの特定債権を保全するためにも，債権者代位権を行使することが認められる(民§423の7参照)。なお，被保全債権が金銭債権である場合は，債務者の無資力という要件は不可欠であるが，被保全債権が特定債権である場合は，債務者の無資力は要件とされない。

45. 不動産がA→B→Cと転売され，登記名義がAにある場合に，CがBに代位してAに登記を求める場合，Cは自己名義の登記をAに請求することはできるか。

□□□

(答)できない。登記請求権を代位行使するときは，債務者の受領がなくても，債務者名義での登記が可能だからである。

46. 不動産の売主Aの所有権移転登記義務をB及びCが共同相続した場合において，Bがその義務の履行を拒絶しているため，買主Dが同時履行の抗弁を行使して代金全額の弁済を拒絶している場合，Cは，Aから相続した代金債権を保全するためにどのような手段をとることができるか。

□□□
22-16-ウ

(答)Dの資力の有無にかかわらず，DのBに対する所有権移転登記請求権を代位行使することができる(最判昭50.3.6)。

テーマ6　債権の目的，効力

47. 債権者代位権を行使することができるAに対して債権を有しているBは，Aの債権者代位権を行使することはできるか。

22-16-オ　（答）できる。債権者代位権を代位行使することも認められる（最判昭39.4.17）。

48. Dが，Aから賃借した甲土地上に乙建物を所有し，これをCに賃貸していた場合において，Dが乙建物をBに売却したが，甲土地の賃借権の譲渡につきAの承諾が得られない。この場合，Cは，乙建物の賃借権を保全するために，Bに代位して，Aに対する建物買取請求権を行使することができるか。

29-17-ウ
22-16-エ　（答）できない。本例のように，借地権者Dから建物を取得したBは，借地権設定者であるAが賃借権の譲渡を承諾しないときは，建物買取請求権を行使することができる（借地借家§14）。Bが建物買取請求権を行使すれば，Aが建物所有権を取得し，建物賃借人であるCに対する賃貸人としての地位も承継することから，Cとしては自己の地位を保全できる。そこで，CがBに代位して建物買取請求権を行使することの可否が問題となるが，代位行使によってBが受けるべき利益は，建物の代金債権にすぎず，これによって借家人Cの特定債権である賃借権が保全されるわけではないことから，判例（最判昭38.4.23）は，Cによる建物買取請求権の代位行使を否定する。

詐害行為取消権

49. 詐害行為取消権の意義を簡単にいえ。

（答）債務者がその責任財産を積極的に減少する行為をする場合に，債務者の責任財産の保全を目的として，当該行為の効力を奪ってその減少を阻止する制度。

50. 詐害行為取消請求の要件をいえ。

□□□
30-16-ア

(答)① 債務者が債権者を害する財産権を目的とする法律行為(詐害
行為)をしたこと(民§424-Ⅰ本文・Ⅱ)。

詐害行為とは，債権者を害する債務者の行為のことである。
「害する」とは，その行為によって債務者が無資力となるとい
うことである。

② 受益者が詐害の事実を知っていること(民§424-Ⅰただし書)。

③ 被保全債権が，詐害行為の前の原因に基づいて生じたもので
あること(民§424-Ⅲ)。

詐害行為時までに弁済期が到来することは不要であり(大判
大9.12.27)，詐害行為後に債権を譲り受けた者も詐害行為取消
請求をすることができる(大判大12.7.10)。

④ 被保全債権が強制執行によって実現することができる権利で
あること(民§424-Ⅳ)。

**51. チェックポイント50の①から，債務者の無資力が，詐害行為取消請求の事
実上の要件となるが，その無資力は，どの時点における無資力である必要が
あるか。**

□□□

(答)詐害行為当時及び詐害行為取消請求の時の両時において無資力で
ある必要がある。詐害行為取消請求の時とは，詐害行為取消訴訟の
事実審の口頭弁論の終結時である。

**52. 婚姻，縁組，相続の承認及び放棄，遺産分割，離婚に伴う財産分与，弁済，
時効の更新事由としての債務の承認は，それぞれ詐害行為取消請求の対象と
なりうるか。**

□□□
27-23-ウ
23-23-オ
20-18-ア

(答)婚姻，縁組などの身分行為や，相続の承認及び放棄は，詐害行為
とならない(民§424-Ⅱ参照)。

共同相続人間で成立した遺産分割協議は，詐害行為取消請求の対
象となりうる(最判平11.6.11)。

離婚に伴う財産分与は，原則として，詐害行為取消請求の対象と
はならないが，不相当に過大であるときは，財産分与に仮託してさ

テーマ6 債権の目的，効力

れた財産処分行為として取消しの余地がある（最判昭58.12.19）。

弁済，時効の更新事由としての債務の承認，また，法定追認の効果を生ずる行為などは，詐害行為取消請求の対象となりうる。

53. 詐害行為の後に発生した債権を被保全債権として，詐害行為取消請求をすることはできるか。

□□□ （答）当該被保全債権が，詐害行為の「前の原因に基づいて生じた債権」であれば，詐害行為の後に発生した債権であっても，これを被保全債権として詐害行為取消請求をすることができる（民§424-Ⅲ）。したがって，次のような詐害行為取消請求が認められる。

① 詐害行為前の売掛代金債権について，詐害行為後に準消費貸借契約を締結した債権者は，詐害行為取消請求をすることができる（最判昭50.7.17参照）。

② 調停により毎月一定額の支払いを受けることを内容とする婚姻費用の分担に関する債権を取得した妻は，夫がした詐害行為に関して，当該行為がされた時に支払期限が到来していない債権を被保全債権として，詐害行為取消請求をすることができる（最判昭46.9.21参照）。

③ 詐害行為の時点よりも前に元本債権が成立している場合において，当該元本債権に対する遅延損害金が詐害行為よりも後に発生した場合でも，その遅延損害金を含めて詐害行為取消請求の被保全債権とすることができる（最判平8.2.8参照）。

54. BからCへの不動産の譲渡がされ，当該譲渡行為の後の原因に基づいて，AがBに対する債権を取得した。その後，BからCへの不動産の譲渡に基づく所有権移転登記がされた。この場合において，Aは，当該債権を被保全債権として詐害行為取消請求をすることはできるか。

□□□ （答）できない（最判昭55.1.24）。不動産に関する物権変動の効力が生ずるのは，譲渡の意思表示の時なので，詐害行為取消請求の被保全債権としての適格性の判断は譲渡行為時を基準とし，登記の時を基準とすべきではない。

247

55. AがBに不動産を譲渡し，その登記未了のうちに，AがCに同一の不動産を譲渡し，Cに対して所有権移転登記をした場合，BはAC間の譲渡行為は詐害行為であるとして取り消すことができるか。

□□□　(答)本事例では，Cに対して所有権移転登記がされたことによって，
30-16-イ　　Aの Bに対する履行不能が確定し，BはAに対して損害賠償請求権，すなわち，金銭債権を取得する。AがCに不動産を譲渡したことにより，Bに対する損害賠償に応ずるだけの資力が失われたのであれば，Bは，AのCに対する譲渡行為について詐害行為取消請求をすることができる。

　　なお，本事例における被保全債権であるBのAに対する損害賠償請求権は，詐害行為（AのCに対する譲渡行為）の後に発生している。しかし，この損害賠償請求権は，詐害行為であるAのCに対する譲渡行為の前のAのBに対する譲渡行為を原因として生じたものなので，「詐害行為の前の原因に基づいて生じたもの」ということができることから，これを被保全債権とすることができる(チェックポイント50の③参照)。

56. チェックポイント55の事例で，BがAC間の譲渡行為を取り消すことができる場合に，BはCに対して自己に登記名義を移転するよう請求することはできるか。

□□□　(答)できない。Bは，Cに対して登記名義をAに回復するよう請求で
20-18-イ　　きるだけである。通常はAからCへの所有権移転登記の抹消を請求する判決を得て，BがAに代位して，判決により単独でC名義の登記を抹消し，登記名義をAに回復する。

57. チェックポイント56のようにして，登記名義がAに回復された後，BはAに対して自己に所有権移転登記をするよう請求することはできるか。

□□□　(答)できない。Bは，損害賠償請求権を被保全債権として詐害行為取消請求をしたので，Aの責任財産に回復した不動産に対して強制執行をして金銭的満足を図るべきである。また，本例のような登記請求が認められるとすれば，対抗要件主義の趣旨(民§177)が損なわ

248

テーマ6　債権の目的，効力

　　　れることを併せて考慮すること。

58.　債務者の提供した抵当権や質権等の物的担保を伴う債権につき，詐害行為取消請求をすることはできるか。

☐☐☐　(答)その担保物の評価額を超える債権額についてのみ，取消請求をすることができる(大判昭7.6.3)。例えば，1,500万円の債権を有する債権者が，債務者所有の時価1,000万円の不動産に抵当権を有している場合においては，債権者の債権中1,000万円は抵当権によって担保されているから，債務者の一般財産によって担保されるべき債権は500万円となる。したがって，この場合，500万円を被保全債権の基準として取消請求をすることができる。

59.　物上保証人の提供した物的担保を伴う債権につき，詐害行為取消請求をすることができるか。

☐☐☐　(答)債権全額について詐害行為取消請求をすることができる(大判昭20.8.30)。また，保証人や連帯債務者のような人的担保を伴う債権については，これらの者に資力があっても，優先弁済は保障されないから，債権者は全額について詐害行為取消請求をすることができる(大判大9.5.27)。

60.　債権者が受益者に対して詐害行為取消請求をすることができる場合において，受益者に移転した財産を転得した者がある場合に，当該転得者に対して詐害行為取消請求をすることはできるか。

☐☐☐
30-16-ウ
20-18-エ
　(答)①転得者が受益者から転得した者である場合にあっては，その転得者が，転得の当時，債務者がした行為が債権者を害することを知っていたとき，②転得者が他の転得者から転得した者である場合にあっては，その転得者及びその前に転得した全ての転得者が，それぞれの転得の当時，債務者がした行為が債権者を害することを知っていたときに限り，その転得者に対しても詐害行為取消請求をすることができる(民§424の5)。すなわち，1人でも善意の転得者が出現すれば，当該善意の転得者以降の転得者には詐害行為取消請求

249

をすることはできなくなる。

61. 債務者が受益者から相当の対価を得てした財産の処分行為（相当価格処分行為）について，詐害行為取消請求をするための要件をいえ。

□□□ (答)次のいずれにも該当すること（民§424の2）。

① 隠匿等の処分（民§424の2①かっこ書参照）をするおそれを現に生じさせる行為であること。

② 債務者が行為当時，対価として得た金銭等について隠匿等の処分の意思を有していたこと。

③ 受益者が行為当時，債務者が隠匿等の処分の意思を有していたことを知っていたこと。

62. 一部の債権者への担保の提供や弁済等の債務の消滅に関する行為（偏頗行為）について，詐害行為取消請求をするための要件をいえ。

□□□ (答)次のいずれにも該当すること（民§424の3）。

30-16-オ

① 偏頗行為が，債務者が支払不能（民§424の3-Ⅰ①かっこ書参照）の時に行われたものであること。

ただし，非義務的偏頗行為（偏頗行為が，債務者の義務に属せず，またはその時期が債務者の義務に属しないものである場合における偏頗行為のこと）については，支払不能になる前30日以内の行為にまで詐害行為取消請求の対象が拡大される（民§424の3-Ⅱ①）。

② 偏頗行為が債務者と受益者とが通謀して他の債権者を害する意図をもって行われたものであること。

63. 過大な代物弁済等（債務者がした債務の消滅に関する行為であって，受益者の受けた給付の価額がその行為によって消滅した債務の額より過大であるもの）について，詐害行為取消請求をする場合の取消請求の範囲をいえ。

□□□ (答)当該過大な代物弁済等が詐害行為取消請求の一般的要件を満たすときは，代物弁済等によって消滅した債務の額に相当する部分以外の部分に限り，詐害行為取消請求の対象となる（民§424の4）。

250

テーマ6　債権の目的，効力

　　なお，当該過大な代物弁済等がチェックポイント62で示した偏頗
行為として詐害行為取消請求の対象となるときは，当該代物弁済等
によって消滅した債務の額に相当する部分かそれ以外の部分かにか
かわらず，同条の規定によって当該代物弁済等の全部の取消しを請
求することができる。

64. 詐害行為取消請求は，訴えによって行使する必要があるか。また，債権者は誰を被告として詐害行為取消請求をするか。

□□□
26-16-エ
後段
26-16-オ
後段

（答）必ず裁判所に請求してしなければならない（民§424-Ⅰ本文）。詐
害行為取消訴訟は，債権者が自己の権利として提起するものであり，
被告は，債権者が返還または価額の償還を請求しようとする受益者
または転得者である（民§424の7-Ⅰ）。

　　なお，債権者は，詐害行為取消請求に係る訴えを提起したときは，
遅滞なく，債務者に対し，訴訟告知をしなければならない（民§424
の7-Ⅱ）。

65. 詐害行為取消請求をして，債権者が取り消すことができる範囲について，制約はあるか。

□□□
26-16-イ
後段

（答）①　取消しの目的物が可分である場合

　　　詐害行為取消請求をする債権者の債権の額の限度においての
み，その取消しを請求することができる（民§424の8-Ⅰ）。

②　取消しの目的物が不可分である場合

　　　債権額を超過しても，全部を取り消し，現物返還を請求する
ことができる（最判昭30.10.11）。例えば，Bに対して，500万円
の債権を有しているAが，BのCに対する1,000万円相当の土
地の贈与を詐害行為として取り消す場合は，当該贈与の全部を
取り消し，Cに対して土地の返還を請求することができる。た
だし，本例において，土地の返還が困難であるときは，債権者
はその価額の償還を請求することになるが（民§424の6-Ⅰ後
段），価額の償還は可分であるので，債権者は，500万円の限度
においてのみ価額の償還を請求することができる（民§424の

8-Ⅱ)。

66. B（債権額240万円），C（債権額360万円），D（債権額120万円）は，いずれもAに対する債権者であるが，AがBに対してのみ240万円の弁済をしたことにより，Aは無資力となった。AのBに対する弁済が詐害行為取消請求の要件を満たすものとして，Cが，Aの弁済について詐害行為取消請求をする場合，Cは，Bに，240万円を自己に引き渡すよう請求することができるか。

□□□（答）できる。債権者は，返還の目的物が金銭または動産である場合は，債務者に支払いまたは引き渡すよう請求することができるほか，直接債権者に支払いまたは引き渡すことを受益者または転得者に請求することができる（民§424の9-Ⅰ前段）からである。

67. チェックポイント66の事例において，CがBから240万円の支払いを受けた場合，これをBやDに分与する必要はあるか。

□□□（答）分与する必要はない（最判昭37.10.9）。判決の効力は，債務者及びその全ての債権者に対してその効力を有し（民§425），また，受益者Bの債務者Aに対する債権は原状に復する（民§425の3）。したがって，Cが支払いを受けた240万円は，総債権者B，C，Dの共同の引当てとなる財産なので，これを各債権者の有する債権額に按分して（B，C，Dの債権額の割合は2：3：1である），80万円，120万円，40万円ずつ分配する必要があるはずである。しかし，現行法に分配の時期や手続についての規定が存在しないため，分与する必要はないとされている。

68. チェックポイント66の事例において，Bは自己の債権額に対応する按分額である80万円について支払いを拒否することはできるか。

□□□（答）できない。判例（最判昭46.11.19）は，「いちはやく自己の債権につき弁済を受けた受益者を保護し，総債権者の利益を無視するに帰する」として，按分額の支払拒絶権を否定した。なお，本例の場合，CはBから支払いを受けた240万円を自己の弁済に充てることはできず，Aに返還すべきであるが，その返還債務と自己の債権とを相

テーマ6　債権の目的，効力

　　　　殺することは，現行法上これを禁止する規定がないので認められる。
　　　　そのようにすると，結果的にCが優先弁済を受けうることとなる。

69.　債権者が受益者を相手方として詐害行為取消訴訟を提起した場合，その被
　　保全債権の消滅時効の完成は猶予され，または時効の更新はされるか。
□□□　（答）時効の完成猶予も更新もされない。詐害行為取消権を行使するこ
　　　　とは，被保全債権自体の行使とはいえないので，被保全債権の消滅
　　　　時効の完成が当然に猶予され，または時効が更新されるわけではな
　　　　い（最判昭37.10.12）。

70.　詐害行為取消請求に係る訴えは，（　①　）から（　②　）を経過したときは，
　　提起することができない。（　③　）を経過したときも，同様とする。
□□□　（答）①債務者が債権者を害することを知って行為をしたことを債権者
　　　　が知った時，②2年，③行為の時から10年（民§426）。なお，取消
　　　　原因を知った時とは，債務者の一般財産が減少して債権者を害する
　　　　ような行為がされた事実を知った時をいい，行為の時とは，詐害行
　　　　為が行われた時をいう。

テーマ6

253

テーマ6

参考過去問

1．次の事例に関する次のアからオまでの記述のうち，判例の趣旨に照らし正しいものはどれか（H19-4改）。

〔事例〕

Aは，平成17年1月30日，Bとの間で，次の約定によりBから100万円を借り受ける旨の契約を締結し，同日，全額の交付を受けるとともに，自己所有の土地建物にBのために抵当権を設定した（抵当権の設定の登記を完了したものとする。）。なお，AB間の金銭消費貸借契約には特約は付されていないものとする。

　　　　弁済期　平成18年1月30日
　　　　利　息　年10パーセント

ア　AがBに対して支払うべき利息は，平成17年1月31日から発生する。

イ　Aが抵当権を設定した土地建物を第三者Cに譲渡した場合には，Bは，平成18年1月30日より前でもAに対して100万円の返還を請求することができる。

ウ　BがAに対して有する貸金返還請求権の消滅時効の客観的起算点は，平成18年1月31日である。

エ　Aが弁済期にBに対して貸金返還債務を完済しなかった場合には，Bは，Aに対して平成18年1月31日から支払済みまで年10パーセントの割合による遅延損害金の支払を請求することができる。

オ　Aは，弁済期前にBに対して100万円を返還することができ，その場合には，返還した日までの利息を付せばよい。

正しいものは，ウ，エである。

ア　×　本肢における利息は，平成17年1月30日から発生する（テーマ3のチェックポイント4参照）。

イ　×　抵当権設定者が，抵当権の目的である不動産を第三者に譲渡しても，

254

テーマ6　債権の目的，効力

当該抵当権の被担保債権の債務者は期限の利益を喪失するわけではない（第1部テーマ4のチェックポイント15参照）。

ウ　○　Bは，弁済期である平成18年1月30日においては，Aが任意に弁済すれば，これを受領することができるにとどまる。しかし，弁済期を過ぎた同月31日になれば，裁判上の請求（貸金返還請求訴訟の提起）をもすることができる。すなわち，貸金返還請求権について権利行使が可能となるのは，平成18年1月31日であるので，消滅時効の客観的起算日は，同日である。

エ　○　チェックポイント19参照。本肢では，法定利率を超える約定利率10%が定められているので，年10%の割合による遅延損害金が発生する。遅延損害金は弁済期の翌日から発生し，支払いがされるまでの期間分を支払うべきことになる。

オ　×　期限の利益は，放棄することができるが，これによって相手方の利益を害することはできない（民§136-Ⅱ）。利息付の金銭消費貸借の場合，債務者だけでなく，債権者にも期限の利益があると考えられるので，債務者が弁済期前に弁済するときは，弁済期までの利息を付して弁済すべきである（第1部テーマ4のチェックポイント14参照）。

テーマ
6

2．次の対話は，履行遅滞に関する教授と学生との間の対話である。教授の質問に対する次のアからオまでの記述のうち，正しいものはどれか（H15-17改）。

教授：　金銭債務について履行遅滞が生じた場合に，その債務者は，履行遅滞が不可抗力によって生じたものであるから，その責任を負わないと主張することができますか。

学生：ア　債務者の責めに帰すべき事由に基づくことが履行遅滞の要件の一つですから，債務者は，履行を遅滞したことが不可抗力によるものであることを証明すれば，責任を免れることができます。

教授：　金銭債務の履行遅滞による損害賠償の額は，どのように定められますか。

学生：イ　約定利率が定められていない場合には，法定利率によることになりますが，約定利率が定められている場合には，それが法

255

定利率より高いか低いかを問わず，約定利率によることになります。

教授：　それでは，約定利率が定められていない場合において，履行遅滞によって実際に生じた損害の額が法定利率を上回るときは，債権者は，その超過分を請求することができますか。

学生：ウ　いいえ。債権者は，法律に定めがある場合を除けば，履行遅滞によって実際に損害が生じた場合であっても，法定利率を超過した損害賠償を請求することはできません。

教授：　元本と利息の支払を遅滞した場合，利息について遅延損害金が生じますか。

学生：エ　はい。利息請求権も金銭債権ですから，当然に遅延損害金が生じることになります。

教授：　不確定期限のある債務について履行遅滞が生じるのは，いつからですか。

学生：オ　期限が到来し，かつ，債務者がこれを知ったときから遅滞が生じますが，期限の到来した後に債権者が催告すれば，債務者が期限到来の事実を知らなくても遅滞が生じることになります。

正しいものは，ウ，オである。

ア　×　チェックポイント18の②参照。

イ　×　約定利率が定められている場合には，それが法定利率より高いときに限って約定利率によるのであり（民§419-Ⅰただし書），約定利率のほうが低いときは，法定利率による（チェックポイント19参照）。

ウ　○　チェックポイント19参照。

エ　×　チェックポイント20参照。

オ　○　チェックポイント11の②参照。

3．次のアからオまでの事例を，債務者が履行遅滞に陥る時期の早いものから順に並べた場合に，判例の趣旨に照らし正しいものは，後記1から5までのうちどれか（H19-17改）。

ア　平成19年4月2日に不法行為がされ，被害者が加害者に対して同年

テーマ6 債権の目的，効力

　　　　4月9日に不法行為に基づく損害賠償を請求した場合
イ　平成19年3月5日に生じた雇用契約上の安全配慮義務違反を理由と
　する債務不履行に基づく損害賠償債務について，債権者が債務者に対
　して同年4月3日に請求した場合
ウ　返還時期の定めのない金銭消費貸借契約に基づき，債権者が，債務
　者に対して，平成19年4月9日に相当の期間を定めることなく貸金の
　返還を請求した場合
エ　不確定期限付きの債務について，平成19年4月2日に所定の事実が
　発生して期限が到来し，債務者は同年4月3日にそのことを知ったが，
　債権者が債務者に対して催告をしたのは同年4月9日であった場合
オ　使用及び収益の目的並びに期間の定めのない使用貸借契約に基づき，
　貸主が，契約を解除し，動産を使用している借主に対して，平成19年
　4月9日に当該動産の返還請求をした場合
1　ア　→　イエ同日　→　ウ　→　オ
2　ア　→　イエ同日　→　オ　→　ウ
3　イ　→　エ　→　アオ同日　→　ウ
4　イエ同日　→　ア　→　ウオ同日
5　イ　→　アエ同日　→　ウオ同日

テーマ
6

正しいものは，2である。

ア　平成19年4月2日に履行遅滞に陥る。　　チェックポイント11の⑤参照。
イ　平成19年4月3日に履行遅滞に陥る。　　チェックポイント11の⑥参照。
ウ　平成19年4月9日から相当期間が経過した後に履行遅滞に陥る。　　チェッ
　クポイント11の④参照。
エ　平成19年4月3日に履行遅滞に陥る。　　チェックポイント11の②参照。
オ　平成19年4月9日に履行遅滞に陥る。　　使用貸借契約において，使用及び
　収益の目的並びに期間が定められていないときは，貸主は，いつでも契約の
　解除をして目的物の返還を請求することができる（民§598-Ⅱ）。すなわち，
　本肢のような場合における借主の返還債務は，期限の定めのない債務である
　ので，債務者である借主は，貸主から返還の請求を受けた時から履行遅滞に
　陥る（民§412-Ⅲ）。

257

4．Aが開設する病院で勤務医Bの診療上の過失により患者Cが死亡した
という事例において，唯一の相続人であるCの子Dが診療契約上の債務
の不履行に基づく損害賠償を請求する場合と不法行為に基づく損害賠償
を請求する場合との差異に関する次のアからオまでの記述のうち，判例
の趣旨に照らし正しいものはどれか（H22-19改）。
ア　Dは，勤務医Bに対して，不法行為に基づく損害賠償を請求するこ
とはできるが，債務不履行に基づく損害賠償を請求することはできな
い。
イ　債務不履行に基づく損害賠償請求権の消滅時効の期間は，権利を行
使することができる時から3年であるが，不法行為に基づく損害賠償
請求権の消滅時効の期間は，損害及び加害者を知った時から3年であ
る。
ウ　債務不履行に基づく損害賠償請求権と不法行為に基づく損害賠償請
求権は，いずれも期限の定めのない債務であるから，債務者は，Dが
履行の請求をした時から遅滞の責任を負う。
エ　Dは，不法行為に基づく損害賠償の請求においては自己の固有の慰
謝料も請求することができるが，債務不履行に基づく損害賠償の請求
においては自己の固有の慰謝料を請求することはできない。
オ　DがAに対して損害賠償を請求する場合において，AがDに対して
診療諸費用の債権を有しているときは，Aは，債務不履行に基づく損
害賠償請求に対しても，不法行為に基づく損害賠償請求に対しても，
当該債権をもって相殺をすることができる。

正しいものは，ア，エである。

ア　○　被害者の相続人であるDは，不法行為に基づく損害賠償請求をするこ
とができる（テーマ5のチェックポイント26，28参照）。これに対して，診療
契約は，AとCとの契約関係なので，Dは，Aに対して債務不履行に基づく
損害賠償請求をすることはできるが（民§415），勤務医であるBに対して直
接に債務不履行に基づく損害賠償請求をすることはできない。

イ　×　債務不履行に基づく損害賠償請求権の消滅時効の期間については，一
般原則に従い10年であるが，本肢は人の生命の侵害による損害賠償請求であ
ることから，その消滅時効期間は，20年とされる（第1部テーマ5のチェッ

258

クポイント18参照)。また，不法行為に基づく損害賠償請求権の消滅時効期間は原則として3年であるが，人の生命または身体を害する不法行為による損害賠償請求権の消滅時効期間は，5年である(テーマ5のチェックポイント38参照)。

ウ　×　債務不履行に基づく損害賠償請求権は，期限の定めのない債務と考えられ，本肢のように履行の請求を受けた時から遅滞に陥る(チェックポイント11の③)。これに対して，不法行為に基づく損害賠償債務の遅滞時期は，不法行為の時である(チェックポイント11の⑤参照)。

エ　○　不法行為に基づく慰謝料については，民法711条を根拠に，Dは，自己の固有の地位に基づいて請求することができる(テーマ5のチェックポイント26後段参照)。債務不履行に基づく慰謝料については，債務不履行を受けた者の近親者が固有の慰謝料を請求することができるとする規定(不法行為における民法711条に対応するような規定)がないので，Dは，Cが有していた慰謝料請求権を相続したものとして，当該慰謝料をAに請求するほかない。

オ　×　本問におけるAがDに対して負う損害賠償債務は，人の生命の侵害による損害賠償の債務なので，それが不法行為に基づくものであるか債務不履行に基づくものであるかを問わず，Aは当該債務とDに対して有する債権とを相殺することはできない(テーマ9のチェックポイント44参照)。

5．債権者代位権に関する次のアからオまでの記述のうち，判例の趣旨に照らし誤っているものはどれか。なお，特に断りのない限り，Bは無資力とする(H17-17改)。

　ア　AがBに対して有する金銭債権を被保全債権として債権者代位権を行使する場合には，その被保全債権が発生する前からBがCに対して有していた金銭債権を債権者代位権の目的とすることはできない。

　イ　Bの債権者であるAは，BがCに対して負っている債務について，Bが消滅時効を援用し得る地位にあるのにこれを援用しないときは，Bに代位して消滅時効を援用することができる。

　ウ　BとCとの離婚後，BC間で，CがBに対して財産分与として500万円を支払う旨の合意が成立したが，Bがその支払を求めない場合に

は，Bの債権者であるAは，Bに代位してCに対し，これを請求する
ことができる。

エ　土地がCからBへ，BからAへと順次譲渡された場合において，B
がCに対して所有権の移転の登記を請求しないときは，Aは，Bが無
資力でなくても，BのCに対する所有権移転登記請求権を代位行使す
ることができる。

オ　Bの債権者であるAがBのCに対する動産の引渡請求権を代位行使
する場合には，Aは，Cに対し，その動産を自己に直接引き渡すよう
請求することはできない。

誤っているものは，ア，オである。

ア　×　チェックポイント35参照。
イ　○　第1部テーマ5のチェックポイント27参照。
ウ　○　チェックポイント32参照。
エ　○　チェックポイント44参照。
オ　×　チェックポイント38参照。

6．債権者代位権に関する次のアからオまでの記述のうち，判例の趣旨に
照らし誤っているものはどれか（H12-7改。ただし，ウは省略した）。

ア　交通事故により受傷したAは，加害者であるBに対する損害賠償請
求権を保全するため，Bの資力の有無にかかわらず，Bが保険会社と
の間で締結した自動車対人賠償保険契約に基づく保険金請求権を代位
行使することができる。

イ　不動産がAからBへ，BからCへと順次売却されたが，それらの所
有権移転の登記が未了の間に，Dが契約書等を偽造して，その不動産
につきAからDへの所有権移転の登記を経由してしまった場合，Cは，
Bの債権者として，BがAに代位してDに対し行使し得る所有権移転
の登記の抹消請求権を代位行使することができる。

エ　不動産がAからBへと売却されたが，所有権の登記名義人はいまだ
Aである場合において，Bの配偶者であるCがBとの間で離婚の調停
を行っているときは，Cは，Bとの離婚によって生ずべき財産分与請

テーマ6　債権の目的，効力

求権を保全するため，BのAに対する所有権移転登記請求権を代位行使することができる。

オ　不動産の売主Aの所有権移転登記義務をB及びCが共同相続した場合において，Bがその義務の履行を拒絶しているため，買主Dが同時履行の抗弁権を行使して代金全額の弁済を拒絶しているときは，Cは，自己の相続した代金債権を保全するため，Dの資力の有無にかかわらず，DのBに対する所有権移転登記請求権を代位行使することができる。

誤っているものは，ア，エである。

ア　×　本肢における被保全債権は金銭債権なので，債権者代位権を行使するためには，債務者の無資力が要件とされる（最判昭49.11.29，チェックポイント27の①，チェックポイント44参照）。

イ　○　チェックポイント47参照。本肢の場合，AからDへの所有権移転登記は無効であるから，AはDに対して，登記の抹消を請求することができ，Aに対して所有権移転登記請求権を有するBは，Aの有する抹消登記請求権を代位行使することができる。さらに，Bに対して所有権移転登記請求権を有するCは，Bに代位してAの有する抹消登記請求権を代位行使することができる。

エ　×　チェックポイント34参照。

オ　○　チェックポイント46参照。

7．債権者代位権に関する次のアからオまでの記述のうち，判例の趣旨に照らし誤っているものはどれか（H22-16改）。

ア　AのDに対する債権がAからBへ，BからCへと順次譲渡された場合において，AがDに対して債権譲渡の通知をしないときは，Cは，Bの資力の有無にかかわらず，Bに代位して，債権譲渡の通知をするようにAに請求する権利を行使することができる。

イ　BのAに対する債権を目的として，BがCのために質権を設定した場合において，BがAに対して質権設定の通知をしないときは，Cは，Bの資力の有無にかかわらず，Bに代位して，Aに対して質権設定の

261

通知をすることができる。

ウ　Dが不動産をBに売却した後に死亡し，A及びCがDを共同相続した場合において，Bへの所有権の移転の登記手続にAが協力せず，Bも売買代金の支払を拒絶しているときは，Cは，Bの資力の有無にかかわらず，Bに代位して，Aに対する登記請求権を行使することができる。

エ　Dが，Aから賃借した甲土地上に乙建物を所有し，これをCに賃貸していた場合において，Dが乙建物をBに売却したが，甲土地の賃借権の譲渡につきAの承諾が得られないときは，Cは，乙建物の賃借権を保全するために，Bの資力の有無にかかわらず，Bに代位して，Aに対する建物買取請求権を行使することができる。

オ　A所有の不動産をBが賃借し，さらにCがBから転借している場合において，Dが不動産の使用を妨害しているにもかかわらず，その妨害の排除をAが請求せず，BもまたAに代位してその請求をしないときは，Cは，A及びBの資力の有無にかかわらず，AのDに対する妨害排除請求権をAに代位して行使するBの権利を，Bに代位して行使することができる。

誤っているものは，イ，エである。

ア　○　Bは，Aに対して，Dに債権譲渡の通知をするよう請求することができ，同様に，Bから債権を譲り受けたCも，Bに対して，Dに債権譲渡の通知をするよう請求する権利を有する。Cが有する請求権を被保全債権として，Cは，Bに代位してAに対して，Dに債権譲渡の通知をするよう請求することができる。この場合の被保全債権は，金銭債権ではないことから，いわゆる債権者代位権の転用の例であり，債務者の資力の有無は債権者代位権の可否に影響しない（大判明43.7.6）。

イ　×　質権設定の通知をすべき者は，債権を質入れしたBであり，債権譲渡の場合における譲受人に準じた立場に立つ質権者Cは，通知をすることができず，Bに代位して通知することもできない。

ウ　○　チェックポイント46参照。

エ　×　チェックポイント48参照。

オ　○　賃借人は，賃貸人に代位して，不法占拠者に対して，直接自分に対し

262

て明け渡せと主張することができる（最判昭29.9.24）。したがって，Bは，A に代位してDに対して妨害排除請求をすることができる。代位権を行使することができる者が当該代位権を行使しないときは，その者に対して債権を有する者は，当該代位権を代位行使することができるので（チェックポイント 47参照），転借人であるCは，BがAに代位してDに妨害排除請求をすることができる権利を，Bに代位して行使することができる。この場合の被保全債権は，金銭債権ではないことから，いわゆる債権者代位権の転用の例であり，債務者の資力の有無は債権者代位権の可否に影響しない。なお，Cの賃借権が対抗要件を具備しているときは，Cは本肢のような債権者代位権の行使によらなくても，直接Dに対して妨害の停止を請求することができる（民 §605の4①）。

8．債権者代位権に関する次のアからオまでの記述のうち，判例の趣旨に照らし正しいものはどれか（H29-17改）。

ア　債権の譲受人は，譲渡人に代位して，当該債権の債務者に対する債権譲渡の通知をすることができる。

イ　債権者が被代位権利を行使し，その事実を債務者が了知した場合であっても，当該債務者は，被代位権利について，自ら取立てその他の処分をすることができる。

ウ　土地の賃借人がその土地上に建築した建物を当該土地の賃貸人に無断で第三者に譲渡した場合において，当該建物をその第三者から賃借した者は，賃借権を被保全債権として，その第三者が当該土地の賃貸人に対して有する借地借家法第14条に基づく建物買取請求権を代位行使することができる。

エ　債務者が既に自ら権利を行使している場合には，その行使の方法又は結果の良否にかかわらず，債権者は重ねて債権者代位権を行使することができない。

オ　債権者は，被代位権利を行使する場合において，被代位権利が金銭債権であるときは，第三債務者に対し，その支払を自己に対してすることを求めることができる。

正しいものは，イ，エ，オである。

ア × テーマ8のチェックポイント14参照。

イ ○ チェックポイント42参照。

ウ × チェックポイント48参照。

エ ○ チェックポイント29参照。

オ ○ チェックポイント38参照。

---

9. 詐害行為取消権に関する次のアからオまでの記述のうち，判例の趣旨に照らし正しいものはどれか（H11-7改）。

ア 詐害行為取消権の被保全債権は詐害行為時に具体的に発生していることを要するから，調停により毎月一定額の支払いを受けることを内容とする婚姻費用の分担に関する債権を取得した妻は，夫による所有不動産の譲渡に関し，譲渡がされた時に期限が到来していた債権のみに基づいて詐害行為取消権を行使することができる。

イ 離婚に伴う財産分与は，婚姻の解消という身分行為に伴うものではあるが，身分関係の廃止とは直接に関係のない行為であるから，財産分与が，不相当に過大であり，財産分与に仮託してされた財産処分行為であると認められるときは，詐害行為として取り消すことができる。

ウ 債権者が受益者に対して詐害行為取消請求をすることができる場合において，受益者に移転した財産を転得した転得者が詐害の事実について善意であれば，その転得者から更に対象物件を転得した者については，その者が詐害の事実について悪意であっても，債権者は，詐害行為取消権を行使することができない。

エ 債務者Aに対し，Bは300万円，Cは200万円の金銭債権を有していたが，CがAから200万円の弁済を受けたことにより，Aは，無資力となった。Cに対するAの弁済がBの請求により詐害行為として取り消された場合，責任財産の回復を目的とする詐害行為取消制度の趣旨に照らし，Cは，Bに対し，自己の債権額に対応する按分額80万円についても支払いを拒むことはできない。

オ 詐害行為取消権の行使により法律行為が遡及的に無効とされることは，取引の安全に重大な影響を与えるため，法律関係の安定の観点か

ら短期消滅時効が定められている趣旨に照らすと，詐害行為取消権の消滅時効は，債権者が債務者に詐害の意思があることを知ったか否かにかかわらず，債権者が詐害行為の客観的事実を知った時から進行する。

正しいものは，イ，ウ，エである。

ア　×　チェックポイント53の②参照。本肢のように，将来発生する蓋然性が高い債権については，これを被保全債権として詐害行為取消権を行使することができる。

イ　○　チェックポイント52参照。

ウ　○　チェックポイント60参照。

エ　○　チェックポイント68参照。

オ　×　チェックポイント70参照。

10.　次の対話は，詐害行為取消権に関する教授と学生の対話である。
　　　教授の質問に対する次のアからオまでの学生の下線部分の回答のうち，判例の趣旨に照らして正しいものはどれか（H14-16改）。

教授：　詐害行為取消請求の対象となる債権者を害する行為というのは，どのような意味ですか。

学生：　債務者の責任財産を減少させ，すべての債権者に完全な弁済をすることができなくする行為をいいます。(ア)既存の債務のために物的担保を提供しても，債務者の資力に増減は生じないので，詐害行為取消請求の対象にはなりません。

教授：　詐害行為取消権を行使するためには，債務者が無資力であることが必要ですが，その資力は，いつの時点を基準にして判断しますか。

学生：　詐害行為の時点が基準となります。(イ)行為の時点で債務者が無資力であれば，その後資力を回復することがあっても，詐害行為取消権を行使することができます。

教授：　詐害行為取消権の被保全債権となるためには，その債権がいつの時点までに成立している必要がありますか。

学生： 詐害行為の前の原因に基づいて成立している必要があります。㈡その債権の発生原因が詐害行為の前の原因に基づくものであれば，詐害行為後に成立した債権であっても，詐害行為取消権の被保全債権となります。

教授： 詐害行為取消権は，被保全債権の額の限度でのみ行使することができますが，債権の額は，いつの時点を基準に定めるのですか。

学生： 詐害行為がされた時点を基準にして，その時点で成立していた債権の額の範囲で詐害行為取消権を行使することができます。㈢詐害行為の時点よりも前に成立した元本債権に対する遅延損害金であっても，それが詐害行為よりも後の期間に発生したものであるときは，被保全債権とすることはできません。

教授： 譲渡の意思表示と所有権移転登記との間に日時の隔たりがある不動産の譲渡を詐害行為として取り消す場合，被保全債権の成立時期との先後は，譲渡の意思表示と所有権移転登記のうち，どちらを基準にして判断しますか。

学生： 対抗問題ではないので，所有権移転登記との先後は，問題になりません。㈣所有権移転登記よりも前の原因に基づく金銭消費貸借契約によって成立した貸金債権であっても，それが譲渡の意思表示より後の原因に基づいて成立したものであるときは，被保全債権とすることはできません。

正しいものは，ウ，オである。

ア × 既存の債務のために物的担保の提供をすることは，それが一部の債権者に対するものであり，所定の要件を満たすものであれば，いわゆる偏頗行為として詐害行為取消請求の対象となる（チェックポイント62参照）。

イ × チェックポイント51参照。

ウ ○ チェックポイント50の③参照。

エ × チェックポイント53の③参照。

オ ○ チェックポイント54参照。

266

テーマ6　債権の目的，効力

11. 詐害行為取消権に関する次のアからオまでの記述のうち，判例の趣旨
　　に照らし正しいものはどれか（H20-18改。ただし，ウは省略した）。
　　ア　共同相続人の間で成立した遺産分割協議は，詐害行為取消権の行使
　　　の対象とすることができる。
　　イ　不動産の引渡請求権を保全するために債務者から受益者への目的不
　　　動産の処分行為を詐害行為として取り消す場合には，債権者は，受益
　　　者から債権者への所有権移転登記手続を請求することができる。
　　エ　詐害行為の受益者が債権者を害すべき事実について善意であるとき
　　　は，転得者が悪意であっても，債権者は，転得者に対して詐害行為取
　　　消権を行使することができない。
　　オ　債権者が受益者を相手方として詐害行為取消しの訴えを提起した場
　　　合であっても，その被保全債権の消滅時効の完成は猶予されまたは更
　　　新されない。

正しいものは，ア，エ，オである。

ア　○　チェックポイント52参照。
イ　×　チェックポイント56参照。
エ　○　受益者が悪意であることが詐害行為取消請求の要件のひとつである
　（チェックポイント50の②）。したがって，受益者が善意である以上，転得者
　に対する詐害行為取消請求をすることはできない（チェックポイント60参照）。
オ　○　チェックポイント69参照。

12. 次の対話は，債権者代位権と詐害行為取消権に関する教授と学生との
　　対話である。教授の質問に対する次のアからオまでの学生の解答のうち，
　　判例の趣旨に照らし正しいものはどれか（H26-16改）。
　　教授：　金銭債権を有する債権者が，債権者代位権により債務者の第三
　　　　　債務者に対する金銭債権を代位行使する場合と，詐害行為取消権
　　　　　により債務者が受益者に対してした金銭債務の弁済を取り消す場
　　　　　合とを比較してみましょう。まず，債権者の債務者に対する金銭
　　　　　債権の履行期は，到来している必要がありますか。
　　学生：ア　債権者代位権を行使するためには，代位行使が保存行為に当

267

たる場合を除き，代位行使の時点で履行期が到来している必要があるのに対し，詐害行為取消権を行使するためには，債務者の受益者に対する弁済の時点で履行期が到来している必要があります。

教授：　債権者の債務者に対する金銭債権の額と比べて，債務者の第三債務者に対する金銭債権の額や，債務者の受益者に対する弁済の額が高い場合には，債権者代位権や詐害行為取消権の行使の範囲は制限されますか。

学生：イ　債権者代位権については，債権者の債務者に対する金銭債権の額の範囲でのみ代位行使をすることができるのに対し，詐害行為取消権については，弁済の全部を取り消すことができます。

教授：　債権者は，債権者代位権や詐害行為取消権を行使するために必要な費用を支出した場合に，債務者に対してその費用の償還を請求することができますか。

学生：ウ　債権者代位権を行使した債権者は，費用の償還を請求することができないのに対し，詐害行為取消権を行使した債権者は，費用の償還を請求することができます。

教授：　債権者代位権や詐害行為取消権の行使は，訴えの提起による必要がありますか。

学生：エ　債権者代位権の行使は，訴えの提起による必要がないのに対し，詐害行為取消権の行使は，訴えの提起による必要があります。

教授：　債権者代位訴訟や詐害行為取消訴訟では，誰を被告とする必要がありますか。

学生：オ　債権者代位訴訟では，第三債務者及び債務者を被告とする必要があるのに対し，詐害行為取消訴訟では，受益者のみを被告とする必要があります。

正しいものは，エである。

ア　×　**債権者代位権に関する記述は正しく，詐害行為取消権に関する記述は誤り。**　債権者代位権について，チェックポイント27の③参照。詐害行為取消権について，チェックポイント50の③参照。

テーマ6　債権の目的，効力

イ　×　債権者代位権に関する記述は正しく，詐害行為取消権に関する記述は
誤り。　債権者代位権について，チェックポイント36参照。詐害行為取消権
について，チェックポイント65の①参照。なお，本問は，金銭債権を代位行
使し，または債務者が受益者に対してした金銭債務の弁済を取り消す事例な
ので，被代位権利や取消しの目的が不可分である場合を考慮する必要はない。

ウ　×　債権者代位権に関する記述は誤りで，詐害行為取消権に関する記述は
正しい。　債権者代位権の行使は，一種の法定委任関係であり，代位債権者
は，これに基づく費用償還請求権（民§650-Ⅰ）を有する。詐害行為取消権を
行使した債権者も同様に費用償還請求権を有する。また，債権者代位権も詐
害行為取消権も債務者の責任財産を保全する行為であり，これに要した費用
は，いずれも「共益の費用」（民§306①）として償還請求をすることができる。

エ　○　債権者代位権に関する記述も，詐害行為取消権に関する記述も正しい。
チェックポイント43，64参照。

オ　×　債権者代位権に関する記述は誤りで，詐害行為取消権に関する記述は
正しい。　債権者代位権について，チェックポイント43参照。詐害行為取消
権について，チェックポイント64参照。

テーマ
6

テーマ 7

多数当事者の債権及び債務

Check Point

連帯債務総説

1．分割債務，不可分債務，連帯債務の区別の基準をいえ。

（答）いずれも同一の債務について複数の債務者がある場合の債権債務関係であるが，当該債務の内容によって次のように区別される。なお，同一の債権について複数の債権者がある場合における分割債権（民§427），不可分債権（民§428），連帯債権（民§432）の区別も下記の基準に準じて考えることができる。
① 当該債務の内容がその性質上可分であれば，原則として分割債務（民§427）
② 当該債務の内容がその性質上不可分であるときは，不可分債務（民§430）
③ 当該債務の内容がその性質上可分である場合において，法令の規定または当事者の意思表示によって数人が連帯して債務を負担するものとされているときは，連帯債務（民§436）

2．B及びCがAに対して連帯債務を負っている場合において，AがBに対する債権をDに譲渡するように，連帯債務者の1人に対する債権のみを独立して譲渡することができるか。

（答）できる（大判昭13.12.22）。本例の場合，CはAに対して債務を負い，BはDに対してこれと同じ債務を負う。債権者A・Dの権利行

使は制約を受けないが，弁済等によって債務が消滅すれば，他の連帯債務者も債務を免れる。

3．連帯債務者ごとに債務の期限や条件は異なってもよいか。

（答）異なってもよい。額，利率等も異なってもよい。また，連帯債務者の1人についてだけ保証人を立てることもできる（民§464参照）。

4．連帯債務者の1人について，法律行為の無効または取消しの原因がある場合，他の連帯債務者の債務の効力はどうなるか。

（答）影響を受けない（民§437）。連帯債務は債務者の数に応じた独立の債務だからである。

5．A，B，CがDに300万円の連帯債務を負う場合において，Aが死亡し，E及びFが各2分の1ずつの割合で相続した場合，連帯債務関係はどのようになるか。

27-23-ア
22-23-ア

（答）各共同相続人は，被相続人の債務の分割されたものを承継し，各自その承継した範囲において，他の連帯債務者と連帯して責任を負う（最判昭34.6.19）。したがって，E及びFは，それぞれ300万円を相続分で分割した額である150万円ずつを承継し，他の連帯債務者であるB及びCと連帯して債務を負う。なお，B及びCの債務の額は，300万円である。

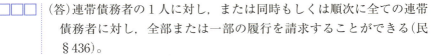

6．連帯債務者に対して，債権者はどのような請求方法をとることができるか。

（答）連帯債務者の1人に対し，または同時もしくは順次に全ての連帯債務者に対し，全部または一部の履行を請求することができる（民§436）。

連帯債務者の1人について生じた事由の効力

7. 連帯債務者の1人について生じた事由が他の連帯債務者にも影響を与えるもののうち，民法が規定していないものをあげよ。

□□□　（答）弁済のような債務の消滅をきたす行為は，連帯債務が債権の満足という単一の目的のためのものであることから，他の連帯債務者にも効力が及ぶ。弁済のほか，代物弁済，供託，受領遅滞についても絶対効がある。

8. 連帯債務者の1人について生じた事由が他の連帯債務者にも影響を与えるもののうち，民法が規定しているものをあげよ。

□□□
30-6-エ
28-17-ア
前段,
イ前段,
エ前段
25-16-ア,
オ
24-16-オ
21-16-オ
19-19-ア,
ウ
　（答）更改（民§438），相殺（民§439-Ⅰ），混同（民§440）。したがって，これらの事由及びチェックポイント7で掲げた事由以外の事由（請求，免除，時効，承認等）は，すべて他の連帯債務者には効力が及ばない（相対効）。なお，チェックポイント13参照。

9. A，B，CがDに対して300万円の金銭債務を連帯して負っている場合において，DとAとの間で金銭債務を特定物の引渡しの債務に変更する更改契約が締結された場合，B及びCの債務はどうなるか。

□□□
25-16-ウ
　（答）消滅する（民§438）。以後，Dは，Aに対してだけ特定物の引渡しを請求することができることになる。

10. A，B，CがDに対して300万円の金銭債務を連帯して負っており，AはDに対して200万円の反対債権を有している場合において，Aが200万円全額について相殺を援用したときは，B及びCの債務はどうなるか。

□□□
28-17-ウ
前段
　（答）200万円の限度で，BもCも債務を免れる（民§439-Ⅰ）。以後，A，B，Cは，Dに対して100万円の連帯債務を負う。

テーマ7　多数当事者の債権及び債務

11. チェックポイント10の場合において，Aが相殺を援用しないときは，Bまたは Cは，Aの相殺権を援用することができるか。

□□□
27-18-エ
25-16-エ

(答)できない。B及びCは，Aの負担部分の限度において，債権者に対して債務の履行を拒むことができるにすぎない(民§439-Ⅱ)。例えば，Aの負担部分が100万円であるとすると，Dから請求されたB(またはC)は，100万円の限度で履行を拒むことができ，200万円を弁済すれば足りる。

12. 連帯債務者の1人と債権者との間に混同があったときは，（　　　）。

□□□
28-17-エ
前段
25-16-イ

(答)その連帯債務者は，弁済をしたものとみなす(民§440)。

13. A及びBが連帯債務を負う場合において，Aについて生じた事由(絶対効が生ずるものを除く)をBに及ぼしたいときは，債権者は，AまたはBのどちらと，その旨の合意をする必要があるか。

□□□

(答)Bと合意をする必要がある(民§441ただし書)。チェックポイント7で掲げた事由及び更改(民§438)，相殺(民§439-Ⅰ)，混同(民§440)以外の事由は，相対効しかないが，当事者は別段の意思表示をすることができる(民§441本文)。例えば，債権者が，Aを相手とした裁判上の請求の効果(時効の更新等)をBにも及ぼしたいと考えるときは，その影響を受けるべきBと合意をする必要がある。

テーマ
7

273

内部関係（求償関係）

14. 連帯債務者の求償権の成立要件をいえ。

(答)弁済その他自己の財産をもって共同の免責を得たこと（民§442-Ⅰ参照）。「自己の財産をもって」とは，「自己の経済的な損失において」という意味である。したがって，弁済のほか，代物弁済，供託，更改，相殺は，その者の負担に基づいて総債務者のために債務を消滅させる行為であることから，これらの行為をした者は，求償権を取得する。また，混同については，自己の財産をもってとはいえないが，民法440条が「弁済をしたものとみなす」と規定しているので，求償権が生ずる。

15. 連帯債務者が求償権を取得するには，自己の負担部分を超えて弁済等の債務を消滅させる行為をする必要があるか。

(答)その免責を得た額が自己の負担部分を超えるかどうかにかかわらず，求償権を取得する（民§442-Ⅰ参照）。

16. 連帯債務者の求償権の範囲をいえ。

(答)その免責を得るために支出した財産の額（その財産の額が共同の免責を得た額を超える場合にあっては，その免責を得た額）のうち各自の負担部分に応じた額，弁済その他免責のあった日以後の法定利息及び避けることのできなかった費用その他の損害の賠償（民§442-ⅠⅡ）。

17. Ａ，Ｂ，ＣがＤに対して300万円の連帯債務を平等の負担部分で負っており，Ａが他の連帯債務者があることを知りながら，他の連帯債務者に通知せずに，Ｄに全額弁済した。ＢがＤに対して相殺に適する100万円の反対債権をもっていた場合，Ａから求償されたＢはＡに対してどのような主張をすることができるか。

(答)自己の負担部分100万円についてＤに対する債権で相殺することができる（民§443-Ⅰ前段）。そのときは，ＡのＢに対する求償権は消滅し，その対抗された100万円はＢからＡに移転し，ＡからＤに

テーマ7　多数当事者の債権及び債務

請求することになる(民§443-Ⅰ後段)。

　　相殺は確実な担保であって，本例の場合は，BはAの通知なしの弁済によって相殺をする機会を奪われたことになるから，負担部分に限っては求償者に相殺をもって対抗できるとした。

18. チェックポイント17の事例で，Aが全額の弁済をした後，事後通知をしない間に，Cがそれを知らずに弁済したときは(二重弁済)，Cはどのような主張をするができるか。

□□□
28-17-オ
前段
(答)Cは，自己の弁済を有効とみなすことができる(民§443-Ⅱ)。この場合，Cは事前の通知をしていることが前提である。みなすことができるとは，Cの弁済が当然に有効となるのではなく，Cの主張があってはじめて弁済が有効となるという意味である。

19. チェックポイント18の事例で，A及びCがともに事前の通知・事後の通知を怠って弁済をしたときは，どうなるか。

□□□
(答)両者ともに過失があるので，民法443条の適用はなく，原則にもどって第1の弁済だけが有効であるとされている(最判昭57.12.17)。つまり，CはAに対して自己の弁済が有効である旨を主張することはできない。

テーマ
7

275

20. A，B，CがDに対して300万円の連帯債務を平等の負担部分で負っており，AがDに全額の弁済をして，B，Cに求償したが，Cが無資力であるときは，Cの無資力は誰が負担するか。

□□□ (答)AとBが負担部分に応じて負担する(民§444-Ⅰ)。したがって，本例では，償還無資力者であるCが負担すべきであった100万円を，AとBが50万円ずつ負担することとなるので，Bは150万円の求償に応ずるべきことになる。なお，本事例で，負担部分が平等ではなく，Cのみが負担部分を負っていた場合は，その償還することができない部分は，AとBとの間で，等しい割合で分割して負担する(民§444-Ⅱ)。また，いずれの場合でも，求償者Aに過失(Aが求償を怠っているうちにCが無資力になった等)があるときは，AはBに分担を請求することができない(民§444-Ⅲ)。

21. 連帯債務者の1人に対して債務の免除がされ，または連帯債務者の1人のために時効が完成した場合，他の連帯債務者は，その1人の連帯債務者に対して求償することはできるか。

□□□ (答)できる(民§445)。

保証債務の成立等

22. 保証契約は，当事者の合意だけで成立し，かつ，効力が生ずるか。

□□□
27-17-ア
(答)保証契約は，合意だけで成立する。しかし，保証契約は，書面でしなければ，その効力を生じない(民§446-Ⅱ)。なお，保証契約が，その内容を記録した電磁的記録によってされたときは，その保証契約は，書面によってされたものとみなされ，効力を生ずる(民§446-Ⅲ)。

23. 主たる債務者と保証人間の保証委託契約が無効である場合，保証契約の効力に影響するか。

□□□ (答)影響しない。保証契約は，債権者と保証人との間の契約であり，主たる債務者は保証契約の当事者ではないので，保証人と主たる債

テーマ7　多数当事者の債権及び債務

　　　務者との間の事情は，保証契約の成立には何ら影響を及ぼさない
　　　（大判大6.9.25）。

保証債務の付従性

24.　（　①　）によって取り消すことができる債務を保証した者は，保証契約の
　　時においてその取消しの原因を（　②　）ときは，主たる債務の不履行の場合
　　またはその債務の取消しの場合において（　③　）。
□□□　（答）①行為能力の制限，②知っていた，③これと同一の目的を有する
　　　　独立の債務を負担したものと推定する（民§449）。推定するのであ
　　　　って，みなすのではないことに注意すること。また，取消事由を錯
　　　　誤，詐欺，強迫の場合にまで拡大することは妥当ではないと解され
　　　　る。
　　　　　民法449条の規定は，保証債務の成立における付従性（主たる債務
　　　　が不成立である場合，または無効である場合，取り消された場合は，
　　　　保証債務も成立しない）に関する例外的な規定である。

25.　保証人は保証債務についてのみ違約金または損害賠償の額を約定すること
　　ができるか。
□□□　（答）できる（民§447-Ⅱ）。

保証債務の随伴性

26.　保証人付きの債権が譲渡された場合，保証債務はどうなるか。
□□□　（答）保証債務は随伴する。すなわち，保証人は新債権者のために主債
　　　　務を保証しなければならない。

277

債権者の情報提供義務

27. 保証人が主たる債務者の委託を受けて保証をした場合において，保証人の請求があったときは，債権者は，遅滞なく，保証人に対して，どのような情報を提供する義務を負うか。

□□□
2-16-ア
(答)主たる債務の元本及び主たる債務に関する利息，違約金，損害賠償その他その債務に従たる全てのものについての不履行の有無並びにこれらの残額及びそのうち弁済期が到来しているものの額に関する情報を提供しなければならない(民§458の2)。

28. 主たる債務者が期限の利益を有する場合において，その利益を喪失した場合における債権者の情報提供義務について述べよ。

□□□
2-16-イ，
ウ，オ
(答)保証人に対して，その利益の喪失を知った時から2か月以内に，主たる債務者が期限の利益を喪失した旨を通知しなければならない(民§458の3-Ⅰ)。その期間内に通知をしなかったときは，債権者は，保証人に対し，主たる債務者が期限の利益を喪失した時から通知を現にするまでに生じた遅延損害金について，期限の利益を喪失しなかったとしても生ずべきものを除いて，保証債務の履行を請求することができなくなる(民§458の3-Ⅱ)。この債権者に課された情報提供義務は，保証人が法人であるときは，適用がない(民§458の3-Ⅲ)。なお，この情報提供義務は，保証人が主たる債務者の委託を受けているかどうかを問わず，適用がある。チェックポイント27の情報提供義務は，保証人が委託を受けている場合に限り，保証人が法人である場合にも課されることと比較すること。

保証人が有する抗弁

29. 保証人は，主たる債務者が有する相殺権，取消権または解除権を行使することはできるか。

□□□
(答)いずれも行使することはできない。主たる債務者が債権者に対して相殺権，取消権または解除権を有するときは，保証人は，これらの権利の行使によって主たる債務者がその債務を免れるべき限度に

テーマ7　多数当事者の債権及び債務

おいて，債権者に対して債務の履行を拒むことができるにすぎず（民§457-Ⅲ），自らそれらの権利を行使することはできない。なお，主たる債務者が主張することができる抗弁（同時履行の抗弁等）をもって債権者に対抗することはできる（民§457-Ⅱ）。

30.　催告の抗弁の意義をいえ。また，保証人が催告の抗弁を行使することができない場合をあげよ。

□□□
31-16-ウ

（答）催告の抗弁とは，債権者が保証人に債務の履行を請求したときに，まず，主たる債務者に催告をすべき旨を請求することができるという保証人が有する抗弁のこと（民§452本文）。

　　催告の抗弁は，主たる債務者が破産手続開始の決定を受けた場合，主たる債務者の行方が知れない場合（民§452ただし書），連帯保証の場合（民§454）には，行使することができない。

31.　検索の抗弁の行使の要件をいえ。

□□□

（答）保証人が主たる債務者に弁済をする資力があり，かつ執行が容易であることを証明すること（民§453）。なお，検索の抗弁のためには，主たる債務者の執行容易な若干の財産の存在の証明があれば足り，これによって得られる弁済が債権全額に及ぶことの証明を要しない（大判昭8.6.13）。また，連帯保証の場合は，検索の抗弁権の行使はできないことに注意すること（民§454）。

主たる債務者または保証人について生じた事由の効力

32.　主たる債務者について生じた事由の効力は保証人に及ぶか。

□□□
31-16-ア
28-17-ア
　後段
24- 6 -エ
19-19-イ,
　オ

（答）原則として，すべて保証人にもその効力が及ぶ。保証債務は，その付従性によって，主たる債務の変更に応じてその内容を変更し，常に現時における主たる債務の弁済を担保するものであるからである。ただし，保証契約が締結された後に，債権者と主たる債務者との間で，主たる債務の内容を加重した場合は，その効果は，保証人には及ばない（民§448-Ⅱ参照）。

テーマ**7**

279

33. 主たる債務が時効で消滅した場合は，保証人は主たる債務の時効を援用することはできるか。また，主たる債務者が時効の利益を放棄した場合はどうか。

□□□
29-6-ウ

(答)保証人は当事者として(民§145)主たる債務の消滅時効を援用して，保証債務の消滅を主張することができる。このことは，主たる債務者が時効の利益を放棄した場合も同様である。時効の利益の放棄は，本人及びその承継人以外の者に対しては効力を生じないからである。

34. 保証人について生じた事由の効力は，主たる債務者に及ぶか。

□□□
28-17-イ
後段,
ウ後段,
エ後段
27-17-イ
19-19-エ

(答)保証人について生じた事由の効力は，主たる債務を消滅させる行為(弁済・代物弁済・供託・相殺・更改等)以外は，主たる債務者には及ばない。ただし，連帯保証の場合には，民法458条で，同法438条，439条1項及び440条が準用される結果，連帯保証人について，更改，相殺及び混同が生じたときは，その効力は主たる債務者にも及ぶ。もっとも，更改及び相殺は，連帯保証でない場合にも，その効力は主たる債務者に及ぶので，連帯保証の場合には，混同に絶対効がある点が重要である。なお，民法458条は同法441条も準用しているので，債権者と主たる債務者との別段の意思表示によって，連帯保証人について生じた更改，相殺，混同以外の事由を主たる債務者に及ぼすことができる(民§441ただし書)。

内部関係（保証人の求償権）

35. 保証人の求償権の発生の要件をいえ。また，債権者が保証人の財産に強制執行して満足を得た場合，保証人は主たる債務者に求償権を有するか。

□□□

(答)主たる債務者に代わって弁済その他自己の財産をもって債務を消滅させる行為をすること(民§459-Ⅰ参照)。また，保証人の財産に対する強制執行や担保権の実行によって債権者が満足を得たときも，「自己の財産をもって債務を消滅させる行為」と評価することができるので，保証人は，主たる債務者に求償権を有する。

テーマ7　多数当事者の債権及び債務

36. 保証人が主たる債務の一部を弁済した場合でも求償権は発生するか。

□□□ （答）弁済した額の全額につき求償権は発生する。

37. 委託を受けた保証人が弁済期後に弁済等の債務消滅行為をした場合における求償権の範囲をいえ。

□□□ （答）主たる債務を消滅させた額，免責のあった日以後の法定利息，避けることのできなかった費用その他の損害の賠償（民§459-Ⅱ，442-Ⅱ）。

38. 委託を受けた保証人が弁済期前に弁済等の債務消滅行為をした場合における求償権の範囲をいえ。

□□□ （答）保証人は，主たる債務者に対し，主たる債務者がその当時利益を受けた限度において求償権を有する。この場合において，主たる債務者が弁済等の日以前に相殺の原因を有していたことを主張するときは，保証人は，債権者に対し，その相殺によって消滅すべきであった債務の履行を請求することができる（民§459の2-Ⅰ）。利息，費用，損害賠償等については，主たる債務の弁済期以後に生じたものについて求償することができる（民§459の2-Ⅱ）。この求償権は，主たる債務の弁済期以後でなければ，これを行使することができない（民§459の2-Ⅲ）。

39. 委託を受けない保証人であって主たる債務者の意思に反しない保証人の求償権の範囲をいえ。

□□□ （答）利息，費用，損害賠償等を請求することができない点を除いて，委託を受けた保証人が弁済期前に弁済等をした場合（チェックポイント38の場合）と同様である（民§462-Ⅰ，459の2-Ⅰ，462-Ⅲ，459の2-Ⅲ）。

40. 委託を受けない保証人であって主たる債務者の意思に反する保証人の求償権の範囲をいえ。

□□□ (答)チェックポイント39の保証人の求償権の範囲が,「その当時利益
27-17-オ を受けた限度」とされるのに対して,本チェックポイントの保証人
の求償権の範囲は,「現に利益を受けている限度」とされる(民§
462-Ⅱ前段)。したがって,主たる債務者が,免責行為のあった日
から求償の日までに債権者に対して反対債権を取得し,これによる
相殺を主張したときは,これをもって保証人に対抗することができ
る。この場合,保証人は求償権を失い,主たる債務者が対抗した反
対債権を取得する(民§462-Ⅱ後段)。この点を除くと,本チェック
ポイントの保証人の求償権の範囲は,チェックポイント39の保証人
の求償権の範囲と同様である。

41. 保証人が主たる債務者に事前求償ができるのはどのような場合か。

□□□ (答)委託を受けた保証人の場合であって,次のいずれかの場合(民§
460)。

① 主たる債務者が破産手続開始の決定を受けたのに,債権者が破
産財団の配当に加入しないとき
② 債務が弁済期にあるとき。ただし,保証契約の後に債権者が主
たる債務者に許与した期限は,保証人に対抗することができない。
③ 保証人が過失なく債権者に弁済をすべき旨の裁判の言渡しを受
けたとき

**42. 保証人が弁済する場合に,主たる債務者に事前に通知をしないことによっ
て,求償権が制限されることはあるか。**

□□□ (答)主たる債務者の委託を受けて保証をした保証人が事前通知をしな
いで弁済等の債務消滅行為を行うと求償権が制限される(民§463-
Ⅰ)。委託を受けない保証人については,そもそも求償権は制限さ
れているので(チェックポイント39,40参照),事前通知をする必要
はない。制限の内容については,連帯債務者が事前通知をしないで
弁済した場合に準じて考えればよい(チェックポイント17,民§

テーマ7　多数当事者の債権及び債務

463-Ⅰ参照)。

43. 主たる債務者が弁済する場合に，保証人に事前または事後に通知する必要はあるか。

28-17-オ
後段

(答)委託を受けた保証人に対する事後通知のみが必要である。これをしておかないと，保証人が善意で弁済した場合，保証人は自己の弁済を有効なものとみなすことができる(民§463-Ⅱ)。委託を受けない保証人に対しては事後の通知も不要である。なお，事前通知は主たる債務者が保証人に求償することがありえない以上，委託の有無を問わず不要である。

44. 保証人が弁済をした後に，主たる債務者が善意で弁済をした場合において，主たる債務者が，自己の弁済を有効なものとみなすことができるのは，どのような場合か。

(答)次の2つの場合である(民§463-Ⅲ)。

① 保証人が主たる債務者の意思に反して保証をした場合
主たる債務者の意思に反して保証をした保証人が，事後通知をしていたとしても，主たる債務者は，善意で弁済をすれば，その弁済を有効であったものとみなすことができる。

② 保証人が弁済をした後に事後通知を怠った場合

テーマ
7

連帯債務または不可分債務の保証人の求償権

45. A，B，CがDに対して300万円の連帯債務を負い(負担部分は平等)，EがAのみの保証人である場合において，EがDに300万円弁済した場合，どのように求償することができるか。

(答)Eは，Aに対して全額求償することもできるし，B，Cに対してそれぞれ100万円の限度において求償することもできる(民§464)。

283

共同保証

46. 共同保証における「分別の利益」とは何か。

□□□ (答)各共同保証人は主債務の額を平等の割合で分割した額についての
み保証債務を負担すればよいという利益(民§456)。例えば，C及
びDが，BのAに対する100万円の債務の保証人となっている場合，
C及びDはそれぞれ50万円の限度で責任を負えばよい。共同保証の
場合は，保証人の頭数で分割された債務を負担することになるが，
共同抵当の場合は，各不動産の価額によって負担を分割することと
比較すること(民§392, 501-Ⅲ④参照)。

47. 債権者は各共同保証人と個別に保証契約を締結することができるか。また，その場合でも，共同保証人は分別の利益を有するか。

□□□ (答)各別に保証契約を締結することはできる。当初から複数の保証人
と保証契約を締結することも，追加的に他の保証人と保証契約を締
結することも可能である。その場合であっても，分別の利益はある
(民§456)。抵当権の追加設定の場合と同様に考えることができる。

48. 共同保証人に分別の利益がない場合をあげよ。

□□□ (答)① 主たる債務が不可分の場合
27-17-ウ
② 各保証人が全額を弁済すべき特約をした場合(保証連帯の場
合)
③ 各保証人が連帯保証人の場合

49. BがAに対して負っている300万円の債務につき，X，Y，Zが連帯して保証人となっている場合において(共同保証人間の負担部分は平等)，XがAに300万円弁済したときは，どのように求償することができるか。

□□□ (答)Xは，Bに対して300万円の求償ができるほか，Y，Zに対して
100万円ずつ求償することができる。保証人には，主たる債務者と
の関係では負担部分はないが，共同保証人相互間においては負担部
分が存在するので，その負担部分を超えて弁済すれば，他の共同保
証人にも求償権を行使することができる。本例は，共同保証人に分

284

テーマ7　多数当事者の債権及び債務

別の利益がない場合なので，求償権の範囲は連帯債務者の求償権の
範囲と同様である（民§465-Ⅰ）。

**50. チェックポイント49の事例で，X，Y，Zが連帯しておらず，分別の利益
を有している場合は，求償の範囲はどうなるか。**

□□□ （答）Xは分別の利益を有しているので，自己の負担部分を超えてされ
た弁済は，義務がないのにされた弁済であり，事務管理である。こ
の場合の共同保証人間における求償権の範囲は，委託を受けない保
証人の場合と同様となる（民§465-Ⅱ）。

**51. チェックポイント49の事例で，XがAに60万円弁済したときは，どのよう
に求償することができるか。**

□□□ （答）Bに対して60万円の求償ができる。Y及びZに対しては，求償は
できない。民法465条は「負担部分を超える額を弁済したとき」と
規定しており，連帯債務の場合のように「負担部分を超えるかどう
かにかかわらず」（民§442-Ⅰ）とは規定していない。そもそも保証
人は主たる債務者に求償することができるのであって，同条が他の
共同保証人に対しても求償を認めるのは，主たる債務者の無資力の
危険を弁済者のみが負担するのは公平ではないからである。

個人根保証契約

52. 根保証契約及び個人根保証契約の意義をいえ。

□□□ （答）根保証契約とは，一定の範囲に属する不特定の債務を主たる債務
とする保証契約のことである（民§465の2-Ⅰかっこ書）。個人根保
証契約とは，根保証契約のうち，保証人が法人でないもの，すなわ
ち，個人が根保証契約の保証人であるもののことである（民§465の
2-Ⅰかっこ書）。

285

53. 個人根保証契約における極度額について述べよ。

□□□　(答)極度額とは，根保証契約において保証人が担保する金額の上限の
27-17-エ　　ことである。個人根保証契約は，極度額を定めなければその効力を
　　　　　　生じない(民§465の2-Ⅱ)。また，極度額の定めは，これを書面ま
　　　　　　たは電磁的記録によって定めなければ，個人根保証契約は，その効
　　　　　　力を生じない(民§465の2-Ⅲ)。

54. 個人貸金等根保証契約の意義をいえ。また，個人貸金等根保証契約において，その個人貸金等根保証契約の締結の日から6年目の日を元本確定期日とした場合，その元本確定期日の定めの効力は生ずるか。

□□□　(答)個人貸金等根保証契約とは，個人根保証契約であって，その主た
　　　　　　る債務の範囲に貸金等債務(金銭の貸渡しまたは手形の割引を受け
　　　　　　ることによって負担する債務)が含まれるもののことである(民§
　　　　　　465の3-Ⅰかっこ書)。また，本例のような確定期日の定めの効力
　　　　　　は生じない。個人貸金等根保証契約の元本確定期日の定めがある場
　　　　　　合において，それが，その個人貸金等根保証契約の締結の日から5
　　　　　　年を経過する日より後の日とされているときは，その元本確定期日
　　　　　　の定めは，効力を生じない(民§465の3-Ⅰ)。

55. 元本確定期日の定めがないときは，個人貸金等根保証契約の元本はいつ確定するか。

□□□　(答)その個人貸金等根保証契約の締結の日から3年を経過する日に確
　　　　　　定する(民§465の3-Ⅱ)。

56. 個人貸金等根保証契約における元本確定期日の変更をする場合において，変更後の元本確定期日が，(　①　)となるときは，その元本確定期日の変更は，その効力を生じない。ただし，元本確定期日の前(　②　)に元本確定期日の変更をする場合において，変更後の元本確定期日が(　③　)となるときは，この限りでない。

□□□　(答)①その変更をした日から5年を経過する日より後の日，②2か月
　　　　　　以内，③変更前の元本確定期日から5年以内の日(民§465の3-Ⅲ)。

テーマ7　多数当事者の債権及び債務

57. 全ての個人根保証契約に共通の元本の確定事由をいえ。

□□□ （答）民法465条の4第1項。

①　債権者が，保証人の財産について，金銭の支払いを目的とする債権についての強制執行または担保権の実行の申立てをしたとき。ただし，強制執行または担保権の実行の手続の開始がなければ，元本は確定しない。

②　保証人が破産手続開始の決定を受けたとき

③　主たる債務者または保証人が死亡したとき

58. チェックポイント57のほか，個人貸金等根保証契約に特有の元本の確定事由をいえ。

□□□ （答）民法465条の4第2項。

①　債権者が，主たる債務者の財産について，金銭の支払いを目的とする債権についての強制執行または担保権の実行の申立てをしたとき。ただし，強制執行または担保権の実行の手続の開始がなければ，元本は確定しない。

②　主たる債務者が破産手続開始の決定を受けたとき

事業に係る債務についての保証契約の特則

59. 保証契約の締結に先立ち，その締結の日前1か月以内に作成された公正証書で，保証人になろうとする者が保証債務を履行する意思を表示していなければ，当該保証契約の効力が生じないのは，どのような保証契約か。

□□□ （答）「事業のために負担した貸金等債務を主たる債務とする保証契約」または「主たる債務の範囲に事業のために負担する貸金等債務が含まれる根保証契約」であって，保証人が個人である場合（民§465の6-ⅠⅢ参照）。

60. チェックポイント59のような保証契約であっても，公正証書の作成義務がない場合をあげよ。

□□□ （答）民法465条の9。

① 主たる債務者が法人である場合のその理事，取締役，執行役またはこれらに準ずる者
② 主たる債務者が法人である場合の次に掲げる者
　イ　主たる債務者の総株主の議決権（株主総会において決議をすることができる事項の全部につき議決権を行使することができない株式についての議決権を除く）の過半数を有する者
　ロ　主たる債務者の総株主の議決権の過半数を他の株式会社が有する場合における当該他の株式会社の総株主の議決権の過半数を有する者
　ハ　主たる債務者の総株主の議決権の過半数を他の株式会社及び当該他の株式会社の総株主の議決権の過半数を有する者が有する場合における当該他の株式会社の総株主の議決権の過半数を有する者
　ニ　株式会社以外の法人が主たる債務者である場合におけるイ、ロまたはハに掲げる者に準ずる者
③ 主たる債務者（法人であるものを除く）と共同して事業を行う者または主たる債務者が行う事業に現に従事している主たる債務者の配偶者

61.　事業のために負担する債務を主たる債務とする保証または主たる債務の範囲に事業のために負担する債務が含まれる根保証の委託をするときは，主たる債務者は，委託を受ける者（法人でない者とする）に対して，一定の情報を提供しなければならないが，主たる債務者が提供を義務付けられた情報を提供せず，または事実と異なる情報を提供した場合の効果をいえ。

□□□
2 -16-オ

（答）委託を受けた者が，主たる債務者が提供すべき情報（民§465の10-Ⅰ各号）について誤認をし，それによって，保証人が保証契約を締結した場合において，債権者が主たる債務者が情報提供義務に違反していることを知りまたは知ることができたときは，保証人は保証契約を取り消すことができる（民§465の10-Ⅱ）。なお，民法465条の10第１項及び２項の規定は，保証人が法人である場合には適用されないことに注意すること（民§465の10-Ⅲ）。

テーマ **7**

参考過去問

1．次のアからオまでの記述のうち，判例の趣旨に照らすと，ＢのＡに対する債務の額はいくらになるか。なお，連帯債務における債務者の負担部分は，平等の割合であるものとする。また，債権者と連帯債務者との間では，連帯債務者の１人について生じた事由の効力について別段の意思表示はされていないものとする（H15-18改）。

ア　Ａ及びＢは，Ｃに対し，600万円の連帯債務を負っている。ＡがＣに500万円を弁済した。

イ　Ｂ，Ｃ及びＤは，Ａに対し，600万円の連帯債務を負っている。ＡがＤに債務全額を免除した。

ウ　Ａ及びＢは，Ｃに対し，600万円の連帯債務を負っている。ＡがＣに600万円を弁済したが，Ｂに事後の通知をしないでいた間に，ＢがＡへの事前の通知をしないでＣに600万円を弁済した。

エ　Ｂ及びＣは，Ａに対し，600万円の連帯債務を負っている。ＡがＢ及びＣについて連帯の免除をした後に，ＣがＡに150万円を弁済した。

オ　Ａ，Ｂ，Ｃ及びＤは，Ｅに対し，600万円の連帯債務を負っている。ＡがＥに600万円を弁済したが，Ｄは無資力であった。

ア　ＢのＡに対する債務の額は250万円である。　ＡはＢに対して，弁済した額である500万円について，負担部分の割合に応じた250万円につき，求償権を取得する（チェックポイント14，15，16参照）。

イ　ＢのＡに対する債務の額は600万円である。　連帯債務者中の１人が債権者に免除されても，その効力は他の連帯債務者に及ぶことはなく（チェックポイント８参照），単に免除を受けたＤが債務を免れ，連帯債務の関係から離脱するだけである。その後は，他の連帯債務者であるＢ及びＣが従来と同様の連帯債務をＡに負担することになる。したがって，ＢのＡに対する債務の額は，600万円である。

ウ　BのAに対する債務の額は300万円である。　A，Bともに事前または事
後の通知を怠っているので，第1の弁済者であるAの弁済が有効となる
（チェックポイント19参照）。AはCに600万円を弁済したので，Bに対して
300万円の求償権を取得する。

エ　BのAに対する債務の額は300万円である。　連帯の免除とは，債権者が
債務者に対して他の債務者と連帯して債務を負担することを免除することで
ある。本肢において連帯の免除がされると，B及びCは，それぞれAに対し
て300万円の分割債務を負うことになる。この場合，CがAに150万円を弁済
しても，その効力はBには及ばず，BのAに対する債務の額は300万円のま
まである。

オ　BのAに対する債務の額は200万円である。　Aは，本来B，C及びDに
150万円ずつ求償することができるが，Dが無資力であるため，Dの負担す
べき150万円については，AとB，Cが各50万円ずつ負担すべきことになる
（チェックポイント20参照）。したがって，AはBに対して本来の求償額150
万円とDについての分担額50万円の合計200万円を請求することができる。

2．連帯債務者A・Bの法律関係と，連帯保証でない保証における主たる
債務者C，保証人Dの法律関係との異同に関する次のアからオまでの記
述のうち，誤っているものはどれか。なお，債権者と連帯債務者との間
では，連帯債務者の1人について生じた事由の効力について，別段の意
思表示はされていないものとする（H10-7改）。

ア　Aの債務が無効でも，Bの債務は成立するが，Cの債務が無効の場
合には，Dの債務は成立しない。

イ　Aの債務の消滅時効が完成した場合にBが時効を援用すると，Bは，
Aの負担部分についてのみ債務を免れるが，Cの債務の消滅時効が完
成した場合にDが時効を援用すれば，Dは自らの債務を全部免れる。

ウ　Aが債務の承認をしても，Bの債務の消滅時効は更新されないが，
Cが債務を承認すると，消滅時効の更新の効力は，Dの債務について
も生ずる。

エ　Aの債務をBが弁済しても，法律上当然に債権者に代位することは
ないが，Cの債務をDが弁済すれば，法律上当然に代位が生ずる。

テーマ7　多数当事者の債権及び債務

オ　Aが債権者に対し相殺適状にある反対債権を有しているときは，B
　は，Aの負担部分につき相殺をすることができるが，Cが債権者に対
　し相殺適状にある反対債権を有していても，Dは相殺をすることはで
　きない。

誤っているのはイ，エ，オである。

ア　○　前段は正しい(チェックポイント4参照)。また，保証債務の付従性か
　ら主たる債務が無効であれば，保証債務は成立しないため，後段も正しい。

イ　×　連帯債務者の1人について消滅時効が完成しても，その効力は他の連
　帯債務者には及ばないので，前段は誤り(チェックポイント7，8参照)。後
　段は正しい(チェックポイント33参照)。

ウ　○　前段は正しい(チェックポイント7，8参照)。後段も正しい(チェッ
　クポイント32参照)。

エ　×　債務者のために弁済をした者は，債権者に代位する(民§499)。本肢
　におけるBもDも他人の債務を弁済しているので，当然に債権者に代位する。

オ　×　Bは，負担部分の限度において，債権者に履行を拒むことができるに
　すぎず(チェックポイント11参照)，相殺することはできないので，本肢の前
　段は誤り。Dも，Cの有する相殺権の行使によってCが債務を免れるべき限
　度において債権者に対して債務の履行を拒むことができるにすぎず(チェッ
　クポイント29参照)，相殺することはできないので，本肢の後段は正しい。

テーマ
7

3．保証に関する次のアからオまでの記述のうち，判例の趣旨に照らして
　正しいものはどれか(H13-15改。ただし，ウは省略した)。
　ア　主たる債務者がした承認による時効の更新の効力は保証人にも及ぶ
　　が，主たる債務者がした時効利益の放棄の効力は保証人には及ばない。
　イ　主たる債務者に強制執行が容易な財産がある場合でも，その財産に
　　債権全額の弁済をするだけの価値がないときは，保証人は，検索の抗
　　弁権を行使することができない。
　エ　主たる債務者がした弁済が詐害行為取消権の行使によって取り消さ
　　れ，債権者が弁済金の返還に応じた場合には，保証人は，保証債務の
　　消滅を主張することができる。

291

オ　債権者が主たる債務者に対し債権譲渡の通知をした場合には，その通知に確定日付がなくても，債権の譲受人は，保証人に対し，債権の譲渡を対抗することができる。

正しいものは，ア，オである。

ア　○　チェックポイント32，33参照。

イ　×　チェックポイント31参照。

エ　×　詐害行為取消権の行使によって，裁判手続を経て主たる債務が復活しているため，これによって保証債務も復活するものと解される。

オ　○　保証人の付いた債権が譲渡されたときは，これに伴って保証債務も移転する（チェックポイント26参照）。この場合，債権の譲受人は，債務者に対する対抗要件を整えていれば，保証人にも対抗できる。確定日付が要求されるのは，第三者との関係においてであり，保証人は民法467条2項にいう第三者には該当しない。

4．次の対話は，AがBから100万円の金銭を期限の定めなく借り受け，CがAの債務を保証したという事例に関する教授と学生との間の対話である。教授の質問に対する次のアからオまでの学生の解答のうち，正しいものはどれか（H16-17改。ただし，ウ及びオは省略した）。

教授：　Dも，Aの債務を保証しており，C及びDは，いずれも連帯してAの債務を保証する旨を約束している場合には，Cは，どのような義務を負いますか。

学生：ア　Cは，Bに対し，100万円全額について支払の義務を負いますが，Cがその一部である50万円の支払をした場合には，負担部分の割合に従い，25万円についてDに求償することができます。

教授：　Cが保証債務の承認をした後，Aの債務について消滅時効期間が経過した場合には，Cの保証債務は，どうなりますか。

学生：イ　Cの承認によって時効は更新され，Cの保証債務について消滅時効は完成していませんから，承認の時から新たな消滅時効期間が経過しない限り，Cは，保証債務を免れることはできま

テーマ7　多数当事者の債権及び債務

　　　　　　せん。
　教授：　　Bが，Aに対する債権をEに譲渡し，その旨をCのみに通知し，
　　　　　Aに対する通知もAの承諾もない場合には，Eは，Cに対して債
　　　　　権譲渡を対抗することができますか。
　学生：エ　Aに対する通知もAの承諾もないので，Eは，Aに対して債
　　　　　権譲渡を対抗することはできませんが，通知を受けたCに対し
　　　　　ては，債権譲渡を対抗することができます。

正しいものはない。

ア　×　C，Dはいずれも連帯保証人なので，分別の利益がないため（チェック
　ポイント48の③参照），各自全額の支払義務を負うことから，前段は正し
　い。共同保証の場合における他の共同保証人への求償権については，チェッ
　クポイント51参照。本肢においては，Cは負担部分を超えて弁済していない
　ので，Dに求償することはできない。

イ　×　保証債務の消滅時効が承認によって更新されても，主たる債務につい
　て消滅時効が完成すれば，保証人は主たる債務の消滅時効を援用することが
　できる（大判昭7.6.21）。保証人が主たる債務の消滅時効を援用すれば，保証
　債務の付従性による消滅を主張することができ，保証債務を免れることがで
　きる。

エ　×　テーマ8のチェックポイント17参照。

テーマ
7

5．連帯債務又は連帯保証に関する次のアからオまでの記述のうち，誤っ
　ているものはどれか。なお，連帯債務については，弁済期がそれぞれ同
　じであるものとし，債権者と連帯債務者との間では，連帯債務者の1人
　について生じた事由の効力について，別段の意思表示はされていないも
　のとする。また，債権者と主たる債務者との間でも，連帯保証人につい
　て生じた事由の効力について，別段の意思表示はされていないものとす
　る（H19-19改）。
　ア　連帯債務者の一人が消滅時効の完成前に債務を承認した場合には，
　　他の連帯債務者との関係でも消滅時効が更新する。
　イ　主債務者が消滅時効の完成前に債務を承認した場合には，連帯保証

293

人との関係でも消滅時効が更新する。

ウ　債権者が連帯債務者の一人に対して債務の履行を適法に裁判上請求した場合には，他の連帯債務者との関係でも消滅時効の完成が猶予される。

エ　債権者が連帯保証人に対して債務の履行を適法に裁判上請求した場合には，主債務者との関係でも消滅時効の完成が猶予される。

オ　主債務者が時効完成後に時効の利益を放棄した場合には，連帯保証人も消滅時効を援用して債務を免れることができない。

誤っているものはア，ウ，エ，オである。

ア　×　チェックポイント 8 参照。
イ　○　チェックポイント32参照。
ウ　×　チェックポイント 8 参照。
エ　×　チェックポイント34参照。
オ　×　チェックポイント33参照。

6．多数当事者の債権債務関係に関する次のアからオまでの記述のうち，判例の趣旨に照らし正しいものはどれか（H21-16改）。

ア　A及びBが共有する自動車 1 台をCがA及びBから購入した場合には，Cは，A及びBのうち一方のみに対しても，当該自動車の引渡しを求めることができる。

イ　A及びBが共有する建物がCの不法行為により全焼した場合には，Aは単独で，Cに対し，建物全部についての損害賠償を請求することができる。

ウ　Aに対する100万円の債務を負担していたBが死亡し，C及びDがBの債務を共同相続した場合には，Aは，100万円の債権全額を被担保債権として，Cが所有する建物を差し押さえることができる。

エ　Aからアパートを賃借していたBが死亡し，C及びDがBの賃借権を共同相続した場合，Aは，C及びDのうち一方のみに対して，相続開始後の賃料全額を請求することができる。

オ　A及びBがCに対して100万円の連帯債務を負担している場合に，

テーマ7　多数当事者の債権及び債務

> CがAのみに対して100万円の債務全額の支払について裁判上の請求
> をしたときは，その請求は，Bとの関係では，消滅時効の完成の猶予
> の効力を有しない。なお，債権者と連帯債務者との間では，連帯債務
> 者の1人について生じた事由の効力について別段の意思表示はされて
> いないものとする。

正しいものは，ア，エ，オである。

ア　○　A及びBがCに対して負う債務は，自動車の引渡債務であり，性質上
不可分な債務である。不可分債務における債権者は，その不可分債務者の1
人に対して全部の履行を請求することができるので（民§430，436），Cは，
不可分債務者であるAまたはBのうちいずれか一方のみに対しても，自動車
の引渡しを請求することができる。

イ　×　不法行為による損害賠償請求権は，金銭債権であり，可分な債権なの
で，Aは，Cに対して，建物全部についての損害賠償を請求することはでき
ず，自己の持分の割合においてのみ損害賠償の請求をすることができるにと
どまる（最判昭51.9.7）。

ウ　×　債務者に相続が開始したときは，当該債務は相続人に承継されるが，
金銭債務のように可分な債務については，各共同相続人は，相続分の割合に
分割された債務を承継する。したがって，債権者Aが債務者の相続人の1人
であるCに請求することができるのは，100万円を相続分の割合で分割した
額の限度であり，100万円の全額を被担保債権として，Cの財産を差し押さ
えることはできない。

エ　○　テーマ3のチェックポイント51参照。

オ　○　チェックポイント8参照。

テーマ 8

債権の譲渡及び債務の引受け

Check Point

債権の譲渡性とその例外

1. 債権譲渡の意思表示の時に債権が現に発生していないときは，債権譲渡をすることはできるか。

□□□
31-17-ア,
イ
（答）できる（民§466の6-Ⅰ）。将来発生する債権（これを「将来債権」という）にも譲渡性があるが，将来債権の譲渡がされたときは，当該債権が発生した時に譲受人は当該債権を当然に取得する（民§466の6-Ⅱ）。将来債権の譲渡契約にあっては，契約時において譲渡の目的となるべき債権を譲渡人が有する他の債権から識別することができる程度に特定されていれば足りる（最判平12.4.21）。また，判例（最判平11.1.29）は，「将来発生すべき債権を目的とする債権譲渡契約の締結時において目的債権の発生の可能性が低かったことは，契約の効力を当然には左右しない」とする。

2. 譲渡することのできない債権にはどのようなものがあるか。

□□□
（答）① 性質上譲渡の許されない債権（民§466-Ⅰただし書）
② 法律上譲渡を禁止されている債権。例えば，扶養請求権（民§881），恩給受給権（恩給法§11-Ⅰ）

296

テーマ8　債権の譲渡及び債務の引受け

3．AがBに対して有する債権には譲渡制限特約が付いているが，Aがその債権を譲渡制限特約について悪意のCに譲渡した。この場合の債権譲渡は有効か。

□□□　(答)有効である(民§466-Ⅱ)。たとえ債権の譲受人であるCが譲渡制
31-17-エ　　　限特約を知っていても，また，知らないことに重大な過失があっても，譲渡制限特約付債権を取得することができる。

4．チェックポイント3の事例において，Bは，Cからの履行の請求に応ずる必要はあるか。

□□□　(答)応ずる必要はない。譲渡制限特約につき悪意または重過失のある譲受人その他の第三者に対しては，債務者は，その債務の履行を拒むことができる(民§466-Ⅲ前段)。債権の譲受人であるCは，債権を取得するものの(チェックポイント3)，譲渡制限特約について悪意なので，債務者Bは，Cに対する履行を拒むことができる。

5．チェックポイント3の事例において，BがCからの履行の請求を拒み，Aに対して弁済した場合，その弁済は有効となるか。

□□□　(答)有効となる。譲渡制限特約付債権が当該特約について悪意または重過失のある者に譲渡された場合，債務者が譲渡人に対して弁済その他の債務を消滅させる行為をしたときは，当該事由をもってその譲受人に対抗することができる(民§466-Ⅲ後段)。なお，このことは，債権譲渡後もAが債権者であることを意味するものではない。譲渡制限特約付債権の譲渡は常に有効なので(民§466-Ⅱ)，Aは債権者ではなくなっているものの，民法466条3項によって，Aに法定の受領権限が認められた結果である。

テーマ8

6．チェックポイント3の事例において，Bが債務の履行をしない場合，Cは，どのような措置をとることができるか。

□□□（答）Cは，相当の期間を定めて，Bに対してAに履行するよう催告をすることができる。この場合において，その期間内にBが履行しないときは，BはCからの履行請求を拒むことができなくなる（民§466-Ⅳ）。

7．譲渡制限特約付きの金銭債権が譲渡された場合，債務者は，債権者不確知供託をすることはできるか。

□□□（答）できない。譲渡制限特約付債権の譲渡は常に有効なので（民§466-Ⅱ），「弁済者が過失なく債権者を確知することができない場合」（民§494-Ⅱ参照）には該当しないからである。しかし，民法466条の2第1項を根拠として供託することはできる。譲受人の主観によって譲渡人への弁済等を抗弁として提出することができるか否かが異なるからである。

8．債務者が民法466条の2第1項を根拠として供託した場合の供託通知の相手方及び還付請求権者をいえ。

□□□（答）供託通知は，譲受人だけでなく譲渡人にもする必要がある（民§466の2-Ⅱ）。また，供託金の還付請求をすることができるのは，譲受人に限られる（民§466の2-Ⅲ）。

9．譲渡制限特約付きの金銭債権が譲渡された場合において，譲渡人について破産手続開始の決定があったときは，譲渡制限特約について悪意の譲受人は，債務者に供託をさせることはできるか。

□□□（答）債権の全額を譲り受け，かつ，第三者対抗要件を具備していれば，譲受人の主観にかかわらず，債務者に供託させることができる（民§466の3前段）。この請求があった後においては，債務者は供託をする義務が生じ，破産管財人に弁済しても免責されない。この場合の供託の通知は，譲受人だけでなく譲渡人にもする必要があり，また，供託金の還付請求をすることができるのは，譲受人に限られる

テーマ8 債権の譲渡及び債務の引受け

(民§466の3後段，466の2-ⅡⅢ)。

10. AがBに対して有する譲渡制限特約付債権をAの債権者であるDが差し押さえた場合，Bは，Dに対して債務の履行を拒むことはできるか。

31-17-オ

(答)たとえDが譲渡制限特約について悪意または重過失であったとしても，Bは，Dに対して債務の履行を拒むことはできず，Aに対する弁済等をもってDに対抗することもできない(民§466の4-Ⅰ)。

11. AのBに対する譲渡制限特約付債権が，当該特約について悪意のCに譲渡された後，Cの債権者であるEが，CのBに対する債権を差し押さえた場合，BはEからの取立てを拒むことはできるか。

(答)拒むことができる(民§466の4-Ⅱ)。本事例は，譲渡制限特約付債権が悪意または重過失ある第三者に譲渡された後，当該譲受債権が譲受人の債権者に差し押さえられた事例である。これに対して，チェックポイント10は，譲渡制限特約付債権が譲渡される前に差し押さえられた事例である。両者を区別しておくこと。

12. 譲渡制限特約が付された預貯金債権が，悪意または重過失のある者に譲渡されたときは，当該債権譲渡は有効か。

(答)無効である(民§466の5-Ⅰ)。膨大な預貯金口座を管理する金融機関の負担を考慮したものである。ただし，預貯金債権であっても，強制執行による差押債権者に対しては，譲渡制限特約を対抗することはできず(民§466の5-Ⅱ)，チェックポイント10と同様の結果となる。

テーマ
8

299

13. 将来債権の譲渡がされた場合において，当事者が当該債権に譲渡制限特約を付したときは，債務者は当該特約をもって譲受人に対抗することができるか。

□□□ （答）対抗要件具備時（民§466の6-Ⅲかっこ書参照）までに譲渡制限特約が付されたときは，譲受人の主観を問わず，債務者は当該譲渡制限特約をもって譲受人に対抗することができ（譲受人の悪意擬制），対抗要件具備時後に譲渡制限特約が付されたときは，譲受人の主観を問わず，債務者は当該譲渡制限特約をもって譲受人に対抗することができない。

債権譲渡の対抗要件

14. 債権譲渡の対抗要件としての通知は，誰がすべきか。

□□□
31-17-ウ
29-17-ア
22-16-イ
（答）債権の譲渡人がすべき。譲受人がすることはできない。譲受人が譲渡人に代位して通知することもできない。ただし，譲受人が譲渡人の委託を受け，譲渡人の代理人として通知した場合，その通知の主体は譲渡人であるので，適法な通知がされたものと解してよい（最判昭46.3.25参照）。また，譲受人は，譲渡人に通知すべき旨を請求することはできる。なお，将来発生する債権についても，当該債権が発生する前に対抗要件を具備することができるので（民§467-Ⅰかっこ書），当該債権発生後に改めて対抗要件を具備する必要はない。

15. 連帯債務者に対して債権を有する者が，債権を譲渡し，連帯債務者の1人に対して通知をした場合，債権の譲受人は，通知を受けていない連帯債務者に債権の譲受けを対抗することはできるか。

□□□ （答）対抗することはできない。連帯債務者中の1人に対してされた債権譲渡の通知は他の連帯債務者に効力を及ぼさない（テーマ7のチェックポイント8参照）。

テーマ8　債権の譲渡及び債務の引受け

16. ＢがＡに対して負う債務をＣが保証している場合において，Ａが債権をＤに譲渡し，債権譲渡の通知をＢに対してのみした場合，Ｄは，Ｃに対して保証債務の履行を請求することはできるか。

□□□ (答)できる。主たる債務者であるＢに対する通知は，保証人であるＣにも効力を及ぼすので(テーマ7のチェックポイント32)，Ｄは，Ｃに対して債権の譲受けを対抗することができる。

17. チェックポイント16の事例において，Ａが債権譲渡の通知をＣに対してのみした場合，Ｄは，Ｂに債務の履行を請求することができるか。

□□□ (答)請求することはできない。保証人に対する通知は，主たる債務者にはもちろん，保証人にも効力を及ぼさない。したがって，本例の場合，Ｄは，ＢにもＣにも請求することはできない。

18. 債権譲渡の対抗要件としての承諾は，誰が誰に対してすべきか。また，債権が譲渡される前の承諾は対抗要件となるか。

□□□ (答)債務者が譲渡人または譲受人に対してする。事前の承諾は，債権譲渡の目的である債権及び譲受人が特定している場合においては，債務者にとって二重弁済等の不利益になるおそれはないから，対抗要件になる(最判昭28.5.29)。

19. 債権譲渡の第三者対抗要件として要求される「確定日付」とは，何を確定日付のある証書をもって証明せよという趣旨か。

□□□ (答)通知または承諾という行為について確定日付のある証書をもって証明すべきという趣旨(大判大3.12.22)。通知または承諾があったということを確定日付のある証書で証明せよという趣旨ではない。

20. 確定日付を要求する理由をいえ。

□□□ (答)当事者の通謀によって譲渡がされた日をさかのぼらせないようにするため。

21. 債権がA及びBに二重譲渡され，Aに対する譲渡につき6月1日の確定日付のある証書で，Bに対する譲渡につき6月2日の確定日付のある証書で債務者に通知がされ，その到達時が前者は6月4日，後者は6月3日である場合，債務者はA，Bのいずれに弁済すべきか。

□□□ （答）Bに弁済すべき（最判昭49.3.7）。確定日付の先後によって優劣を
22-17-オ 　　　決するのではなく，到達の先後によって優劣を決する。

22. 債権がA及びBに二重譲渡され，Aに対する譲渡につき確定日付のない証書で通知がされ，債務者が弁済しないうちに，Bに対する譲渡につき確定日付のある証書で通知がされた場合，債務者はA，Bのいずれに弁済すべきか。

□□□ （答）Bに対して弁済すべき。

23. チェックポイント22の事例で，Bに対する譲渡通知が到達する前に，債務者がAに弁済していた場合は，債務者はBからの請求を拒むことはできるか。

□□□ （答）拒むことができる。Aは債務者に対する対抗要件を備えており，
　　　その時点においては債務者はAのみを債権者とすればよく，弁済は
　　　有効である。その後にBに対する譲渡通知が確定日付のある証書を
　　　もってされたとしても，Bに債権が帰属することはない。

24. 複数の確定日付のある債権譲渡の通知が同時に債務者に到達した場合，債務者は債権者の1人からの請求を拒むことはできるか。

□□□ （答）債権が二重に譲渡され，いずれの譲渡についても確定日付のある
　　　証書をもって通知がされ，その通知が債務者に同時に到達したとき
　　　は，各譲受人は譲受債権の全額の弁済を請求できる（最判昭55.1.11）。
　　　したがって，他の債権者に既に弁済しているのでない限り，債務者
　　　は債権者の1人からの請求を拒むことはできない。すなわち，債権
　　　の譲受人の1人は，債務者に対して全額の支払いを請求することが
　　　できる。このことは，確定日付に先後があっても，通知が同時に到
　　　達したのであれば，同様である。

テーマ8　債権の譲渡及び債務の引受け

債権譲渡における債務者の抗弁

25. 債権譲渡がされた場合，債務者は，原則として，どの時点までに生じた事由をもって譲受人に対抗することができるか。

□□□　(答)対抗要件具備時まで(民§468-Ⅰ)。すなわち，債権不成立，債権の発生原因である契約の無効，取消しまたは解除の主張，弁済や相殺等による債務の消滅の主張，同時履行等の抗弁など，債務者が対抗要件具備時までに旧債権者(譲渡人)に主張することができたすべての抗弁を，債務者は，新債権者(譲受人)に対抗することができる。

26. 債務者が譲渡人に対して対抗することができた抗弁を譲受人に主張する場合において，当該抗弁事由の発生時期が，「対抗要件具備時」と異なる時期とされるのは，どのような場合か。また，その場合における基準時をいえ。

□□□　(答)次の2つの場合である(民§468-Ⅱ)。①の場合の基準時は，「催告によって示された相当の期間が経過した時」であり，②の場合の基準時は，「債務者が供託の請求を受けた時」である。

① 譲渡制限特約付債権が悪意または重過失の者に譲渡された場合において，債務者が譲渡人に債務を履行しないため，譲受人が相当の期間を定めて履行の催告をした場合(民§466-Ⅳ参照)

② 譲渡制限特約付債権が譲渡された場合において，譲渡人について破産手続開始の決定があったため，債権の全額を譲り受け，第三者対抗要件を具備した譲受人が，債務者に供託を請求した場合(民§466の3参照)

テーマ
8

303

債権譲渡における相殺権

27. AがBに対して有する甲債権をCに譲渡したが，Bは，Aに対して乙債権を有する場合，Bが，乙債権を自働債権として甲債権と相殺して，Cに対抗することができるのは，乙債権の取得時期が原則として，どの時点である場合か。

□□□　(答)対抗要件具備時より前。すなわち，債務者は，対抗要件具備時よ
27-18-ウ　　　り前に取得した譲渡人に対する債権による相殺をもって譲受人に対
　　　　　　抗することができる(民§469-Ⅰ)。

28. チェックポイント27の事例で，乙債権の取得時期が「対抗要件具備時」後であっても，Bが，乙債権を自働債権として甲債権と相殺し，Cに対抗することができるのは，どのような場合か。

□□□　(答)乙債権が，次に掲げるものである場合。ただし，債務者が対抗要
　　　　　　件具備時より後に他人の債権を取得したときは，この限りでない
　　　　　　(民§469-Ⅱ)。
　　　　　　① 　対抗要件具備時より前の原因に基づいて生じた債権である場合
　　　　　　② 　①のほか，譲受人の取得した債権(譲渡の対象とされた債権)の
　　　　　　発生原因である契約に基づいて生じた債権である場合

29. チェックポイント27における乙債権の取得時期の基準時が，「対抗要件具備時」と異なる時期とされるのは，どのような場合か。また，その場合における基準時をいえ。

□□□　(答)次の２つの場合である(民§469-Ⅲ)。①の場合の基準時は，「催
　　　　　　告によって示された相当の期間が経過した時」であり，②の場合の
　　　　　　基準時は，「債務者が供託の請求を受けた時」である。
　　　　　　① 　譲渡制限特約付債権が悪意または重過失の者に譲渡された場合
　　　　　　において，債務者が譲渡人に債務を履行しないため，譲受人が相
　　　　　　当の期間を定めて履行の催告をした場合(民§466-Ⅳ参照)
　　　　　　② 　譲渡制限特約付債権が譲渡された場合において，譲渡人につい
　　　　　　て破産手続開始の決定があったため，債権の全額を譲り受け，第
　　　　　　三者対抗要件を具備した譲受人が，債務者に供託を請求した場合

304

テーマ8　債権の譲渡及び債務の引受け

　　　（民§466の3参照）

併存的債務引受

30.　併存的債務引受の意義をいえ。

□□□（答）旧債務者が脱退せずに，引受人とともに併存して同一内容の債務
　　　を負担する債務引受のこと。併存的債務引受の引受人は，債務者と
　　　連帯して，債務者が債権者に対して負担する債務と同一の内容の債
　　　務を負担する（民§470-Ⅰ）。

31.　併存的債務引受の契約当事者をいえ。

□□□（答）併存的債務引受は，債権者と引受人となる者との契約によってす
　　　ることができる（民§470-Ⅱ）。また，債務者と引受人となる者との
　　　契約によってもすることができる。この場合において，併存的債務
　　　引受は，債権者が引受人となる者に対して承諾をした時に，その効
　　　力を生ずる（民§470-Ⅲ）。債務者と引受人となる者との契約によっ
　　　てする併存的債務引受は，第三者のためにする契約に関する規定に
　　　従う（民§470-Ⅳ）。

**32.　併存的債務引受における引受人は，どのような抗弁をもって債権者に対抗
　　することができるか。**

□□□（答）併存的債務引受により負担した自己の債務について，その効力が
　　　生じた時に債務者が主張することができた抗弁をもって債権者に対
　　　抗することができる（民§471-Ⅰ）。また，債務者が債権者に対して
　　　取消権または解除権を有するときは，引受人は，これらの権利の行
　　　使によって債務者がその債務を免れるべき限度において，債権者に
　　　対して債務の履行を拒むことができる（民§471-Ⅱ）。

テーマ**8**

305

33. 併存的債務引受における引受人は，債務者が債権者に対して反対債権を有するときは，当該反対債権の相殺権を援用することはできるか。

☐☐☐ (答)できない。ただし，引受人は連帯債務者となるので(民§470-Ⅰ)，引受人は，当該反対債権の行使によって債務者がその債務を免れるべき限度において，債権者に対して債務の履行を拒むことができる(民§439-Ⅱ)。

免責的債務引受

34. 免責的債務引受の意義をいえ。

☐☐☐ (答)債務が同一性を保ったまま，旧債務者から離れて引受人に移転し，旧債務者は以後一切の債務を免れ，引受人のみが債権者に対して債務を負担する債務引受のこと(民§472-Ⅰ参照)。債務の履行が債務者以外の者によっても実現可能な場合でなければならない。

35. 免責的債務引受の契約当事者をいえ。

☐☐☐ (答)債権者及び新旧債務者の三面契約によってすることができる。このほか，次のような契約によってもすることができる。
 ① 債権者と引受人となる者との契約によってする
   この場合，免責的債務引受は，債権者が債務者に対してその契約をした旨を通知した時に，その効力を生ずる(民§472-Ⅱ)。
 ② 債務者と引受人となる者との契約及び債権者の引受人に対する承諾によってする(民§472-Ⅲ)

36. 免責的債務引受における引受人は，どのような抗弁をもって債権者に対抗することができるか。

☐☐☐ (答)免責的債務引受により負担した自己の債務について，その効力が生じた時に債務者が主張することができた抗弁をもって債権者に対抗することができる(民§472の2-Ⅰ)。債務者が債権者に対して取消権または解除権を有するときは，引受人は，免責的債務引受がなければこれらの権利の行使によって債務者がその債務を免れること

テーマ8　債権の譲渡及び債務の引受け

ができた限度において，債権者に対して債務の履行を拒むことができる（民§472の 2 - Ⅱ）。

37. 免責的債務引受における引受人は，債務者が債権者に対して反対債権を有していたときは，当該反対債権の存在を理由に履行を拒むことはできるか。

□□□（答）できない。民法472条の 2 第 2 項の引受人の抗弁事由には，取消権及び解除権は規定されているが，相殺権は規定されていない。また，併存的債務引受の場合と異なり，引受人は連帯債務者でもない。チェックポイント33と比較すること。

38. 免責的債務引受がされる前の債務について担保権が設定されている場合において，当該担保権を引受人が負担する債務に移すための要件をいえ。

□□□（答）債権者が，免責的債務引受に先立ちまたは同時に引受人に対してその旨の意思表示をすればよい（民§472の 4 - Ⅰ本文・Ⅱ）。ただし，引受人以外の者が提供した担保については，その者の承諾が必要とされる（民§472の 4 - Ⅰただし書）。

　　保証人が付いた債務について免責的債務引受がされた場合も，担保権の移転の規律（民§472の 4 - ⅠⅡ）に従い，保証債務を引受人が負う債務に移すことができる（民§472の 4 - Ⅲ）。その場合，保証人の承諾は，書面または電磁的記録でする必要がある（民§472の 4 - ⅣⅤ）。

307

テーマ8

参考過去問

　債権譲渡に関する規律は，平成29年の民法改正により（同改正法は，2020年4月1日施行），大幅に改正されたので，改正法施行前の過去問で現行法においても使用できるものは限られている。そこで，ここでは，1．において過去の出題のうち，現行法においても解答可能な選択肢を掲げ，2．において，改正法に基づくオリジナルの問題を示しておく。

1．次の各記述の正誤を答えよ。
　ア　AがBに対して有する債権が，BにAの肖像画を描かせることを内容とするものである場合，Cは，Aから当該債権を譲り受け取得することができない（H11-5-1改）。
　イ　AがBに対して有する債権が，AとBとの間の既存の賃貸借契約に基づき，将来の一定の期間内に発生すべき賃料債権である場合であっても，Cは，Aから当該債権を譲り受け取得することができる（H11-5-4改）。
　ウ　AがBに対して有する債権が，民法上の扶養請求権である場合は，Cは，Aから当該債権を譲り受け取得することができない（H11-5-5改）。
　エ　同一の債権につき，確定日付に先後のある複数の債権譲渡通知が同時に債務者に到達した場合，後れた日付の通知に係る譲受人も，債務者に対し，当該債権全額の支払を請求することができる（H14-17-エ）。
　オ　確定日付のない通知を受けた債務者が当該譲受人に弁済をした後に，債権者が当該債権を第二の譲受人に譲渡し，債務者が確定日付のある通知を受けた場合，第二の譲受人は，債務者に対し，当該債権の支払を請求することができる（H14-17-オ）。
　カ　法人が金銭債権である指名債権を譲渡した場合には，民法上の債務

テーマ8　債権の譲渡及び債務の引受け

　　　者への通知又は債務者の承諾によらなくても，特別法により債権譲渡
　　　の登記をすれば，その譲渡を債務者に対抗することができる（H22-
　　　17-ウ）。
　キ　同一の指名債権について抵当権が設定されているとともに保証人が
　　　いる場合において，保証人が弁済による代位により抵当権を実行しよ
　　　うとするときは，保証人は，その債権が自己に移転したことについて
　　　債権譲渡の対抗要件を備えなければならない（H22-17-エ）。
　ク　同一の指名債権について，債権譲渡と債権差押えが競合した場合に
　　　おいて，債権譲渡について確定日付のある証書による債務者の承諾が
　　　されていたときは，譲受人と差押債権者との間の優劣は，債務者の承
　　　諾の日時と債権差押命令の第三債務者への送達の日時の先後によって
　　　決せられる（H22-17-オ）。

ア　○　チェックポイント2の①参照。
イ　○　チェックポイント1参照。
ウ　○　チェックポイント2の②参照。
エ　○　チェックポイント24参照。
オ　×　チェックポイント23参照。
カ　×　法人が金銭債権である指名債権を譲渡した場合において，当該債権の
　　　譲渡について債権譲渡登記をすると，債務者以外の第三者に対する対抗要件
　　　となるが（動産及び債権の譲渡の対抗要件に関する民法の特例等に関する法
　　　律§4-Ⅰ），債務者に対する対抗要件とはならない。
キ　×　第三者が債務者のために弁済し，債権者に代位した場合において（民
　　　§499），債権譲渡の対抗要件を備える必要があるのは，当該代位者が弁済を
　　　するについて正当な利益を有する者でない場合である（テーマ9のチェック
　　　ポイント20参照）。保証人は，弁済をするについて正当な利益を有する者で
　　　ある。
ク　○　債権の譲受人と同一債権に対し債権差押命令及び転付命令を得た者と
　　　の間の優劣は，確定日付ある通知が債務者に到達した日時または確定日付あ
　　　る債務者の承諾の日時と債権差押命令が第三債務者たる右債務者に送達され
　　　た日時の先後によって決する（最判昭58.10.4）。

テーマ
8

309

2．次の各記述の正誤を答えよ。

ア　AがBに対して有する債権（預貯金債権ではないものとする）について，AとBとの間に債権の譲渡を制限する旨の特約がある場合，その特約の存在を知り，または知らないことについて重大な過失があるCは，当該債権を譲り受けてもこれを取得することができない。

イ　譲渡制限特約が付されているAのBに対する債権を，AがCに譲渡した。この場合，Aは債権者としての地位を失うが，Bの弁済を受領する権限が認められる場合がある。

ウ　譲渡制限の意思表示がされた金銭の給付を目的とする債権が譲渡された場合において，債務者が，その債権の全額に相当する金銭を債務の履行地の供託所に供託することができるのは，譲受人が悪意または重過失である場合に限られる。

エ　預貯金債権について，債権の譲渡を制限する旨の特約がある場合，その特約の存在を知り，または知らないことについて重大な過失がある当該預貯金債権の譲受人は，当該預貯金債権を取得することができない。

オ　将来発生する債権について債権譲渡がされたときは，当該債権が発生する前に譲渡人による通知または債務者の承諾がされていても，当該債権の発生後に改めて譲渡人による通知または債務者の承諾がされなければ，当該債権譲渡をもって債務者その他の第三者に対抗することができない。

カ　将来締結することが予定されたAB間の売買契約における売主Aが，将来取得する代金債権をCに譲渡し，対抗要件が具備された。その後，売買契約が締結され，売買の目的物が買主Bに引き渡されたが，その目的物に契約不適合があり，BはAに対して損害賠償請求権を取得した。Bは，この損害賠償請求権を自働債権として，Cに対して負う代金債務とを相殺することができる。

キ　併存的債務引受は，債務者と引受人となる者との契約によってすることができるが，この場合は，債権者が債務者に対して承諾をした時に，その効力を生ずる。

ク　免責的債務引受は，債権者と引受人となる者との契約によってすることができるが，この場合は，免責的債務引受は，債権者が債務者に

テーマ8　債権の譲渡及び債務の引受け

対してその契約をした旨を通知した時に，その効力を生ずる。

ケ　BがAに対して負う債務について，Cを引受人とする免責的債務引受が適法にされた。BがAに対して反対債権を有していた場合でも，Cは，免責的債務引受がなければ，当該反対債権の行使によってBが債務を免れることができた限度において，Aに対して債務の履行を拒むことはできない。

コ　BがAに対して負う債務について，Cが保証人となっている場合において，Dを引受人とする免責的債務引受が適法にされた。Aが免責的債務引受に先立って，Dに対して，Dが負担する債務に保証債務を移す旨の意思表示をしていたときは，Cの承諾がなくても，CはDの債務を保証しなければならない。

ア　×　チェックポイント3参照。

イ　○　チェックポイント5参照。

ウ　×　本肢の場合，債務者は譲受人の主観にかかわらず，民法466条の2第1項を根拠として供託をすることができる（チェックポイント7参照）。

エ　○　チェックポイント12参照。

オ　×　チェックポイント14参照。

カ　○　本肢は，チェックポイント28の②の具体例である。Bが取得した損害賠償請求権は，対抗要件具備時より後に取得した債権であるが，代金債権の譲受人Cの取得した債権の発生原因である契約に基づいて生じた債権なので，本肢のような相殺が認められる。

キ　×　本肢の場合，債権者が引受人となる者に対して承諾をした時に，その効力を生ずる（チェックポイント31参照）。

ク　○　チェックポイント35の①参照。

ケ　○　チェックポイント37参照。

コ　×　本肢の場合，Cの承諾がなければ保証債務の移転の効果は生じない（チェックポイント38参照）。

テーマ 9

債権の消滅

Check Point

弁済者に関する問題

1. 債務者以外の者は，債務者に代わって弁済することはできるか。
   □□□ （答）弁済することができる（民§474-Ⅰ）。ただし，チェックポイント2に掲げた場合を除く。

2. 第三者が債務の弁済をすることができない場合をあげよ。
   □□□ （答）次の4つの場合である。
   30-17-イ
   25-17-ア,
   イ,ウ
   ① 弁済をするについて正当な利益を有する者でない第三者が，債務者の意思に反して弁済する場合（民§474-Ⅱ本文）
   　ただし，この場合でも，債務者の意思に反することを債権者が知らなかったときは，有効である（民§474-Ⅱただし書）。
   ② 弁済をするについて正当な利益を有する者でない第三者が，債権者の意思に反して弁済をする場合（民§474-Ⅲ本文）
   　ただし，この場合であっても，弁済者が債務者の委託を受けて弁済をする場合において，そのことを債権者が知っていたときは，有効である（民§474-Ⅲただし書）。
   ③ 債務の性質がこれを許さないとき（民§474-Ⅳ前段）
   ④ 当事者が第三者の弁済を禁止し，もしくは制限する旨の意思表示をしたとき（民§474-Ⅳ後段）
   　①及び②の反対解釈から，弁済をするについて正当な利益を有す

312

テーマ9　債権の消滅

る第三者であれば，債務者または債権者の意思に反しても，有効に
弁済をすることができる。

**3．チェックポイント2の①または②でいう「弁済をするについて正当な利益
を有する者でない第三者」の意義をいえ。**

□□□　(答)弁済について自ら法律上正当な利益を有する者以外の者のこと。
25-17-エ　　例えば，物上保証人，担保不動産の第三取得者などは，弁済をする
について正当な利益を有する者とされる。また，借地上の建物の賃
借人が，借地権者に代わって地代を弁済する場合における当該建物
の賃借人も，弁済をするについて正当な利益を有する者とされる
(最判昭63.7.1)。このような弁済について自ら法律上正当な利益を
有する者以外の者は，「弁済をするについて正当な利益を有する者
でない第三者」である。

弁済受領権者に関する問題

4．弁済の受領権者の意義をいえ。

□□□　(答)弁済を有効に受領できる者が受領権者であるが，民法は，これを
「債権者及び法令の規定または当事者の意思表示によって弁済を受
領する権限を付与された第三者」と定義する(民§478かっこ書)。

5．受領権者以外の者に対する弁済が有効となるのは，どのような場合か。

□□□　(答)取引上の社会通念に照らして受領権者としての外観を有するもの
に対して，弁済者が善意・無過失で弁済をした場合(民§478)。例
えば，債権者の有する債権証書や受取証書を盗むなどして，これを
提示して債務者に弁済を請求する者は「受領権者としての外観を有
するもの」に当たりうる。また，債権証書や受取証書が偽造された
ものであっても，他の事情と総合して，その者が「受領権者として
の外観を有するもの」とされることもありうる。

テーマ
9

313

6．Aに対して債務を負うBが，取引上の社会通念に照らして受領権者としての外観を有するCに対して，善意・無過失で弁済した場合，BはCに対して弁済した物の返還を請求することはできるか。また，Aは，Bに対して弁済を請求することはできるか。

□□□ (答)取引上の社会通念に照らして受領権者としての外観を有するものに対して，善意・無過失でされた弁済は確定的に有効となり(民§478)，債権は消滅するので(民§473)，BはCに対して返還請求をすることはできない(大判大7.12.7)。また，真の債権者であるAは，Bに対して弁済を請求したり，損害賠償の請求をすることもできない。Aは，Cに対して，損害賠償請求等をすべきことになる。

7．債権者の代理人と称する者を真の代理人と誤信して，債務者が善意・無過失で弁済した場合，その弁済は有効となるか。

□□□ (答)有効となる。民法478条の規定は，債権者の代理人と称して債権を行使する者についても，適用される(最判昭37.8.21参照)。例えば，真正な預金者でないが真正な預金通帳及び印鑑を持参した者に対して，銀行員が善意・無過失で預金の払出しをした場合などがこれにあたる。

21-17

8．AがBに対する債権をC及びDに二重に譲渡し，いずれの譲渡についても，確定日付のある通知をし，Cへの譲渡に関する通知が先にBに到達したが，Bが，AC間の債権譲渡は瑕疵があるため効力を生じず，真の債権者がDであると過失なく誤信して，Dに弁済した場合，その弁済は有効となるか。

□□□ (答)本例のような場合にも民法478条の適用があり，Bがした弁済は有効とされる(最判昭61.4.11参照)。また，債権者Aが，債務者Bに対して，その債権をCに譲渡した旨の通知をしたが，実際には譲渡がなかったか，または譲渡が無効であった場合に，通知を信頼してCに弁済したBについても，民法478条の規定の適用があるものと解される。

テーマ9　債権の消滅

9．チェックポイント5の場合以外で，受領権者以外の者に対する弁済が有効となる場合はあるか。

□□□　(答)その弁済によって真の債権者が利益を受けた限度において有効となる(民§479)。例えば，債権者の無権代理人が弁済を受領し(無権代理人は弁済受領権限を有しない)，その受領した物の一部を債権者に引き渡した場合は，債権者が利益を受けた限度で弁済は有効となる。

10．真の債権者であるにもかかわらず，弁済受領権限がなくなるのはどのような場合か。

□□□　(答)①　債権が差し押さえられた場合
　　　　　②　債権者が破産手続開始の決定を受けた場合
　　　　　③　債権の上に質権が設定された場合

11．AがBに対して有する債権が，Aの債権者であるCによって差し押さえられた場合において，BがAに弁済したときは，Bはその弁済をもってCに対抗することはできるか。

□□□　(答)対抗することはできない。Cは弁済を受けていない限度において，差し押さえた債権がなお存在するものとして，Bに対して弁済を請求することができる(民§481-Ⅰ)。その結果，BがCにも二重に弁済した場合は，Aに対して求償権を行使することができる(民§481-Ⅱ)。

弁済の内容，場所，費用等

12．債権の目的が特定物の引渡しである場合において，契約その他の債権の発生原因及び取引上の社会通念に照らして(　①　)を定めることができないときは，弁済をする者は，(　②　)でその物を引き渡さなければならない。

□□□
30-17-ウ
(答)①その引渡しをすべき時の品質，②その引渡しをすべき時の現状(民§483)。

テーマ**9**

315

13. 弁済をすべき場所についての原則をいえ。

☐☐☐ (答)特定物の引渡しのときは，債権発生の時にその物が存在した場所，
30-17-エ その他の債務については債権者の現在(弁済時)の住所(民§484-Ⅰ)。

14. 弁済の時間に関する民法の規定をいえ。

☐☐☐ (答)法令または慣習により取引時間の定めがあるときは，その取引時
間内に限り，弁済をし，または弁済の請求をすることができる(民
§484-Ⅱ)。

15. 弁済費用は誰の負担か。

☐☐☐ (答)別段の意思表示がなければ，債務者の負担。債権者が住所を移転
30-17-オ したなど，弁済の費用が増加したときは，その増加額は債権者の負
担となる(民§485)。

**16. 受取証書の交付請求と弁済，債権証書の返還請求と弁済は同時履行の関係
にあるか。**

☐☐☐ (答)受取証書の交付請求と弁済は同時履行の関係にあるが(民§486)，
債権証書の返還請求と弁済は同時履行の関係にはない(民§487)。

弁済の提供

**17. 弁済の提供は，(①)しなければならない。ただし，(②)または
(③)ときは，(④)ことを通知してその(⑤)をすればよい。**

☐☐☐ (答)①債務の本旨に従って現実に，②債権者があらかじめその受領を
拒み，③債務の履行について債権者の行為を要する，④弁済の準備
をした，⑤受領の催告(民§493)。

**18. チェックポイント17のような弁済の提供をすると，どのような効果が生ず
るか。**

☐☐☐ (答)債務者は，弁済の提供の時から，債務を履行しないことによって
生ずべき責任を免れる(民§492)。

テーマ9　債権の消滅

弁済による代位

19. 弁済による代位の意義及び効果をいえ。

□□□ （答）弁済が第三者または共同債務者（保証人，連帯債務者など）によっ
てされた場合に，債務者について消滅した債権者の権利が，弁済者
に移転すること。債務者のために弁済をした者は，債権者に代位す
る（民§499）。
　　弁済による代位が生ずると，弁済者は，債権の効力及び担保とし
てその債権者が有していた一切の権利を，自己の権利に基づいて債
務者に対して求償することができる範囲内に限り，行使することが
できる（民§501-ⅠⅡ）。

**20. 弁済による代位が生じた場合において，債権譲渡の対抗要件に準じた対抗
要件を具備しなければ，代位したことを債務者その他の第三者に対抗するこ
とができないのは，どのような者が代位弁済した場合か。**

□□□ （答）弁済をするについて正当な利益を有する者でない第三者が弁済し
25-17-オ　た場合（民§500参照）。債権者のために弁済をした者は，弁済をす
22-17-エ　るについて正当な利益を有する者であるか否かにかかわらず，債権
者に代位するが（民§499），弁済をするについて正当な利益を有す
る者でない第三者が弁済したときは，民法467条の規定が準用され
る（民§500）。

21. 弁済による代位があった場合，原契約の解除権は代位弁済者に移転するか。

□□□ （答）移転しない。代位弁済者に移転するのは，「債権の効力及び担保
としてその債権者が有していた一切の権利」（民§501-Ⅰ）であり，
契約締結上の地位が移転するものではないので，解除権は原契約者
のみが有する。

テーマ
9

317

22. BがAに対して負う100万円の債務について，C及びDが連帯保証している場合において，CがAに対して100万円全額を弁済したときは，Cは，Dに対していくらの限度で債権者に代位するか。

□□□ (答)50万円の限度。保証人が複数いるときは，頭数に応じて他の保証人に対して債権者に代位するからである(民§501-Ⅱかっこ書，456参照)。

23. 第三取得者は，保証人及び物上保証人に対して債権者に代位することはできるか。

□□□ (答)代位することはできない(民§501-Ⅲ①)。また，第三取得者から担保の目的となっている財産を譲り受けた者も，保証人及び物上保証人に対して債権者に代位することはできない(民§501-Ⅲ⑤前段)。なお，保証人及び物上保証人は，第三取得者またはその承継人に対して債権者に代位することができる。

24. 代位することができる順序において，第三取得者よりも保証人及び物上保証人を保護している理由をいえ。

□□□ (答)第三取得者は担保権の存在を承知で取得したこと，また，第三取得者には，代価弁済・抵当権消滅請求等の方法による保護が与えられることなどが考慮されている。

25. 第三取得者が複数いる場合，それらの者の1人が債務者に代わって弁済したときの代位のきまりをいえ。

□□□ (答)各財産の価格に応じて，他の第三取得者に対して債権者に代位する(民§501-Ⅲ②)。なお，物上保証人相互間の代位についても第三取得者相互間の代位の原則に従う(民§501-Ⅲ③)。

26. YはXに対して1,200万円の債務を負っている。A及びBが保証人，C及びDが物上保証人である。C及びDが担保として提供した不動産の価格は，それぞれ2,000万円，1,000万円である。AがXに対して全額弁済した場合，Aは，B，C，Dにそれぞれいくらを限度にXに代位することができるか。

（答）保証人と物上保証人がいる場合は，その数に応じて代位する（民§501-Ⅲ④本文）。ただし，物上保証人が数人ある場合は，各物上保証人が代位に服する負担額は，保証人の負担額を除いた残額について各財産の価格に応じて割り付けた額となる（民§501-Ⅲ④ただし書）。本例の場合，保証人Ａ，Ｂの負担額はそれぞれ300万円となり（合計600万円），物上保証人Ｃ，Ｄの負担額は合計で600万円となる。その600万円をＣ及びＤは提供した不動産の価格の割合で負担するので，Ｃは400万円，Ｄは200万円を負担することになる。したがって，本例の場合，Ａは，Ｂに300万円，Ｃに400万円，Ｄに200万円を限度にＸに代位することができる。

27. Ａは，Ｂに対して有する1,000万円の金銭債権を担保するために，Ｂが所有する不動産に抵当権の設定登記を受けている。Ｃが，Ｂに代わって，Ａに500万円を弁済した場合，Ｃは，単独で抵当権を実行することはできるか。また，Ａは，単独で抵当権を実行することはできるか

（答）本例のように債権の一部について代位弁済があったときは，代位者Ｃは，Ａに一部代位するが，Ａの同意がなければ，単独では抵当権を実行するなどの権利を行使することはできない（民§502-Ⅰ参照）。一方，債権者Ａは，単独でその権利を行使することができる（民§502-Ⅱ）。

28. チェックポイント27の事例において，抵当権が実行されたときは，ＡとＣが受けることができる弁済について優劣はあるか。

（答）ＡがＣに優先して弁済を受けることができる（民§502-Ⅲ）。

代物弁済

29. 代物弁済として給付された物は，本来の給付と同価値のものである必要はあるか。

18-17-イ

（答）必ずしも同価値である必要はない（大判大10.11.24）。他の給付が本来の給付に不足することがあっても差し支えない。ただし，代物として給付された物が，本来の給付よりはるかに多額のものであって暴利行為とみることができる場合は，当該代物弁済は無効である（最判昭27.11.20）。

30. 代物弁済による債務の消滅の効果はいつ生ずるか。

（答）本来の給付と異なる給付が現実にされた時。すなわち，代物弁済契約は，債務の消滅に関する限り要物契約である。この点，新たな給付の目的物の変更を約するにすぎない更改と異なる。

31. 代物弁済として給付された物に契約不適合がある場合，債務消滅の効果は生ずるか。

18-17-ア

（答）生ずる。代物弁済は，他の給付をすることによって債務消滅の効果が生ずるので（民§482），たとえ代物弁済として給付された物に契約不適合がある場合であっても，債務消滅の効果は失われない。もっとも，代物弁済も一種の有償契約なので，売買の担保責任の規定が準用され（民§559参照），債権者は，追完請求，解除または損害賠償請求をすることができる（民§562，564）。

32. 不動産の所有権を移転することをもって代物弁済とした場合，代物弁済の効果はいつ生ずるか。

18-17-オ

（答）登記をして第三者対抗要件を具備した時（最判昭39.11.26）。

33. チェックポイント32の場合において，不動産の所有権はいつ移転するか。

18-17-ウ

（答）代物弁済契約の意思表示の時（最判昭57.6.4）。代物弁済による債権消滅と債権者に対する目的物の移転とは別問題であるので区別し

テーマ9 債権の消滅

て考えること。

34. Aに対して債務を負うBが，その債務の履行に代えて，Aの承諾を得て，Bが Cに対して有する指名債権を代物弁済として給付することとした場合，債務消滅の効果はいつ生ずるか。また，AがCから弁済を受けられない場合，Bは債務を免れるか。

□□□
18-17-エ
(答)債務消滅の効果が生ずるのは，債権譲渡の対抗要件を備えた時である。また，AがCから弁済を受けられなくても，対抗要件を備えた時に代物弁済の効果は生じているので，Bは債務を免れる。

相殺の要件

35. 相殺の要件をあげよ。

□□□
27-18-ア
(答)民法505条1項参照。
① 債権が対立していること
② 双方の債務が同種の目的をもつこと
③ 双方の債権が弁済期にあること
④ 債権の性質が相殺を許さないものではないこと

36. 相殺者が相手方(被相殺者)以外の者に対して有している債権で相殺することができる場合をいえ。

□□□
(答)連帯債務(民§443-Ⅰ。テーマ7のチェックポイント17参照)，保証債務(民§459の2-Ⅰ，462-ⅠⅡ，463-Ⅰ。テーマ7のチェックポイント42参照)，債権譲渡(民§469-Ⅰ。テーマ8のチェックポイント27参照)の場合。

テーマ
9

321

37. 抵当不動産の第三取得者は，被担保債権の債権者に対して自らが有する債権を自働債権とし，被担保債権を受働債権として，相殺をすることができるか。

□□□
24-16-3
（答）できない。本例における受働債権は，被相殺者が相殺者以外の者に対して有する債権であり，債権の対立が認められないので，相殺はできない（大判昭8.12.5）。

38. 相殺の目的となる債権はどのようなものか。

□□□
（答）原則として金銭債権または代替物を目的とする種類債権に限られる。したがって，例えば，金銭債権と自動車引渡しの債権とは，相殺することができない。目的が同一であればよく，原因や額の同一性，履行期・履行地の同一性は要しない。ただし，履行地が異なるため，相殺により相手方に損害を与えた場合は，賠償義務がある（民§507）。

39. 相殺と相殺契約の違いをいえ。

□□□
（答）相殺は債務者からの単独行為であり（民§506-Ⅰ前段），相殺契約は当事者双方の合意で相互に債権を消滅させるものである。したがって，相殺契約においては債務が同種の目的をもつことは要せず，同等の価値である必要もない。

40. 双方の債権が弁済期にあることが相殺の要件のひとつであるが，（ ① ）の弁済期は必ず到来していなければならないが，（ ② ）の弁済期は必ずしも到来していることを要しない。

□□□
24-16-1
（答）①自働債権，②受働債権。
　　相手方に一方的に期限の利益を失わせることはできないので，自働債権の弁済期は到来していなければならないが，相殺者は期限の利益を放棄することはできる（民§136-Ⅱ）から，受働債権の弁済期は必ずしも到来していることを要しない（大判昭8.5.30）。

322

テーマ9 債権の消滅

41. 一方の債務が消滅しているにもかかわらず，相殺ができる場合をいえ。

□□□
24-16-4

(答)自働債権が時効によって消滅する前に相殺適状にあったときは，債権者は相殺できる(民§508)。ただし，既に消滅時効にかかった債権を譲り受け，これを自働債権として相殺することは許されない(最判昭36.4.14)。

42. 抗弁が付着している債権をもって相殺することができるか。

□□□
24-16-2

(答)自働債権に抗弁が付着しているときは，相手方は抗弁を喪失することになるので，相殺は許されない(最判昭32.2.22)。逆に抗弁が付着した債権を受働債権とする相殺は抗弁を放棄することによって相殺することができる。

43. 当事者が相殺を禁止し，または制限する特約をすることはできるか。

□□□
27-18-オ

(答)できる。この特約は第三者がその特約を知り，または重大な過失によって知らなかったときに限り，その第三者に対抗することができる(民§505-Ⅱ)。

44. 損害賠償債務のうち，当該債務を受働債権として相殺することができないものをあげよ。

□□□
22-19-オ
24-16-5
28-19-ア

(答)次の2つの債務である。ただし，その債権者がその債務に係る債権を他人から譲り受けたときは，相殺することができる(民§509)。
① 悪意による不法行為に基づく損害賠償の債務
② 人の生命または身体の侵害による損害賠償の債務(①に掲げるものを除く)

45. 差押禁止債権を自働債権とする相殺をすることはできるか。

□□□

(答)できる。差押禁止債権(扶養料債権，賃金債権等)については，受働債権とする相殺が禁止されるのであり(民§510)，自働債権とする相殺をすることは差し支えない。

テーマ
9

323

差押えと相殺

46. AがBに対して金銭債権（これを甲債権とする）を有し，BもAに対して金銭債権（これを乙債権とする）を有している。Aの債権者Cが甲債権を差し押さえた場合，Aは，甲債権を自働債権として相殺することができるか。

□□□ （答）できない。債権が差し押さえられると，差押債務者Aに対しては，債権の取立てその他の処分を禁止する命令が，第三債務者Bに対しては，Aに対する弁済を禁止する命令がされる（民執§145-Ⅰ，167の5-Ⅰ）。Aが甲債権を相殺に供することは，差し押さえられた甲債権を処分することにほかならないから，このような相殺をすることはできない。

47. チェックポイント46の事例で，Bが乙債権を自働債権として相殺し，Cに対抗することはできるか。

□□□ （答）第三債務者であるBが乙債権を取得した時期が，甲債権の差押え
20-19 　　前であれば，相殺をもってCに対抗することができる（民§511-Ⅰ）。ただし，チェックポイント48参照。

48. チェックポイント46の事例で，Bが乙債権を取得した時期が，甲債権の差押え後であっても，乙債権による相殺をもってCに対抗することができるのは，どのような場合か。

□□□ （答）乙債権が「差押え前の原因に基づいて生じた」ものである場合。ただし，Bが，甲債権の差押え後に他人から乙債権を取得した場合を除く（民§511-Ⅱ）。

　　　例えば，BがAの委託を受けてAの保証人となっている場合において，甲債権が差し押さえられた後に，Bが保証債務を履行し，Aに対して求償権（乙債権）を取得した場合，Bは，甲債権の差押え後に乙債権を取得しているが，乙債権は「差押え前の原因に基づいて生じた」債権なので，Bは，乙債権による相殺をもってCに対抗することができる。

テーマ9　債権の消滅

相殺の相手方，効果等

49. 受働債権が差し押さえられた場合において，第三債務者が差押債務者に対してもつ反対債権で相殺するときは，相殺の意思表示は誰に対してすべきか。

□□□ （答）差押債権者または差押債務者のいずれに対してもすることができる（最判昭40.7.20）。

50. 相殺の意思表示は，（　①　）に（　②　）その効力を生ずる。

□□□ （答）①双方の債務が互いに相殺，②適するようになった時にさかのぼって（民§506-Ⅱ）。

51. 相殺の意思表示に条件または期限を付すことはできるか。

□□□ （答）できない（民§506-Ⅰ後段）。

更　改

52. 更改の意義及びその種類をいえ。

□□□ （答）更改とは，当事者が従前の債務に代えて，新たな債務を発生させる契約のこと（民§513）。更改には次のようなものがある。
　　　① 従前の給付の内容について重要な変更をするもの
　　　② 従前の債務者が第三者と交替するもの
　　　③ 従前の債権者が第三者と交替するもの

325

53. 更改契約の当事者をいえ。

26-17-ア.
イ

(答)① 従前の給付の内容について重要な変更をする場合

従前の当事者と同一の当事者である。

② 債務者の交替による更改の場合

債権者と更改後に債務者となる者との契約によってすることができる。この場合において，更改は，債権者が更改前の債務者に対してその契約をした旨を通知した時に，その効力を生ずる（民§514-Ⅰ）。債務者の交替による更改は，免責的債務引受と類似する機能を有することから，民法472条2項にならった規定である。

③ 債権者の交替による更改の場合，

更改前の債権者，更改後に債権者となる者及び債務者の契約によってすることができる（民§515-Ⅰ）。債権者の交替による更改は，確定日付のある証書によってしなければ，第三者に対抗することができない（民§515-Ⅱ）。

54. 更改前の債務の担保として設定された質権または抵当権を，更改前の債務の目的の限度において更改後の債務に移すための要件をいえ。

(答)債権者（債権者の交替による更改にあっては，更改前の債権者）の相手方（債権者の交替による更改にあっては，債務者）に対する単独の意思表示によって担保権を移すことができる。ただし，第三者がこれを設定した場合には，その承諾を得なければならない（民§518-ⅠⅡ）。

55. チェックポイント54の債権者の意思表示はいつまでにされる必要があるか。

26-17-オ

(答)更改契約の前または更改契約と同時にされる必要がある（民§518-Ⅱ）。更改契約後は，担保権の付従性により当該担保権は消滅するからである。

326

テーマ**9**

参考過去問

1．Aが債権者，Bが債務者，Cが第三者である場合における金銭債務の弁済に関する次の記述のうち，誤っているものはどれか（H10-5）。

 1　CがBの意思に反してAに弁済した場合であっても，Cが物上保証人であるときは，その弁済は効力を有する。

 2　AとBが第三者の弁済を禁ずる旨の合意をしているにもかかわらず，CがAに弁済した場合であっても，CがAB間の合意を知らず，かつ，知らないことに過失がないときは，その弁済は効力を有する。

 3　Cが窃取したAの債権証書を示し，Aの代理人であると詐称したため，BがCに対して弁済した場合，CがAの代理人であるとBが信じ，かつ，信じたことに過失がないときは，その弁済は効力を有する。

 4　CがAに対する債権を保全するため債権者代位権を行使し，Aに代位してBに対し債務の履行を請求した場合に，BがCに対して弁済したときは，その弁済は効力を有する。

 5　CがAに対する債権を保全するため債権者代位権を行使し，Aに代位してBに対し債務の履行を請求した場合に，BがAに対して弁済したときは，その弁済は効力を有する。

誤っているものは，2である。

1　○　Cは物上保証人なので，弁済をするについて正当な利益を有する者である。したがって，債務者Bの意思に反して弁済をしても，その弁済は効力を有する（チェックポイント1，2参照）。

2　×　チェックポイント2の④参照。第三者の弁済を禁ずる合意について，善意無過失の者の弁済が有効になるとする根拠はない。

3　○　チェックポイント5，7参照。

4　○　被代位権利が金銭債権である場合，代位者であるCは，Bに対して自己に金銭を引き渡すよう請求することができ，BがCに引き渡せば被代位権

327

利は消滅する(テーマ6のチェックポイント38参照)。したがって，本肢におけるBの弁済は有効である。

5 ○ 債権者代位権が行使されても，債務者(債権者代位権の行使における債務者，本問の例でいうとA)は，自ら被代位権利を処分することができ，第三債務者Bも債務者に対して履行することができる(テーマ6のチェックポイント42参照)。したがって，BはAに対して弁済をすることができ，当該弁済は有効である。

2．弁済に関する次のアからオまでの記述のうち，判例の趣旨に照らし正しいものはどれか(H15-19改)。

ア　債務者Bは，債権者Aから債権を相続したと称するCに対し，債務を弁済した。Cが受領権限を有しないことについてBが善意かつ無過失であったとしても，Bは，Cに対し，非債弁済として弁済したものの返還を請求することができる。

イ　債務者Bは，債権者Aの代理人と称するCに対し，債務を弁済した。Cが受領権限を有しないことについてBが善意かつ無過失であった場合，その弁済は，有効である。

ウ　Aは，B名義の受取証書を偽造し，これをBの債務者Cに持参してCから債務の弁済を受けた。受取証書にBが普段使用している印影が押捺してあったため，Aが受領権限を有するものとCが過失なく誤信していたとしても，その弁済は，無効である。

エ　Aの債務者Bは，受領権限のないCに弁済したが，Cが受領権限を有しないことを知らないことについてBに過失があった。Cが弁済により受領したものをAに引き渡した場合，Bの弁済は有効となる。

オ　Aは，Bに対する債権をCに譲渡し，Bに対し，確定日付のある通知をした後，同じ債権をDに譲渡し，Bに対し，確定日付のある通知をしたところ，Bは，Dに対し，債務を弁済した。Bが，AとCとの間の債権譲渡は瑕疵があるため効力を生じず，真の債権者がDであると過失なく誤信していたとしても，Cが先に対抗要件を具備している以上，Dに対する弁済は，無効である。

328

テーマ9　債権の消滅

正しいものはイ，エである。

ア　×　本肢におけるCは，民法478条の「受領権者としての外観を有する者」にあたると解される（チェックポイント5参照）。その者に対する弁済は確定的に有効であり，債権は消滅するので，債務者は弁済したものの返還を請求することはできない（チェックポイント6参照）。

イ　○　チェックポイント7参照。

ウ　×　チェックポイント5参照。

エ　○　受領権者以外の者に対する弁済が有効となるためには，その者が取引上の社外通念に照らして受領権者としての外観を有しており，かつ，その者に対して弁済者が善意・無過失で弁済しなければならない。本肢における債務者Bには，過失があるので，Cに対する弁済は有効とならない。しかし，そのような場合であっても，弁済受領者であるCが債権者Aに受領したものを引き渡しているので，その限度で債権者Aは利益を受けており，Bの弁済は有効となる（チェックポイント9参照）。

オ　×　チェックポイント8参照。

3．代物弁済に関する次のアからオまでの記述のうち，判例の趣旨に照らし正しいものはどれか（H18-17改）。

　　ア　債務者が，本来の給付に代えて自己の所有する動産の所有権を移転する合意を債権者とした場合において，当該動産を債権者に引き渡した後に当該動産に契約不適合があることが判明したときは，債権者は，債務者に対して当該契約不適合から生じた損害について損害賠償請求をすることができる。

　　イ　債務者が，本来の給付に代えて自己の所有する不動産の所有権を移転する合意を債権者とした場合には，当該不動産が本来の給付と同価値かそれ以上の価値があるものでなければ債務は消滅しない。

　　ウ　債務者が，本来の給付に代えて自己の所有する動産の所有権を移転する合意を債権者とした場合には，当該動産が引き渡されない限り所有権移転の効果は生じない。

　　エ　債務者が，本来の給付に代えて自己が第三者に対して有する債権を譲渡する合意を債権者とし，第三債務者に対して確定日付ある証書で

テーマ
9

329

譲渡の通知をした場合において，第三債務者が，通知を受ける前に当該債権の発生原因である契約の重要な要素に錯誤があった旨を主張して，その履行を拒んだときは，債権者は，債務者に対して本来の債務の履行を求めることができる。

オ　債務者が，本来の給付に代えて自己の所有する不動産の所有権を移転する合意を債権者とした場合には，当該不動産について所有権の移転の登記が完了しなければ，債務は消滅しない。

正しいものは，ア，オである。

ア　○　チェックポイント31参照。

イ　×　チェックポイント29参照。

ウ　×　チェックポイント33参照。代物弁済の目的物が不動産である場合も，動産である場合も，所有権移転の効果は，代物弁済契約が成立した時に生ずる。

エ　×　債権の譲渡をもって代物弁済の目的としたときは，債権譲渡の対抗要件を具備した時に，代物弁済の効果は生じている。したがって，債権者が第三債務者から弁済を受けられないとしても，債権者は債務者に対して本来の債務の履行を求めることはできない（チェックポイント34参照）。

オ　○　チェックポイント32参照。

4．第三者の弁済に関する次のアからオまでの記述のうち，判例の趣旨に照らし誤っているものはどれか（H25-17改）。

ア　債権者と債務者との契約において第三者の弁済を許さない旨の特約をしていた場合には，利害関係を有する第三者であっても，弁済をすることはできない。

イ　弁済をするについて正当な利益を有する者でない第三者が債務者の意思に反してした弁済は，債権者がそのことを知らずに受領した場合であっても，その効力を有しない。

ウ　弁済をするについて正当な利益を有する者でない第三者の弁済が債務者の意思に反しない場合には，債権者は，その弁済の受領を拒むことができない。

テーマ9　債権の消滅

　　エ　借地上の建物の賃借人は，その敷地の賃料について債務者である土
　　　地の賃借人の意思に反して弁済をすることはできない。
　　オ　弁済をするについて正当な利益を有する第三者であっても，弁済に
　　　よって当然には債権者に代位しない。

誤っているものは，イ，ウ，エ，オである。

ア　○　債権者と債務者との間に第三者の弁済を許さない旨の特約があるとき
　　は，たとえ利害関係を有する第三者であっても弁済をすることはできないと
　　解される（チェックポイント2の④参照）。

イ　×　チェックポイント2の①参照。

ウ　×　弁済をするについて正当な利益を有する者でない第三者の弁済が，債
　　務者の意思に反しないとしても，債権者の意思に反するのであれば，債権者
　　は原則としてその弁済の受領を拒むことができる（チェックポイント2の②
　　参照）。

エ　×　借地上の建物の賃借人は，その敷地の地代の弁済をするについて正当
　　な利益を有する者である（チェックポイント3参照）。したがって，債務者の
　　意思に反しても弁済をすることができる（チェックポイント2参照）。

オ　×　弁済をするについて正当な利益を有するか否かにかかわらず，第三者
　　が債務者に代わって弁済をすれば，当然に債権者に代位する（チェックポイ
　　ント20参照）。

　5．相殺に関する次の1から5までの記述のうち，判例の趣旨に照らし正
　　しいものは，どれか（H24-16）。
　　1　受働債権の弁済期が到来していない場合であっても，自働債権の弁
　　　済期が到来していれば，相殺をすることができる。
　　2　相手方の同時履行の抗弁権が付着している債権であっても，これを
　　　自働債権として，相殺をすることができる。
　　3　抵当不動産の第三取得者は，被担保債権の債権者に対して自らが有
　　　する債権を自働債権とし，被担保債権を受働債権として，相殺をする
　　　ことができる。
　　4　債権の消滅時効が完成してその援用がされた後にそのことを知らず

テーマ
9

に当該債権を譲り受けた者は，時効完成前に譲り受けたとすれば相殺適状にあった場合に限り，当該債権を自働債権として，相殺をすることができる。

5 不法行為により生じた債権を受働債権とする場合であっても，双方の過失による同一の交通事故によって生じた物的損害に基づく相互の損害賠償債権の間においては，相殺をすることができる。

正しいものは，1，5である。

1 ○ チェックポイント40参照。

2 × チェックポイント42参照。

3 × チェックポイント37参照。

4 × チェックポイント41参照。

5 ○ 本肢における損害賠償請求権は，過失による不法行為によって生じたものであり，悪意によるものではない。また，生じた損害は，物的損害であることから，人の生命または身体を侵害する不法行為でもない。したがって，本肢の不法行為により生じた債権を受働債権とする相殺は認められる(チェックポイント44参照)。

6．次の対話は，相殺に関する教授と学生との対話である。教授の質問に対する次のアからオまでの学生の解答のうち，判例の趣旨に照らし誤っているものはどれか(H27-18改)。

教授： AがBに対して1000万円の甲債権を有し，CがAに対して1500万円の乙債権を有し，甲債権と乙債権のいずれも弁済期が到来しています。この事例(以下「本件事例」という。)において，Cは，乙債権を自働債権とし，甲債権を受働債権とする相殺をすることはできるでしょうか。

学生：ア Cが甲債権について第三者による弁済をすることができる場合には，Cは，乙債権を自働債権とし，甲債権を受働債権とする相殺をすることができます。

教授： 本件事例において，Aが無資力である場合には，Cは乙債権を被保全債権として，甲債権について債権者代位権を行使すること

332

テーマ9　債権の消滅

ができることがありますね。この場合に，Cは，どのような方法で乙債権を回収することができるでしょうか。

学生：イ　Cは，甲債権についてBから直接弁済を受領し，受領した金銭についてのAに対する返還債務に係る債権を受働債権とし，乙債権を自働債権とする相殺をすることができます。

教授：　本件事例に戻って，Aによる相殺の主張の可否について，検討してみましょう。当初Bが乙債権を有していたところ，これをCに対して譲渡していたとします。この乙債権の譲渡の前からAがBに対して甲債権を有していたとすると，Aは，甲債権を自働債権とし，乙債権を受働債権とする相殺をすることはできるのでしょうか。

学生：ウ　Aが相殺の意思表示をするよりも前に，BからAに対して乙債権の譲渡の通知がされていた場合には，Aは相殺を主張することができません。

教授：　本件事例において，AがCに対して1000万円の丙債権を有していたとします。甲債権に係る債務と丙債権に係る債務とが連帯債務の関係にある場合には，Bは乙債権と丙債権との相殺を援用することができますか。丙債権についても弁済期は到来しているものとします。

学生：エ　Bは，Cの負担部分について乙債権と丙債権との相殺を援用することができます。

教授：　では，本件事例において，AがCに対して弁済期の到来している1000万円の丙債権を有しており，かつ，乙債権はもともとBのAに対する債権として発生したもので，AB間で相殺を禁止する合意がされていたとします。その合意の存在について知らず，かつ知らないことに重大な過失もなかったCがBから乙債権を譲り受け，BからAに対して乙債権の譲渡の通知がされた場合には，Cは，乙債権と丙債権とを相殺することができますか。

学生：オ　Cは，AB間でされた相殺を禁止する合意を対抗されることはありませんから，乙債権と丙債権とを相殺することができます。

333

誤っているものは，ア，ウ，エである。

ア　×　自働債権と受働債権とは対立関係になければならない（チェックポイント35の①）。本肢では，受働債権（甲債権）が，相殺者であるＣに対する債権ではないので，ＣがＡに対して有する乙債権を自働債権とする相殺をすることはできない。

イ　○　テーマ6のチェックポイント38から40参照。

ウ　×　Ａが甲債権を取得したのは，乙債権についての債権譲渡の対抗要件具備時よりも前なので，Ａは相殺を主張することができる（テーマ8のチェックポイント27参照）。

エ　×　本肢は，ＢとＣとが，Ａに対して1,000万円の連帯債務を負っており，ＣがＡに対して，1,500万円の債権を有している場合を想定している。Ｃは，Ａに対して自ら相殺を援用することができるが，Ｃが相殺しない場合は，他の連帯債務者であるＢは，Ｃの負担部分の限度で，Ａに履行を拒むことができるにすぎず，相殺を援用することはできない（テーマ7のチェックポイント11参照）。

オ　○　相殺禁止の特約が付いた乙債権を善意・無重過失で譲り受けたＣは，当該特約に拘束されることがないので（チェックポイント43参照），乙債権を自働債権として，丙債権と相殺することができる。

参考過去問索引

第1部　総　則

H 2 －14改	46
H 9 － 4 改	124
H10－ 2 改	81
H10－ 3	118
H10－ 4 改	48
H11－ 3 改	39
H12－ 1 改	49
H12－ 3 改	78
H13－ 3 改	84
H14－ 1	17
H14－ 2 改	80
H14－ 3	94
H14－ 4	76
H15－ 4 改	15
H15－ 5 改	40
H15－ 7 改	125
H16－ 6 改	51
H16－ 7 改	120
H17－ 5 改	82
H17－ 6 改	96
H18－ 4 改	75
H18－ 5 改	18
H18－ 6 改	45
H18－ 7 改	119
H19－ 5 改	77
H19－ 6 改	47

H19－ 7 改	41
H20－ 4 改	37
H20－ 6 改	84
H20－ 7 改	123
H21－ 4 改	96
H21－ 5 改	126
H22－ 4 改	19
H22－ 5 改	86
H23－ 4 改	52
H23－ 5 改	43
H23－ 6 改	87
H24－ 4 改	54
H24－ 6 改	127
H26－ 6 改	121
H29－ 4 改	16

第2部　債　権

H 9 － 7 改	149
H 9 －13	148
H10－ 5	327
H10－ 7 改	290
H11－ 5 － 1 改	308
H11－ 5 － 4 改	308
H11－ 5 － 5 改	308
H11－ 7 改	264
H12－ 7 改	260
H13－15改	291

H13－16改	167	H22－18改	152
H13－17改	166	H22－19改	258
H14－14改	186	H23－18改	189
H14－15改	210	H23－19改	211
H14－16改	265	H24－16	331
H14－17－エ	308	H24－17改	168
H14－17－オ	308	H24－19	225
H15－17改	255	H25－17改	330
H15－18改	289	H25－18改	190
H15－19改	328	H26－16改	267
H15－20改	147	H27－18改	332
H16－17改	292	H28－18改	192
H16－19改	224	H29－17改	263
H17－17改	259	R 2 －17改	153
H17－20改	187	R 2 －19改	193
H18－17改	329		
H18－19改	188		
H19－ 4 改	254		
H19－17改	256		
H19－19改	293		
H19－20改	209		
H20－18改	267		
H21－16改	294		
H21－18改	151		
H21－19改	226		
H22－16改	261		
H22－17－ウ	308		
H22－17－エ	309		
H22－17－オ	309		

司法書士

直前チェック　必修論点総まとめ①　民法Ⅰ（総則・債権）
〈第2版〉

2018年10月17日　初　版　第1刷発行
2021年 1 月18日　第2版　第1刷発行

著　　者　竹　　下　　貴　　浩
発　行　者　猪　　野　　　　樹
発　行　所　株式会社　早稲田経営出版
〒101-0061 東京都千代田区神田三崎町3-1-5
神田三崎町ビル
電　話 03（5276）9492（営業）
FAX 03（5276）9027
組　　版　朝日メディアインターナショナル株式会社
印　　刷　株式会社ワコープラネット
製　　本　東京美術紙工協業組合

© Takahiro Takeshita 2021　　　Printed in Japan　　　ISBN 978-4-8471-4748-7
N.D.C. 327

本書は、「著作権法」によって、著作権等の権利が保護されている著作物です。本書の全部または一部につき、無断で転載、複写されると、著作権等の権利侵害となります。上記のような使い方をされる場合、および本書を使用して講義・セミナー等を実施する場合には、小社宛許諾を求めてください。

乱丁・落丁による交換、および正誤のお問合せ対応は、該当書籍の改訂版刊行月末日までといたします。なお、交換につきましては、書籍の在庫状況等により、お受けできない場合もございます。また、各種本試験の実施の延期、中止を理由とした本書の返品はお受けいたしません。返金もいたしかねますので、あらかじめご了承くださいますようお願い申し上げます。

書籍の正誤についてのお問合わせ

万一誤りと疑われる箇所がございましたら、以下の方法にてご確認いただきますよう、お願いいたします。

なお、正誤のお問合わせ以外の書籍内容に関する解説・受験指導等は、**一切行っておりません。**
そのようなお問合わせにつきましては、お答えいたしかねますので、あらかじめご了承ください。

1 正誤表の確認方法

CYBER TAC出版書籍販売サイト
BOOK STORE

早稲田経営出版刊行書籍の販売代行を行っているTAC出版書籍販売サイト「Cyber Book Store」
トップページ内「正誤表」コーナーにて、正誤表をご確認ください。

URL:https://bookstore.tac-school.co.jp/

2 正誤のお問合わせ方法

正誤表がない場合、あるいは該当箇所が掲載されていない場合は、書名、発行年月日、お客様のお名前、ご連絡先を明記の上、下記の方法でお問合わせください。
なお、回答までに1週間前後を要する場合もございます。あらかじめご了承ください。

文書にて問合わせる

● 郵 送 先　〒101-0061 東京都千代田区神田三崎町3-1-5 神田三崎町ビル
株式会社 早稲田経営出版 出版部 正誤問合わせ係

FAXにて問合わせる

● FAX番号　**03-5276-9027**

e-mailにて問合わせる

● お問合わせ先アドレス　**sbook@wasedakeiei.co.jp**

※お電話でのお問合わせは、お受けできません。また、土日祝日はお問合わせ対応をおこなっておりません。
※正誤のお問合わせ対応は、該当書籍の改訂版刊行月末日までといたします。

乱丁・落丁による交換は、該当書籍の改訂版刊行月末日までといたします。なお、書籍の在庫状況等により、お受けできない場合もございます。
また、各種本試験の実施の延期、中止を理由とした本書の返品はお受けいたしません。返金もいたしかねますので、あらかじめご了承くださいますようお願い申し上げます。

早稲田経営出版における個人情報の取り扱いについて
■お預かりした個人情報は、共同利用させていただいているTAC（株）で管理し、お問い合わせへの対応、当社の記録保管および当社商品・サービスの向上にのみ利用いたします。お客様の同意なしに業務委託先以外の第三者に開示、提供することはございません（法令等により開示を求められた場合を除く）。その他、共同利用に関する事項等については当社ホームページ(http://www.waseda-mp.com)をご覧ください。

(2020年10月現在)